U0145015

五南圖書出版公司 印行

孔廟
釋奠樂學

蔡秉衡 著

國立臺灣藝術大學
National Taiwan University of Arts

李序

　　蔡秉衡教授之大作《孔廟釋奠樂學》即將付梓出版，問序於予，予與蔡教授秉衡君相識數十載，對其學術志業甚稔，乃欣然應之。

　　2003 年，予在佛光大學籌辦「第一屆東亞地域孔廟與儒學研討會」，邀集兩岸、韓國、日本、新加坡、越南學者齊聚，就孔廟與釋奠議題進行學術交流，開啓此一領域新章；爾後即赴首爾成均館大學校，與釋奠領域學者共籌組「國際釋奠學會」，推動釋奠學的研究；時秉衡尚在攻讀史學博士學位，專治中國音樂史，正值學術盛年，予以爲彼尚可憑其音樂學根柢開闢第二條學問之路，故即建議其參與並在國際會議場合發表釋奠學與文廟史之樂學論文。自爾以來，迄於獲得博士於大學任教，秉衡不論是在韓國召開的數屆釋奠學國際學術會議，抑或 2010 年我爲臺北市政府籌辦召集的「世界的孔子：孔廟與祀典國際研討會」上，皆勤勉不懈，以學爲樂，以樂爲學，發表論文並與歐美日韓學者交流，遂奠定了他在此國際學術場域的釋奠樂學專門地位；歲月雖悠，然其成果迄今已積累成卷，並獲學校補助付梓，即此書是也。

　　此書共分十章，略可區爲兩部分：其一爲華夏文化傳統中的釋奠樂學，從先秦起源、漢晉六朝迄隋唐之演進變化、明清定型及樂班圖表之分析考索論述等，從釋奠樂學史的角度研究了文廟釋奠學的一個近人鮮少觸碰的樂學層面。其二則爲臺灣各地孔廟與釋奠禮樂，尤其是樂班體制的現況與源流考察研究。臺灣文廟在近代以來，世逢多變，卻依舊有其文化生命活力，因之在東亞文廟與祭孔學術版圖上，具有相當重要的一席之地，不僅保存了明清並存的文廟體制與禮樂儀典，也見證傳統與現代文明的交融並存。作者在本書諸篇章中，透過對臺南、南投、彰化孔廟的實際田調考察，提出諸多精采分析，有別於過去臺灣孔廟的研究集中於建築空間與

祭祀禮制儀典的侷限；如第六章所討論的臺灣孔廟對明清雙制並存調和之變遷現狀、第八章所特別提出的臺南孔廟之「雙雅傳統」、第九章彰化孔廟與民間樂社之關係等，皆是。

　　華夏文化釋奠樂學傳統的論述方面，本書中其觀點所持，頗有精釆亮點可言，如本書在第一章即切入經典《禮記》〈文王世子〉篇：「凡釋奠者，必有合也。」並採漢代鄭玄注之觀點，從鄭說自「大合樂」義析論，提出了大合樂的樂隊樂班體制說，此說是也，且可與舞佾編制合，是為樂舞合一之說，是謂「大合樂」，惟有透過禮制、樂制、舞制三方表現出的「合」，方能呈現祭祀先師的國典體制之雅度與莊嚴性。作者在書中所討論的「大合樂」課題，不僅在研究早期釋奠學史上，不可或缺；作為一個溯源性根本議題，何以經文「合」字會被鄭玄增字釋義為「合樂」，前人少有自樂學角度切入者；而作者對此經典文本記、注的領悟，非僅為自己帶入了一個古樂角度的視野，也使得作者能自源頭處立基，以此為軸，下探漢晉隋唐以迄明清以來的文廟釋奠樂學史演變大軸，建構了一條極有價值意義的學術之脈絡思路。

　　臺灣各地縣市之諸多孔廟，在非物質文化遺產上的價值，本為藏珍瑰寶，確實值得學者重新再探，無論是從實際田野調查或是資料文獻角度，皆然。本書關乎臺灣孔廟釋奠樂學者共有六章，除前述三地區之孔廟研究外，作者尚有一專章專門討論「臺灣文獻叢刊」，此叢刊由臺灣銀行所編成，在臺灣史研究上已享有一定之地位，而作者則專章討論，一一梳理其文廟釋奠樂資料所反映的論述，勾勒其釋奠先師之禮樂儀注，特別是具有源自中原傳統的臺灣特色釋奠樂器編制，遂能關注臺南首學與以成書院變遷中的「雅樂十三音」之特殊現象，「十三腔」進入孔廟入樂成雅的律學與樂史變遷，作者於書中引據片岡嚴《臺灣風俗誌》、林海籌《同聲集》，提出以臺南首學為主的臺灣祭孔樂奏，蘊含有「雙雅傳統」此一特殊現象新見解，誠是更為深刻的觀點，值得學界留意。

　　今秉衡此書《孔廟釋奠樂學》行將問世，供學界大雅讀覽斧正，而予
忝爲秉衡長年師友，則以爲學術殿堂，雙軌器識，作者已先於此書見證。
如其實，如其實。有厚望焉。茲序。

李紀祥

序於臺北寓所

民國 111 年 11 月 30 日

開篇・是為序

　　有時候學術研究的方向也是一個意外的邂逅。記得博士班研究階段，李師紀祥讓我參加一場關於釋奠學的國際學術研討會，而後也讓我受邀參加在韓國首爾成均館大學舉辦的釋奠學國際學術研討會，這也是我首次研究釋奠樂的開端，一切從零開始，不經意間，竟累積了釋奠樂學的些許研究心得。然而當時我正在撰寫北朝樂制樂史方向的博士論文，在大學我也是開設「中國音樂史」的課程，中國音樂史一直是我的研究主軸，因此，今日如果有釋奠樂學的點滴成果，這些都要歸功於李師紀祥。本書是我多年來浸潤於孔廟釋奠樂的研究，從古籍文獻的爬梳、造訪孔廟的實地訪查、耆老的口述歷史等，逐漸勾勒古代孔廟釋奠樂的初步樣貌，從經學到史學而樂學，一以貫之，本書的文章即是個人研究心得的野人獻曝。

　　今日所謂「釋奠」，即是指對孔子祭祀儀節的稱呼，先秦時並非專指專稱，《禮記・文王世子》：「凡學，春官釋奠于其先師，秋冬亦如之。凡始立學者，必釋奠于先聖先師，及行事，必以幣。」先秦時，釋奠是對於周公、老師的禮儀，而後逐漸成為祀孔的代名詞。釋奠樂即是祀孔儀節所必備的音樂，亦是儀節進行中所不可或缺的禮儀，從儀節到用樂，可管窺古代祭祀程序與用樂的情形。本書在此主題上規劃為十個篇章，在內容上也多了一些對臺灣在地的觀照，以下將對此十個篇章的研究內容做一介紹。

　　第一章〈孔廟釋奠樂隊的編制演變〉，「釋奠」原非指對於孔子的祭祀活動，累經歷史變遷而後成為祭祀孔子的專稱。「釋奠」用樂的基礎來自於「大合樂」思想，「大合樂」主要是指音樂演奏的組合形式，這種形式以六代樂舞為其具象的體現。東漢章帝元和二年（85）首先以六代之樂來表達對孔子的崇敬，南齊武帝永明三年（485）當時任尚書令的王儉

（452~489）認爲釋奠樂隊宜用軒懸之樂，這是孔廟釋奠樂隊規模較具體的論述。然在釋奠樂隊上首次出現較明確的樂隊編制記載則從隋代的登歌法開始，其樂隊編制從十四人至二十二人不等，唐代在釋奠樂隊的編制上有中祀與小祀兩種，其使用的登歌法爲十六人，北宋的釋奠樂隊有三十七人，南宋朝廷釋奠使用宮架樂隊有一百八十五人，金代三十九人至四十二人，元代四十七人至四十九人。明代在太祖洪武四年（1371），訂定釋奠樂隊的樂生人數爲六十人，明神宗萬曆年間（1573~1620）的《頖宮禮樂疏》所記載的編制約爲四十六人，清代所使用的孔廟「中和韶樂」樂隊編制不含歌工總計爲四十六人，府、州、縣學春、秋釋奠所使用的樂隊爲「鄉樂」，其編制爲三十八人，然地方所使用的釋奠樂隊編制常有因時而不同，因地制宜的現象。

第二章〈孔廟釋奠奏樂圖的流變〉，今日欲了解古代孔廟釋奠用樂的樂隊編制與相關位置，莫過於釋奠奏樂圖了。目前所知釋奠用樂始於東漢章帝元和二年，最遲在北齊已用「軒懸」之樂，宋代陳暘《樂書》始有釋奠「軒懸」之樂圖。釋奠的專門著述以明清最盛，從奏樂圖來看，明代釋奠樂的「登歌」形式逐漸定型，清初尚有「堂上樂」與「堂下樂」，晚清則逐漸不分。本章探討釋奠奏樂圖的變化歷程，可明晰古今釋奠樂隊的繁簡，從而思考禮樂逐日化簡的情形。

第三章〈李之藻《頖宮禮樂疏》的釋奠樂解〉，明代李之藻（1565~1630）是一位早期的天主教徒，與明代傳教士利瑪竇（1552~1610）知交甚深，其學術採中學與西學並重，此爲晚明時期士人中少有之現象，其善於天文曆算，注重實證精神，在闡發釋奠禮樂時不泥於古，頗有創見。本章主要探討李之藻的著作《頖宮禮樂疏》中，關於孔廟釋奠樂的內容，該書分有十卷，主要書寫釋奠樂有關的部分在卷三至卷七，內容著重記載釋奠樂隊的編制，釋奠樂器的種類及其樂譜，同時對於樂器的演奏法與歌樂的演唱法描述甚多，其樂譜與舞譜是今日研究釋奠樂

舞重要的參考。

第四章〈困惑的認知：孔廟釋奠樂之往古今來義〉，從東漢章帝用「六代之樂」祭孔以來，孔廟釋奠樂成為歷代宗廟雅樂的一項課題，歷代以其各自的理解與體會，分別實施釋奠樂，其中有承襲也有創新。本章主要探討歷代孔廟釋奠樂在內涵及形式上的變化，並舉江文也《孔廟大成樂章》作為今日釋奠樂的另一種思考。

第五章〈臺灣孔廟釋奠樂的研究與流變〉，孔廟的「釋奠」禮樂儀節是目前較唯一可見到古代祀典儀式的文化之一，從漢代以降，相關的記載與描述多於正史中被保存，明清時期大量的專書著作豐富了此議題。臺灣從民國五十七年（1968）「祭孔禮樂工作委員會」改革「釋奠」禮樂至今，已近五十年，從清代諸家著述歷日治時期以至近人的相關研究，蔚為可觀，其中清代多是方志類的史冊，以此構成孔廟記載的主體材料。從釋奠樂的流變來看，臺灣在孔廟「釋奠」的特殊性始於清代，清領時期的「釋奠樂」仍採用明制，康熙朝曾改制，然於乾隆初期，反而使用順治元年（1644）修定的先師廟樂章，而且使用的樂譜與《頖宮禮樂疏》所載明代樂譜相同，今日臺南孔廟仍沿用清制，臺灣其他孔廟則多使用明制。本章主要即是將古今對於釋奠樂記載描述與研究做一梗概探討，主要定位在臺灣的孔廟釋奠，同時藉此略為梳理其流變的過程，使讀者能一覽臺灣孔廟釋奠樂的情況，對於認識與了解現今孔廟釋奠樂的研究將有所裨益。

第六章〈臺灣孔廟釋奠樂的溯源研究〉，祀孔以釋奠名之，又有釋菜之名，都是祭祀之禮的簡備，釋奠有樂，釋菜無樂，所以釋菜之禮又比釋奠為簡。帝王用樂祀孔始自東漢章帝元和二年（85），使用「六代之樂」祀孔。釋奠用樂的規格，在南朝宋文帝元嘉年間，曾由裴松之提出用六佾之舞。而軒懸規制的落實，則在南齊武帝永明三年（485），北齊的規制，釋奠禮中，列軒懸樂，舞六佾，並行三獻禮，祀孔用三獻禮也成為規制，祀期也明確定為仲春和仲秋舉行。隋文帝時，首先創制了祀先聖先師

的樂章，爾後，各代均創制釋奠樂章。北宋徽宗大晟府擬撰釋奠樂章十四首，元代的宣聖樂章全部採用此樂章，明代洪武六年（1373）定祀孔子的樂章，也由此十四首中，選取六首使用，臺灣於清康熙年間所使用的釋奠樂章，即遵此明制。今日，臺灣大多數的孔廟釋奠用樂，即承襲於此。

第七章〈「臺灣文獻叢刊」有關文廟釋奠樂的論述〉，「臺灣文獻叢刊」（以下簡稱「叢刊」）是研究臺灣史學者不可或缺的重要史料，「叢刊」總計有三〇九種、五九五冊書籍，蒐集的書目上自唐代，下歷宋、元、明、清，以至於日治時期，內容包含臺灣方志、南明史集與明鄭文獻、清代檔案、私家著述與詩文集等，文獻內容集合了臺灣淵源之歷史、政治、經濟、社會文化、地理與風俗民情等。「叢刊」中對於專門奉祀孔子的廟多主要以「文廟」一辭來稱呼，其中記載到文廟的書籍約有一百四十七種之多，對於「文廟」的史料記載包含兩方面：一為文廟的修葺情形與建築規制；二為文廟的釋奠禮樂。本章主要探討「叢刊」在不同時期對於先師釋奠樂儀注的書寫，與樂生、樂器重修、陳設等文本紀錄的描述，藉此文獻的爬梳，進一步認識臺灣文廟釋奠樂的演變歷程。

第八章〈臺南孔廟釋奠樂的「雙雅傳統」〉，臺南孔廟為臺灣首座孔廟，素有「全臺首學」之稱。其釋奠樂繼承傳統以八音分類的「雅樂傳統」，同時也置入臺灣民間音樂「雅樂十三音」，兩者並呈，構成「雙雅傳統」的釋奠樂。兩者在此並無高下之別，主要呈現「雅樂傳統」提供了釋奠儀節精神層面的支柱，而「雅樂十三音」傳統則支撐了釋奠樂實質上的運作，兩者相依、相輔、相成，造就了臺南孔廟釋奠樂一百八十餘年的傳統。本章從文獻與田野上闡析，同時也提出「雙雅傳統」在釋奠樂上的特殊性。

第九章〈彰化孔廟釋奠樂的建構與遞嬗〉，彰化孔廟建於清代雍正四年（1726），其釋奠樂的使用至少在嘉慶十六年（1811），製禮樂器，並招佾生教以歌舞儀節，釋奠樂舞儀節有了初步規模。光緒二十一年

（1895）進入日治時期，此時期釋奠樂所使用的樂生多由北管音樂的團體「梨春園」擔任，此傳統沿襲了一百餘年，演奏仍是傳統的釋奠樂譜，所使用的樂器多為北管音樂的傳統樂器與部分祭孔樂器。本章從文獻研究與田野調查，探析兩者所結合地方孔廟釋奠樂的「雙雅傳統」。

　　第十章〈南投縣祭孔釋奠樂的變遷與發展〉，南投縣的釋奠活動，每年於九月二十八日皆舉行釋奠大典，從民國七十一年（1982）開始，縣祭由埔里鎮昭平宮育化堂（亦稱埔里孔子廟）、魚池鄉日月潭畔的文武廟、草屯鎮的惠德宮等三間宮廟來辦理，未輪值該年縣祭時，仍然照常舉行活動，只是變成鄉祭或鎮祭。除了這三間宮廟以外，位於南投市的藍田書院，每年亦舉辦祈福式的三獻禮，沒有佾舞，另外位於埔里的普台中小學，校內設有大成殿，每年教師節於校內舉行盛大隆重的祭孔活動，其釋奠典禮多按照臺北孔廟的儀節進行。本章主要探討舉行縣祭的三間宮廟在釋奠樂使用的情形與變化，從三間宮廟的釋奠樂來看，目前多採行國樂團或絲竹樂團的編制方式在演奏，惠德宮以笛子為主要樂器群，演奏單音四拍，昭平宮與文武廟在旋律部分由歌生與器樂組成，歌生演唱單音四拍，器樂多按照莊師本立所譯明代釋奠樂譜變奏而來，這變成是其地方特色。每年教師節時，全縣內同時舉辦盛大釋奠典禮儀式的活動，南投縣應是居全臺之冠了。

　　上述十章亦分別於各種國內外的國際研討會發表宣讀，爾後並有陸續修訂，然因才疏學淺，未能盡意，今野人獻曝，望諸家大德指正，區區微意，幸垂鑒焉！

蔡秉衡　書於臺北

民國 111 年 11 月 11 日

目 錄 ◇ CONTENTS

圖目錄

表目錄

第一章

孔廟釋奠樂隊的
編制演變

　　「釋奠」之名，今爲祭祀孔子的儀節代稱，周代之時，「釋奠」並非指對於孔子的祭祀活動，《禮記》〈文王世子〉篇：「凡學，春官釋奠於其先師，秋冬亦如之。凡始立學者，必釋奠於先聖、先師；及行事，必以幣。凡釋奠者，必有合也，有國故則否。凡大合樂，必遂養老。」[1] 這裡的先聖、先師皆不是指孔子，文末的「大合樂」主要是指一種音樂演奏的組合形式，這種形式在《周禮》〈春官宗伯下〉篇有云：「以六律、六同、五聲、八音、六舞大合樂。」[2] 六律是指十二律中的六個陽律，包括有黃鍾、太簇、姑洗、蕤賓、夷則、無射等六律；六同是指十二律中的六個陰呂，包括有大呂、夾鍾、仲呂、林鍾、南呂、應鍾等六呂，兩者合稱爲十二律呂，是音樂構成的基礎。五聲是指宮、商、角、徵、羽五個正聲，五聲須搭配十二律始能作用，這是整個音樂在聲響高低構成上的靈魂。八音是指樂器按製作材料及發音特色所做的分類，總計分有金類、石類、絲類、竹類、匏類、土類、革類、木類等八類，由此八類多種樂器所合奏的音樂，被先民認爲是音樂最完整的呈現。六舞則指六代樂舞，此六舞也是大司樂的職掌，此在〈春官宗伯下〉篇也有記載：「以樂舞教國子舞《雲門大卷》、《大咸》、《大韶》、《大夏》、《大濩》、《大武》。」[3]

　　「大合樂」所指的演奏組合簡言之，乃是指八音樂器按照一定的五聲十二律合奏，再搭配歌舞所組成的綜合表演藝術。先民認爲這種「大合樂」可以達到的作用包括有「以致鬼神示，以和邦國，以諧萬民，以安賓客，以說遠人，以作動物。」[4] 這種作用已然隱含祭祀的意味。〈文王世

1　漢・鄭玄注，唐・孔穎達疏，《禮記正義》，收於清・阮元校刻《十三經注疏》（北京：中華書局，1980 年 9 月），卷 20，〈文王世子第八〉，頁 1405~1406。

2　漢・鄭玄注，唐・賈公彥疏，《周禮注疏》，收於清・阮元校刻《十三經注疏》，卷 22，〈春官宗伯下〉，頁 788。

3　《周禮注疏》，收於清・阮元校刻《十三經注疏》，卷 22，〈春官宗伯下〉，頁 788。

4　《周禮注疏》，收於清・阮元校刻《十三經注疏》，卷 22，〈春官宗伯下〉，頁 788。

子〉篇：「凡釋奠者，必有合也。」此處的「合」是指「大合樂」而言，元代陳澔（1260~1341）在《禮記集說》的看法是：「凡行釋奠之禮，必有合樂之事。」[5]筆者亦認同這種觀點，由此看來，釋奠用樂的傳統在周代已有，此與祭祀孔子的「釋奠」用樂在意義上不同。文獻中開始出現「釋奠」一詞祀於孔子，逮自曹魏齊王正始七年（246），本文所探討的旨趣，即是指「釋奠」一詞專用於對孔子祭祀活動的儀節，探究後世對於祭祀孔子的釋奠用樂，「大合樂」的思想即是釋奠樂的根基，然而我們可先從漢代來尋覓。

第一節
釋奠「大合樂」思想的實踐
—

　　釋奠樂隊的演化首先須探究釋奠用樂的淵源，孔子於魯哀公十六年（前479）逝後葬於魯城北泗上，[6]弟子皆服喪三年，「魯世世相傳以歲時奉祠孔子冢，而諸儒亦講禮鄉飲大射於孔子冢。」[7]孔子所居住的故所居堂，「後世因廟藏孔子衣冠琴車書，至于漢二百餘年不絕。高皇帝過魯，

5　元・陳澔，《雲莊禮記集說》，收於《宋元明清十三經注疏匯要》（北京：中共中央黨校出版社，2002年），卷4，頁111。此見解是從李師紀祥關於早期釋奠的大作中啓發而來，該文對於釋奠的起源有深入的剖析，參見李紀祥，〈早期釋奠考初稿〉，收錄於2010國際釋奠學會創立紀念──釋奠學國際學術會議《孔子──文廟釋奠》論文集（韓國首爾：成均館大學校，2010年2月），頁72~99。

6　西晉・杜預等注，《春秋三傳》（上海：上海古籍出版社，1987年3月），卷16，頁541。

7　西漢・司馬遷，《史記》（北京：中華書局，1982年11月），卷47，〈孔子世家〉，頁1945。

以太牢祠焉。諸侯卿相至，常先謁然後從政。」[8]魯人每年奉祠或諸儒講禮
於孔子家前，其儀式已不得而知，漢高祖雖非專程來祭祀孔子，然用太牢
來祠孔子，已表示對孔子的尊崇，諸侯卿相拜謁孔子也成為後世儒林士子
拜謁孔廟的肇始，西漢時期對於孔子祭祀的重視與尊崇有其重要性，然因
儀注未載，此時並無提及祭祀孔子使用音樂的情形。

　　東漢時在祭祀孔子儀節上，首先見到了使用音樂的記載。東漢章帝
元和二年（85）：「（章）帝東巡狩還，過魯幸闕里，以太牢祠孔子及
七十二弟子，作六代之樂，大會孔氏男子二十以上者六十三人，命儒者講
論。」[9]章帝巡狩回朝時經過闕里對孔子及其弟子祭祀，牲禮同漢高祖一樣
使用太牢，特別之處即是使用所謂「六代之樂」，「六代之樂」亦簡稱
為「六樂」，屬於集合歌、樂、舞三者為一體的古代樂舞，包括有黃帝的
《雲門大卷》、堯的《大咸》、舜的《大韶》、夏禹的《大夏》、商湯的
《大濩》、周的《大武》，實際上六代之樂至秦代時可能僅存《大韶》與
《大武》兩樂，[10]未知東漢的「六樂」規模如何？這是祭祀孔子首次出現
使用音樂的記載，具有重要的意義，然「六樂」的樂隊編制情形，尚缺文
獻材料可供追尋。《後漢書》這條史料可再說明祭祀孔子所使用的音樂，
至少在東漢時期並無釋奠樂之名。

　　曹魏齊王在正始年間（240~249）「每講經遍，輒使太常釋奠先聖先師
於辟雍。」[11]實際載明釋奠孔子的年代則在正始七年（246）「使太常釋奠，

8　《史記》，卷 47，〈孔子世家〉，頁 1945~1946。

9　劉宋·范曄，《後漢書》（北京：中華書局，1986 年 12 月），卷 109 上，〈儒林傳
　　上〉，頁 2562。此在卷 3，〈章帝紀〉也有記載。

10　「周存六代之樂，至秦惟餘《韶》、《武》而已。」參見梁·沈約，《宋書》（北京：
　　中華書局，1974 年 10 月），卷 19，〈樂志一〉，頁 533。

11　《宋書》，卷 14，〈禮志一〉，頁 367。

以太牢祀孔子於辟雍，以顏淵配。」[12] 然曹魏時期釋奠孔子的用樂情形則未載記。兩晉時期亦有釋奠的記載，如西晉惠帝元康初年（291~299）釋奠於先師，[13] 潘岳（247~300）之姪子潘尼（約250~約311）亦在此時「上《釋奠頌》。」[14]《晉書》〈潘岳傳〉書寫至此，其後的文義並非頌辭的文體，較屬於歷史文獻的記載，越過此段落後其《釋奠頌辭》乃出現：「三元迭運，五德代微。黃精既亢，素靈乃暉。有皇承天，造我晉畿。祚以大寶，登以龍飛。宣基誕命，景熙遐緒，三分自文，受終惟武。席卷要蠻，蕩定荒阻；道濟羣生，化流率土。後帝承哉，丕隆曾構。奄有萬方，光宅宇宙。（下略）」[15] 筆者疑此《晉書》書寫段落或文句上之參差，[16] 然《古今圖書集成》收錄此《釋奠頌辭》仍照錄《晉書》之形態，此或有不妥。潘尼的《釋奠頌辭》雖有此插曲，然不減此頌辭的重要性。唯不知當年是否將此頌辭合歌樂而用於釋奠儀節中。

　　《釋奠頌辭》之前文提及當時釋奠用樂的情形記載有：「金石簫管之音，八佾六代之舞，鏗鏘閶鞈，般辟俛仰，可以澄神滌欲，移風易俗者，罔不畢奏。抑淫哇，屏鄭衛，遠佞邪，釋巧辯。」[17] 此為古代祭祀雅樂的

12　《宋書》，卷 17，〈禮志四〉，頁 485。

13　唐・房玄齡，《晉書》（北京：中華書局，1974 年 11 月），卷 55，〈潘岳傳〉，頁 1510。

14　「元康初，拜太子舍人，上《釋奠頌》。其辭曰：元康元年冬十二月，上以皇太子富於春秋，而人道之始莫先於孝悌，初命講孝經於崇正殿。實應天縱生知之量，微言奧義，發自聖問，業終而體達。三年春閏月，將有事於上庠，釋奠於先師，禮也。越二十四日丙申，侍祠者既齊，輿駕次於太學。太傅在前，少傅在後，恂恂乎弘保訓之道；宮臣畢從，三率備衛，濟濟乎肅翼贊之敬。乃掃壇為殿，懸幕為宮。（下略）」參見《晉書》，卷 55，〈潘岳傳〉，頁 1510。

15　《晉書》，卷 55，〈潘岳傳〉，頁 1511。

16　清・陳夢雷編，《古今圖書集成》（臺北：鼎文書局，1977 年 4 月），冊 70，卷 203，〈經濟彙編禮儀典・文廟祀典部〉，頁 1948~1949。

17　《晉書》，卷 55，〈潘岳傳〉，頁 1511。

書寫，書其樂容也書其功用，「金石簫管之音」可能是八音的代稱，至少已呈現擊樂與管樂，「八佾六代之舞」則為八佾編制的佾舞人數，所舞的內容則為六代之樂，如潘尼在此是描寫當時釋奠樂情形的話，則從東漢章帝（r.76~88）以六代樂舞祀孔已降，至西晉時期可能都還有遺緒。東晉的成帝（r.326~342）、穆帝（r.345~361）、孝武帝（r.373~396）等皆有釋奠的記載，[18] 然皆未言及釋奠用樂的情形。揆諸兩晉時期，仍未見釋奠用樂的編制情形。

較明確的釋奠樂編制論述大約從南北朝開始。南齊武帝永明三年（485）曾討論此事：「有司奏：『宋元嘉舊事，學生到，先釋奠先聖先師，禮又有釋菜，未詳今當行何禮？用何樂及禮器？』」[19] 相關的官員所說的「元嘉舊事」約在劉宋文帝元嘉二十二年（445）左右，當時皇太子至國子學釋奠時，多「采晉故事」，[20] 但未詳其樂。此條材料之訊息也說明，從宋文帝元嘉二十二年至齊武帝永明三年的四十多年期間，南朝的釋奠禮樂多不完備，有關釋奠樂隊編制則更不可知。永明三年（485）討論此事時，當時任尚書令的王儉（452~489）認為：

> 《周禮》：「春入學，舍菜合舞」。記云：「始教，皮弁祭菜，示敬道也」。又云：「始入學，必祭先聖先師」。中朝以來，釋菜禮廢，今之所行，釋奠而已。金石俎豆，皆無明文。方之七廟則輕，比之五禮則重。陸納、車胤謂宣尼廟宜依亭侯之爵；范寧

---

18 參見《晉書》，卷7，〈成帝紀〉，頁179。卷8，〈穆帝紀〉，頁202。卷9，〈孝武帝紀〉，頁227。

此在《宋書》，卷14，〈禮志一〉，頁367，也有記載。

19 梁・蕭子顯，《南齊書》（北京：中華書局，1972年1月），卷9，〈禮志上〉，頁143~144。

20 《宋書》，卷17，〈禮志四〉，頁485。

欲依周公之廟，用王者儀，范宣謂當其爲師則不臣之，釋奠日，
備帝王禮樂。此則車、陸失於過輕，二范傷於太重。喻希云：
「若至王者自設禮樂，則肆賞於至敬之所；若欲嘉美先師，則所
況非備。」尋其此說，守附情理。皇朝屈尊弘教，待以師資，引
同上公，即事惟允。元嘉立學，裴松之議應儛六佾，以郊樂未
具，故權奏登歌。今金石已備，宜設軒縣之樂，六佾之舞，牲牢
器用，悉依上公。[21]

王儉是南齊著名的文學家，南齊禮樂之議多出其手，其所論截至永明三年
（485）「金石俎豆，皆無明文。」更印證釋奠樂隊編制的不明確，也顯
示當時釋奠儀節的混沌情形，王儉認爲釋奠樂隊宜用軒懸之樂，軒懸即相
當於諸侯的用樂規格，王儉之議對後世釋奠樂隊的編制，發揮了重要的影
響。梁武帝天監八年（509）周捨（生卒年不詳）建議釋奠樂應使用軒懸
規格，[22]與北齊在釋奠禮中，列軒懸樂，舞六佾等，[23]或有可能是受到王儉
議樂的影響。

第二節
隋唐至金元釋奠樂隊的形成
——

　　隋代在釋奠樂上頗有開創之功，文帝仁壽元年（601）剛當上太子的

---

21 《南齊書》，卷9，〈禮志上〉，頁144。

22 唐・魏徵、令狐德棻撰，《隋書》（北京：中華書局，1973年8月），卷9，〈禮儀
志四〉，頁180。

23 《隋書》，卷9，〈禮儀志四〉，頁180。

楊廣（煬帝）從饗於太廟時，發現清廟歌辭：「文多浮麗，不足以述宣功德，請更議定。」[24] 隋文帝因而召集牛弘（545~610）、柳顧言（生卒年不詳）、許善心（558~618）、虞世基（生年不詳~618）、蔡徵（生卒年不詳）等人重新製作雅樂歌辭，於此乃首創了祭祀孔子的專用樂章歌詞：「經國立訓，學重教先。三墳肇冊，五典留篇。開鑿理著，陶鑄功宣。東膠西序，春誦夏弦。芳塵載仰，祀典無騫。」[25] 在釋奠樂隊上也首次出現較明確的編制，隋代「釋奠則唯用登歌，而不設懸。」[26] 登歌即是當時釋奠樂隊的編制，其登歌法：「準禮郊特牲：『歌者在上，匏竹在下。』」[27] 其編制爲：「十有四人，鍾東磬西，工各一人，琴、瑟、箏、筑各一人，并歌者三人，執節七人，並坐階上。笙、竽、簫、笛、塤、篪各一人，並立階下。」[28]

　　隋代的登歌編制是承襲後周而來，《隋書》在此也簡述了古代登歌之法：

> 《大戴》云：「清廟之歌，懸一磬而尚拊搏。」又在漢代，獨登歌者，不以絲竹亂人聲。近代以來，有登歌五人，別升於上，絲竹一部，進處階前。此蓋《尚書》：「戛擊鳴球，搏拊琴瑟以詠，祖考來格」之義也。梁武樂論以爲登歌者頌祖宗功業，檢《禮記》乃非元日所奏。若三朝大慶，百辟俱陳，升工籍殿，以詠祖考，君臣相對，便須涕洟。以此說非通，還以嘉慶用之。後周登歌，備鍾、磬、琴、瑟，階上設笙、管。今遂因之。合於儀禮荷

24　《隋書》，卷15，〈音樂志下〉，頁360。

25　《隋書》，卷15，〈音樂志下〉，頁366。

26　《隋書》，卷15，〈音樂志下〉，頁358。

27　《隋書》，卷15，〈音樂志下〉，頁357。

28　《隋書》，卷15，〈音樂志下〉，頁357。

　　　瑟升歌，及笙入，立於階下，間歌合樂，是燕飲之事矣。[29]

此記載也可讓我們了解登歌法在各時期的演變概況，漢代的登歌是清唱的
形式，其後才又加上絲竹樂器。隋代的登歌編制也是有其依循，非獨爲創
制。樂器的分類爲金類：鍾，石類：磬，絲類：琴、瑟、箏、筑，匏類：
笙、竽，竹類：簫、笛、篪，土類：塤，木類：節等，獨缺革類樂器。從
隋代釋奠使用登歌的樂隊編制來看，每一項樂器皆一人擔任，樂器的分類
採「八音」爲原則，未見革類樂器，也就是鼓類樂器在隋代釋奠樂中未見
記載，革類樂器在古代「八音」樂隊中占有重要的地位，此處登歌編制獨
缺革類樂器著實令人不解。另外登歌法人數與樂器的分配情形也有出入，
隋代登歌法人數「十有四人」，然計算歌者與樂器演奏者總計爲二十二
人，不知其「十有四人」所指爲何？或是歌者與執節者皆爲一人，假如各
樂器皆爲一人則有十二人，歌者一人，執節者一人，如此加總起來方爲
十四人，因此未知其「十有四人」是否爲文獻的誤筆？然此尚難論斷，但
是以絲竹爲主要樂部的器樂演奏，執節者通常都是一人，鮮少出現多人的
情形。

　　　唐代高宗（r.650~683）時許敬宗（592~672）等人議論祭祀的籩、豆
之數時，建議「釋奠準中祀」[30]高宗詔可，唐代對於釋奠孔子的重視又較
隋代更重之。唐代將祭祀等級分爲大祀、中祀、小祀，其祭祀之名有四：
「一曰祀天神，二曰祭地祇，三曰享人鬼，四曰釋奠于先聖先師。」[31]在
釋奠孔子上，唐代還另外分爲「州縣社稷、釋奠爲小祀。」[32]顯然在釋奠

---

29 《隋書》，卷 15，〈音樂志下〉，頁 357。

30 後晉・劉昫等撰，《舊唐書》（北京：中華書局，1975 年 5 月），卷 21，〈禮儀志
　　一〉，頁 825。

31 《舊唐書》，卷 43，〈職官志二〉，頁 1831。

32 《舊唐書》，卷 43，〈職官志二〉，頁 1831。

樂隊的編制上，仍有中祀與小祀兩種情形，中祀即釋奠於孔宣父，「樂用登歌軒懸」[33]。軒懸即是周代傳承下來的樂懸制度之一，樂懸其內容主要是指樂隊編制與樂器、隊形之排列等，宮懸為四面，屬於天子的等級，軒懸三面，多是缺南面而為之，屬於諸侯之等級，「軒縣三面，皇太子用之。若釋奠于文宣王、武成王，亦用之。其制，去宮縣之南面。」[34]唐代所指的「孔宣父」與「文宣王」皆是孔子的尊稱，因為在唐玄宗開元二十七年（739）八月曾「制追贈孔宣父為文宣王」[35]。同時亦擴大釋奠樂的等級，特別在長安與洛陽使用「宮懸」樂隊，[36]除了兩京之外，其他地方的釋奠樂隊編制仍然使用「軒懸」樂隊。

「宮懸」樂隊、「軒懸」樂隊與「登歌」樂隊的差別在於佾舞的有無，唐代「凡宮懸、軒懸之作，奏二舞以為眾樂之容：一曰文舞，二曰武舞。宮懸之舞八佾，軒懸之舞六佾。」[37]此傳統亦是從周代樂懸制度而來，非唐獨創，後世在釋奠樂隊編制上，即使已離開樂懸制度，然仍保留了佾舞的使用，無形中卻也形成了另一種傳統。

唐代釋奠文宣王的軒懸編制，《新唐書》的記載較《舊唐書》明確：

> 樂縣之制。宮縣四面，天子用之。若祭祀，則前祀二日，太樂令設縣於壇南內壝之外，北嚮。東方、西方，磬虡起北，鍾虡次

---

33 《舊唐書》，卷44，〈職官志三〉，頁1891。此在《新唐書》也記載了釋奠樂使用軒懸的編制，參見宋・歐陽修、宋祁撰，《新唐書》（臺北：鼎文書局，1976年），卷15，〈禮樂志五〉，頁372、377。

34 《新唐書》，卷21，〈禮樂志十一〉，頁463。

35 《舊唐書》，卷9，〈玄宗紀下〉，頁211。

36 「二京之祭，牲太牢，樂宮縣，舞六佾矣。州縣之牲以少牢而無樂。」參見《新唐書》，卷15，〈禮樂志五〉，頁376。

37 唐・杜佑，《通典》（長沙：嶽麓書社，1995年11月），卷144，〈樂典四〉，頁1944。

之；南方、北方，磬虡起西，鍾虡次之。鎛鍾十有二，在十二辰
之位。樹雷鼓於北縣之內、道之左，植建鼓於四隅。置柷、敔於
縣內，柷在右，敔在左。設歌鍾、歌磬於壇上，南方北向。磬虡
在西，鍾虡在東。琴、瑟、箏、筑皆一，當磬虡之次，匏、竹在
下。凡天神之類，皆以雷鼓；地祇之類，皆以靈鼓；人鬼之類，
皆以路鼓。其設於庭，則在南，而登歌者在堂。若朝會，則加鍾
磬十二虡，設鼓吹十二案於建鼓之外。案設羽葆鼓一，大鼓一，
金錞一，歌、簫、笳皆二。登歌，鍾、磬各一虡，節鼓一，歌者
四人，琴、瑟、箏、筑皆一，在堂上；笙、和、簫、簴、塤皆
一，在堂下。若皇后享先蠶，則設十二大磬，以當辰位，而無路
鼓。軒縣三面，皇太子用之。若釋奠于文宣王、武成王，亦用
之。其制，去宮縣之南面。[38]

釋奠所使用的樂器其分類為金類：編鍾、鎛鍾、歌鍾，石類：磬、歌磬，
絲類：琴、瑟、箏、筑，匏類：笙、和，竹類：簫、簴，土類：塤，木
類：柷、敔，革類：雷鼓、建鼓、路鼓、節鼓等，除了使用軒懸樂隊外亦
使用登歌樂隊，軒懸樂隊的人數又較登歌樂隊多，唐代的登歌編制有歌者
四人，鍾、磬、節鼓、琴、瑟、箏、筑、笙、和、簫、簴、塤等樂器各一
人擔任，總記有十六人。從隋唐的登歌編制來看，其樂隊各樂器的組成多
為一人擔任演奏，從釋奠樂隊來看，唐代的規模與隋代差異不大。

　　五代時期的宗廟用樂大抵承襲唐代的遺緒，在釋奠樂隊的編制上，並
無相關的記載。北宋時期釋奠的等級為中祀，[39] 今《宋史・樂志》所記載

---

38 《新唐書》，卷 21，〈禮樂志十一〉，頁 462~463。

39 《宋史》，卷 152，〈輿服志四〉，頁 3545。另宋代的吉禮中祀有九：「中祀九：仲春
祭五龍，立春後醜日祀風師、亥日享先農，季春巳日享先蠶，立夏後申日祀雨師，春秋
二仲上丁釋奠文宣王、上戊釋奠武成王。」參見元・脫脫等撰，《宋史》（北京：中

的釋奠文宣王所使用的登歌樂隊編制，約在徽宗政和三年（1113）四月由議禮局所陳之樂制，[40] 其編制如下：

> 編鐘一，在東；編磬一，在西；俱北向。柷一，在編鐘之北，稍西；敔一，在編磬之北，稍東。搏拊二：一在柷北，一在敔北，俱東西相向。一弦、三弦、五弦、七弦、九弦琴各一，瑟一，在編鐘之南，西上。編磬之南亦如之，東上。壇下午階之東，設籈一、篪一、塤一，爲一列，西上。和笙一，在籈南；巢笙一，在篪南；簫一，在塤南。午階之西亦如之，東上。鐘、磬、柷、敔、搏拊、琴、瑟工各坐於壇上，塤、篪、笙、籈、簫工並立於午階東西。樂正二人在鐘、磬南，歌工四人在敔東，俱東西相向。執麾挾仗色掌事一名，在樂虡之西，東向。[41]

這裡約可看出北宋釋奠樂隊的編制情形，金類：編鍾，石類：編磬，絲類：琴、瑟，匏類：和笙、巢笙，竹類：籈、篪、簫，土類：塤，木類：柷、敔，革類：搏拊等八音齊備，樂隊總人數三十人，再加樂正二人、歌工四人、執麾一人，總計三十七人。

　　北宋徽宗（r.1101~1125）曾設大晟府並創制「大晟樂」，其釋奠孔子的用樂情形在「大晟樂」完成後：「詔下國子學選諸生肄習，上丁釋奠，奏于堂上，以祀先聖。」[42] 徽宗時曾要求國子學的學生學習樂器，釋奠日時於典禮上演奏釋奠樂，唯未記載樂隊編制情形。這種由國子學學生

華書局，1985 年 6 月），卷 98，〈禮志一〉，頁 2425。

40　徽宗大觀元年（1107）議禮局由尚書省掌理，政和三年（1113）曾上親祠登歌之制、親祠宮架之制、親祠二舞之制、大祠中祠登歌之制、太祠宮架二舞之制。參見《宋史》，卷 129，〈樂志四〉，頁 3014~3017。

41　《宋史》，卷 129，〈樂志四〉，頁 3016。

42　《宋史》，卷 105，〈禮志八〉，頁 2551。

習樂參與釋奠的情形並非常態，約在大觀四年（1110）時，徽宗又下詔：
「近選國子生教習二舞，以備祠祀先聖，本《周官》教國子之制。然士子
肄業上庠，頗聞恥於樂舞與樂工為伍、坐作、進退。蓋今古異時，致於古
雖有其迹，施於今未適其宜。其罷習二舞，願習雅樂者聽。」[43] 這裡倒是
透露出宋代祭祀樂隊的組成人員多為樂工任之，其社會地位與文士之間差
距甚大，宋徽宗期望當時國子學的學生尊周代士子習樂釋奠之想法，未能
獲得國子學學生的認同，因而學子多恥與樂工為伍。徽宗時期的大晟府設
置時間約在崇寧四年（1105）至宣和七年（1125）之間，其存在的時間約
二十年左右。[44] 然取消士子習樂釋奠是在大觀四年（1110），因此，其存在
時間約莫五年左右，乃屬宋代在釋奠樂隊組成人員上的特例。

南宋高宗紹興十年（1140）將釋奠文宣王的祭祀等級升至大祀，[45] 「定
釋奠為大祀，用《凝安》九成之樂。」[46]，其大祀之禮同享太廟之禮，皆用
九成之樂。如以宋代「每歲大祀，謂用宮架者。」[47] 的樂隊編制來看，北
宋與南宋的宮架編制略有不同，南宋高宗紹興十三年（1143）所載的宮架
編制為：「編鍾、編磬各十二架；柷、敔二；琴五色，各十；瑟二十六；
巢笙及簫並一十四；七星、九曜、閏餘匏笙各一；竽笙十；塤一十二；
箎一十八；籈二十；晉鼓一；建鼓四；麾幡一。」[48] 由此樂器編制來看，
金類：編鍾，石類：編磬，絲類：琴、瑟，匏類：巢笙、七星匏、九曜
匏、閏餘匏、竽，竹類：籈、箎、簫，土類：塤，木類：柷、敔，革類：
晉鼓、建鼓等八音齊備，樂隊總人數一百八十四人，再加執麾一人，總計

43　《宋史》，卷 129，〈樂志四〉，頁 3003。

44　參見《宋史》，卷 20，〈徽宗紀二〉，頁 375。與卷 22，〈徽宗紀四〉，頁 417。

45　《宋史》，卷 29，〈高宗紀六〉，頁 546。另參見卷 105，〈禮志八〉，頁 2554。

46　《宋史》，卷 130，〈樂志五〉，頁 3036。卷 29，〈高宗紀〉，頁 546。

47　《宋史》，卷 152，〈輿服志四〉，頁 3546。

48　《宋史》，卷 130，〈樂志五〉，頁 3031~3032。

一百八十五人。南宋的宮架樂隊特別重視匏類樂器的使用，不論是種類或人數均增加許多，南宋的宮架樂隊較之北宋的登歌樂隊足足爲五倍之數，數量可謂龐大。

北宋欽宗靖康二年（1127），「金人取汴，凡大樂軒架、樂舞圖、舜文二琴、教坊樂器、樂書、樂章、明堂布政閏月體式、景陽鐘并虡、九鼎皆亡矣。」[49] 這是北宋末的一次音樂浩劫，從而也促使金人快速地承襲北宋宮廷音樂，金熙宗皇統元年（1141）將得自北宋徽宗朝大晟府的樂器，因避諱的關係，將刻有「大晟」字樣的樂器用黃紙封住，直到金世宗大定十四年（1174）時重新命名，以「取大樂與天地同和之義，名之曰『太和』。」[50] 同年國子監上言釋奠之事，曾提到當時「樂用登歌，大樂令一員，本署官充，樂工三十九人。」[51] 這裡提到釋奠樂隊的編制，演奏的樂工有三十九人，採用的等級爲登歌樂的編制，此在章宗明昌六年（1195）因爲增修曲阜宣聖廟完工，「賜衍聖公以下三獻法服及登歌樂一部。」[52] 可見金代釋奠樂隊的編制大抵以登歌樂隊爲主，今可從《金史》所記載的太廟登歌樂編制略觀樂器使用的情形，「太廟登歌，鐘一簴，磬一簴，歌工四，籥二，塤二，箎二，笛二，巢笙二，和笙二，簫二，七星匏一，九耀匏一，閏餘匏一，搏拊二，柷一，敔一，麾一，一弦琴、三弦琴、五弦琴、七弦琴、九弦琴各二，瑟四。別廟登歌並同。」[53] 此處太廟登歌樂

---

49 《宋史》，卷 129，〈樂志四〉，頁 3027。

50 元・脫脫等撰，《金史》（北京：中華書局，1975 年 7 月），卷 39，〈樂志上〉，頁 882。金代的「太和」之樂也稱爲「大和」之樂，「宋總名曰〈大晟〉，金總名曰〈大和〉」，參見明・宋濂等撰，《元史》（北京：中華書局，1976 年 4 月），卷 68，〈禮樂志二〉，頁 1693。

51 《金史》，卷 35，〈禮志八〉，頁 816。

52 《金史》，卷 10，〈章宗紀二〉，頁 235。

53 《金史》，卷 39，〈樂志上〉，頁 887。

的編制爲四十二人，與前項的三十九人多三人，在樂隊的編制上尚不至於
出入太大。金代登歌樂使用三十九人實際上有其傳統，「舊制，太廟、皇
考廟樂工各三十九人。」[54] 因此，上述的四十二人的編制，可能是有再修
正過的員額。

　　元世祖忽必烈（1215~1294）建立元朝後，其重臣劉秉忠
（1216~1274）曾向元世祖上書建言：「孔子爲百王師，立萬世法，今
廟堂雖廢，存者尚多，宜令州郡祭祀，釋奠如舊儀。近代禮樂器具靡
散，宜令刷會，徵太常舊人教引後學，使器備人存，漸以修之，實太平
之基，王道之本。」[55] 元世祖採納其議，自此元朝對祭祀孔子之釋奠儀
節始重視，禮器與樂器的重建也自此始。元成宗元貞元年（1295）閻復
（1236~1312）上疏建言：「京師宜首建宣聖廟學，定用釋奠雅樂。」[56] 成
宗（r.1295~1307）從之，這是元代釋奠樂使用雅樂的記載，此京師文宣
王廟在成宗大德十年（1306）建成後，舉行釋奠禮，「牲用太牢，樂用登
歌。」[57] 元代釋奠樂隊使用登歌編制較早的記載，其樂工的組成，在武宗
至大二年（1309）曾以「大都隸儒籍者四十戶充文廟樂工。」[58] 至大三年
（1310）「置曲阜宣聖廟登歌樂。」[59] 這裡可看出元代在京師孔廟與闕里孔
廟釋奠用樂皆以登歌爲樂隊編制。

　　元代登歌樂的編制在《元史‧禮樂志》中有明確記載，金部：編鐘
一簴，石部：編磬一簴，絲部：琴十，包含有一絃、三絃、五絃、七絃、

---

54 《金史》，卷 39，〈樂志上〉，頁 886。

55 《元史》，卷 157，〈劉秉忠傳〉，頁 3691。

56 《元史》，卷 160，〈閻復傳〉，頁 3773。

57 《元史》，卷 21，〈成宗紀四〉，頁 471。

58 《元史》，卷 23，〈武宗紀二〉，頁 512。

59 《元史》，卷 68，〈禮樂志二〉，頁 1698。

九絃琴等各二，瑟四，竹部：排簫二、笛二、簫二、篪二，匏部：巢笙四、和笙四、七星匏一、九曜匏一、閏餘匏一，土部：塤二，革部：搏拊二，木部：柷一、敔一。登歌樂八音齊備，按此樂器數目來看，其演奏的人數約爲四十一人，歌工的人數從〈禮樂志〉與〈祭祀志〉使用登歌樂的情形來看，約爲六人或八人，[60]因此，其總人數約在四十七人至四十九人之間。

元代初置登歌樂的釋奠樂隊時，所使用的樂器並不理想，武宗至大三年（1310），孔子五十四代孫孔思逮（生卒年不詳）曾言及此事：「闕里宣聖祖廟，釋奠行禮久闕，祭服登歌之樂，未蒙寵賜。如蒙移咨江浙行省，於各處贍學祭餘子粒內，製造登歌樂器及祭服，以備祭祀，庶盡事神之禮。」[61]朝廷允其所請，因此，樂器皆由江浙一帶製造。類似的情形在惠宗至正九年（1349）議請「江浙行省製雅樂器。」[62]由此看來，元代時期雅樂器的製造主要多集中在江浙一帶。

第三節
明清釋奠樂隊的定型化
——

明太祖洪武元年（1368）二月即下詔以太牢祭祀孔子，並在洪武四年（1371），由禮部奏定儀物，訂定釋奠樂隊的樂生人數爲六十人，由禮部

---

60 《元史》，卷 71，〈禮樂志五〉，頁 1768。《元史》，卷 73，〈祭祀志二〉，頁 1815。

61 《元史》，卷 68，〈禮樂志二〉，頁 1698~1699。

62 《元史》，卷 77，〈祭祀志六〉，頁 1915。

「請選京民之秀者充樂舞生。」[63] 太祖則認為不妥，「宜擇國子生及公卿子弟在學者，豫教肄之。」[64] 明代初期對於釋奠孔子樂舞生的身分要求，非用一般人擔任，由此可看出其釋奠的神聖性似乎更為突顯，洪武二十六年（1393）又頒《大成樂》於天下，顯見明太祖對釋奠孔子的重視。

　　明代釋奠樂隊的編制在明初時使用「大成登歌舊樂」[65]，其樂生的編制為六十人：「編鐘、編磬各十六，琴十，瑟四，搏拊四，柷敔各一，塤四，篪四，簫八，笙八，笛四，大鼓一；歌工十。」[66] 其樂器的分類為金類：編鍾，石類：編磬，絲類：琴、瑟，匏類：笙，竹類：笛、篪、簫，土類：塤，木類：柷、敔，革類：大鼓、搏拊等八音齊備，算其樂器的人數為六十一人，與其所書六十人不符，此情形在其所定的郊丘廟社，樂工六十二人，然細數其各項樂器的編制人數卻為六十三人有相同的情形，[67] 亦即多出一人，較有可能的情形為柷、敔樂器雖然各一，但一是始樂，一是樂止，此兩個樂器由一人演奏，如此則都符合其演奏總人數。

　　明代李之藻的《頖宮禮樂疏》中記載了先師廟的釋奠樂隊座次圖，[68] 從圖中可看出樂器的編制情形：楹鼓一，鐘一，磬一，篪二，塤二，鳳簫二，橫笛六，篴六，笙六，瑟二，琴六，搏拊二，柷一，敔一，麾一，歌工六。上述編制不含歌工為四十人，加上六位歌工為四十六人。【圖

63　清・張廷玉等撰，《明史》（北京：中華書局，2007 年 10 月），卷 50，〈禮志四〉，頁 1296。

64　《明史》，卷 50，〈禮志四〉，頁 1296。

65　《明史》，卷 61，〈樂志一〉，頁 1502。

66　《明史》，卷 61，〈樂志一〉，頁 1505。

67　「編鐘、編磬各十六，琴十，瑟四，搏拊四，柷敔各一，塤四，篪四，簫八，笙八，笛四，應鼓一；歌工十二。」參見《明史》，卷 61，〈樂志一〉，頁 1505。

68　明・李之藻撰，《頖宮禮樂疏》（臺北：國立中央圖書館，1970 年），明萬曆刊本，卷 3，頁 329。

1-1】《頖宮禮樂疏》成書年代約在明神宗萬曆年間（1573~1620），此約可反映出明代晚期與明初釋奠樂隊的變化。

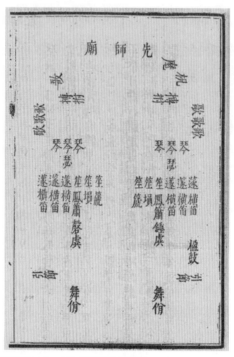

【圖 1-1】 《頖宮禮樂疏》之〈先師廟樂縣圖〉

　　清代陳文達（生卒年不詳）在《臺灣縣志》（成書約在 1720 年）一書中，有記載明神宗萬曆四十一年（1613）孔廟釋奠樂的樂生與舞生的編制：「大合樂麾一、柷一、敔一、琴六、瑟二、鐘磬各十有六、塤二、箎二、簫四、鳳簫四、笙六、笛四、搏拊鼓二、應鼓如之。樂生三十六人、工歌六人，旌二、籥三十六，翟如之；舞生三十六人，洎皇朝定鼎，樂章

儀注悉因舊制。」[69] 這裡所書寫的樂隊編制與明初的大成登歌樂的編制，以及李之藻的《頖宮禮樂疏》所記載的縮小許多，此處所描寫是指地方孔廟釋奠樂的用樂情形，臺灣在清初時期仍沿用明代制度，從各地的方志文獻多能找到許多相似的例子。

　　清康熙六年（1667）「頒太學中和韶樂。」[70] 康熙五十五年（1716）「頒『中和韶樂』於直省文廟。」[71] 清代京師釋奠樂隊的規模首先使用「中和韶樂」，而後擴展使用於直省文廟，各地的府、州、縣學春、秋釋奠皆用「鄉樂」，[72] 顯見清代釋奠樂的用樂規模有等級的劃分，「中和韶樂」與「鄉樂」皆是清代十一種樂制之一，其他尚有「丹陛大樂」、「中和清樂」、「丹陛清樂」、「導迎樂」、「鐃歌樂」、「禾辭桑歌樂」、「慶神歡樂」、「宴樂」、「賜宴樂」等。[73]「中和韶樂」原是明代教坊司下即有設置，清代繼承了明代的樂部而來，清代「中和韶樂」的樂隊編制為：「用於壇、廟者，鎛鐘一，特磬一，編鐘十六，編磬十六，建鼓一，箎六，排簫二，塤二，簫十，笛十，琴十，瑟四，笙十，搏拊二，柷一，敔一，麾一。先師廟，琴、簫、笛、笙各六，箎四，餘同。」[74] 其樂器的分類為金類：編鐘、鎛鐘，石類：編磬、特磬，絲類：琴、瑟，匏類：笙，竹類：笛、箎、簫、排簫，土類：塤，木類：柷、敔，革類：建鼓、搏拊等八音，「中和韶樂」對應不同的祭祀場合仍有不同的編制，從先師廟的

69　清・陳文達，《臺灣縣志》（臺北：臺灣銀行經濟研究室，1961 年 6 月），〈典禮志六〉，頁 155~156。

70　民國・趙爾巽等撰，《清史稿》（北京：中華書局，2003 年 2 月），卷 84，〈禮志三〉，頁 2534。

71　《清史稿》，卷 94，〈樂志一〉，頁 2748。

72　《清史稿》，卷 101，〈樂志八〉，頁 3008。

73　《清史稿》，卷 101，〈樂志八〉，頁 2985。

74　《清史稿》，卷 101，〈樂志八〉，頁 2985。

編制來看，其差異只在演奏人員的增減。原「中和韶樂」不含歌工的編制為六十人，釋奠使用的「中和韶樂」樂隊編制不含歌工總計為四十六人，所刪減的聲部多為匏竹類樂器，即吹管樂減少了。「中和韶樂」在滿編的情形下較釋奠使用的樂隊，在樂隊聲響上相對強了許多。

　　清代任禮部左侍郎順天學政的龐鍾璐（1822~1876）纂輯有《文廟祀典考》，約成書於同治四年（1865）六月，其中繪有〈文廟樂縣舞佾圖〉[75]【圖1-2】，所著錄的樂器有鑄鐘一，編鐘一，楹鼓一，[76]特磬一，編

【圖1-2】　《文廟祀典考》之〈文廟樂縣舞佾圖〉

75　清·龐鍾璐，《文廟祀典考》（臺北：中國禮樂學會，1977年），卷首，〈樂縣舞佾圖〉，頁63。

76　孔廟「中和韶樂」中稱建鼓，楹鼓又稱為建鼓，因此名稱雖不同，實則指同一種樂器。

磬一，箎四，排簫二，塤二，笛六，簫六，瑟四，琴六，笙六，搏拊二，
柷一，敔一，麾一，歌工六，此樂隊編制不含歌工總計為四十六人。這裡
所記載的樂隊編制恰與清代孔廟「中和韶樂」樂隊編制相同，其座次圖應
與孔廟「中和韶樂」有密切的關聯。

　　清代府、州、縣學春、秋釋奠使用的樂隊編制為「鄉樂」，其編制
為：「麾一，編鐘十六，編磬十六，琴六，瑟二，排簫二，簫四，笛六，
箎二，笙六，塤二，建鼓一，搏拊二，柷一，敔一。」[77] 其樂器的分類亦
是八音俱備，「鄉樂」的樂隊編制人數總計三十八人，與文廟「中和韶
樂」樂隊編制的差異，在於孔廟「中和韶樂」多了鎛鐘一、特磬一、琴
四、箎二等八人，參見【表 1-1】。

【表 1-1】　清代「中和韶樂」與「鄉樂」釋奠樂隊編制比較表

八音分類	原「中和韶樂」		孔廟「中和韶樂」		「鄉樂」	
金類	編鐘十六枚	1	編鐘十六枚	1	編鐘十六枚	1
	鎛鐘	1	鎛鐘	1	鎛鐘	0
石類	編磬十六枚	1	編磬十六枚	1	編磬十六枚	1
	特磬	1	特磬	1	特磬	0
絲類	琴	10	琴	6	琴	6
	瑟	4	瑟	4	瑟	2
竹類	箎	6	箎	4	箎	2
	簫	10	簫	6	簫	4
	笛	10	笛	6	笛	6
	排簫	2	排簫	2	排簫	2
匏類	笙	10	笙	6	笙	6
土類	塤	2	塤	2	塤	2

---

77 《清史稿》，卷 101，〈樂志八〉，頁 3008。

八音分類	原「中和韶樂」		孔廟「中和韶樂」		「鄉樂」	
革類	搏拊	2	搏拊	2	搏拊	2
	建鼓	1	建鼓	1	建鼓	1
木類	柷	1	柷	1	柷	1
	敔	1	敔	1	敔	1
	麾	1	麾	1	麾	1
樂隊人數		60		46		38

金之植與宋鉽編輯的《文廟禮樂考》，約成書於康熙三十年（1691），其中繪有文廟〈樂舞總圖〉[78]【圖 1-3】，從圖中可看出其釋奠

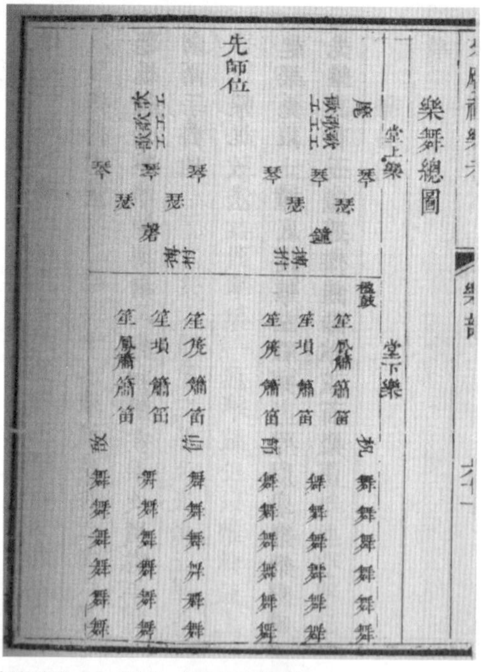

【圖 1-3】《文廟禮樂考》之孔廟〈樂舞總圖〉

78 清・金之植、宋鉽，《文廟禮樂考》，〈樂部〉，頁 399，收錄於郭齊、李文澤編，《儒藏》，〈史部・孔孟史志〉，第十一冊。

樂隊編制爲：歌工六、琴六、瑟四、鐘一、磬一、搏拊二、楹鼓一、笙六、簫六、笛六、鳳簫二、塤二、箎二、柷一、敔一、麾一等，樂器演奏含舉麾者總計四十二人，再加歌工六人總計四十八人。這裡所呈現的釋奠樂隊編制，與孔廟「中和韶樂」與「鄉樂」釋奠樂隊編制亦不同。

　　孔尚任（1648~1718）的《聖門樂誌》記載有清代孔廟的〈奏樂位次圖〉[79]【圖1-4】，此書成於康熙五十五年（1716），光緒十三年重刊，今據重刊本可看到〈奏樂位次圖〉的釋奠樂隊編制爲：歌工八、琴八、瑟二、搏拊二、柷一、敔一、笙四、洞簫二、龍笛二、鳳簫二、塤二、箎

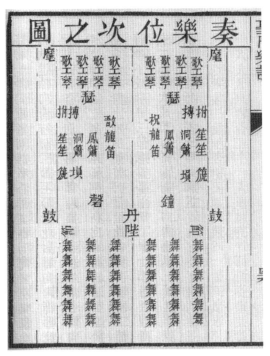

【圖1-4】　《聖門樂誌》之孔廟〈奏樂位次圖〉

79　清・孔尚任，《聖門樂誌》清光緒刻本，頁302，收錄於郭齊、李文澤編，《儒藏》，〈史部・孔孟史志〉，第十一冊。

二、鐘一、磬一、鼓二、麾二等，樂器演奏含舉麾者總計三十四人，再加歌工八人總計四十二人。康熙五十五年（1716）已頒「中和韶樂」於直省孔廟，這裡所呈現的釋奠樂隊編制，與孔廟「中和韶樂」的樂隊編制不同，也與「鄉樂」釋奠樂隊編制不同。

第四節
清代臺灣府的地方釋奠樂隊
——

　　上述清代孔廟「中和韶樂」樂隊編制與府、州、縣學釋奠使用「鄉樂」的樂隊編制可能是朝廷釋奠樂的標準形式，但是在地方執行時也有不同於朝廷的標準，以臺灣府為例，我們可先看劉良璧（1684~1764）的《重修福建臺灣府志》（成書約在 1740~1741）一書，其中按照八音的分類法，分別詳細地描述釋奠樂器的尺寸、樣式、裝飾等，同時在釋奠樂的樂器上寫有：「康熙五十五年，臺廈道陳璸置。雍正七年，知府倪象愷修。乾隆六年，巡道劉良璧重修。」[80] 這裡大成樂器所包括的八音樂器分有金部類的大鐘、鎛鐘、編鐘、歌鐘；石部類有特磬、編磬、歌磬；絲部類有琴、瑟；竹部類有鳳簫、洞簫、龍笛、雙管、箎；匏部類有笙；土部類有塤；革部類有鼗鼓、懸鼓、楹鼓、足鼓、靴鼓、搏拊、田鼓、相鼓；木部類有柷、敔、木鐸等。其樂器品項本應以「鄉樂」為準式，然見其項目均較孔廟「中和韶樂」與府、州、縣學釋奠使用「鄉樂」的樂器項目為多，此為一例。

80　清·劉良璧，《重修福建臺灣府志》，卷 9，〈典禮〉，頁 276。

另外再看蔣元樞（1738~1781）的《重修臺郡各建築圖說》，書中繪有〈文廟樂器圖〉，參見【圖1-5】，此圖總計繪有編鐘、編磬、笙、鏞、琴、瑟、排簫、洞簫、壎、篪、龍簴、鼗鼓、楹鼓、足鼓、搏拊、相鼓、鼗鼓、柷、敔、籥、翟、手版、麾、節等樂器。蔣元樞曾於乾隆四十年（1775）三月擔任臺灣府知府，在臺任期約三年餘，[81]〈文廟樂器圖〉其樂隊編制概況，蔣氏係參考康熙五十八年（1719）頒行於闕里的「中和韶樂」樂器，「其器用柷一、敔一、編鐘十六、編磬十六、琴六、瑟四、笙六、簫六、壎二、篪四、排簫二。」[82]此處的編制有三十四人，假使加上上述樂器項目各一人擔任，由此計算，樂隊人數應不少於四十七人。〈文

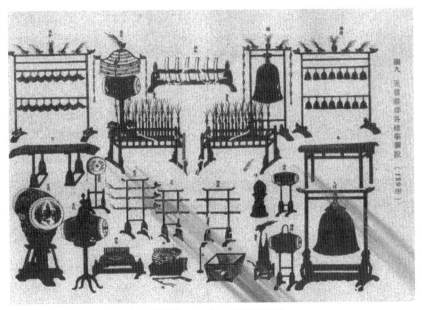

【圖1-5】　《重修臺郡各建築圖說》之〈文廟樂器圖〉

81　諸家，《臺灣采訪冊》（臺北：臺灣銀行經濟研究室，1959年），頁83。

82　清・蔣元樞，《重修臺郡各建築圖說》（臺北：臺灣銀行經濟研究室，1970年），頁17。

廟樂器圖〉的樂器品項與人員編制較孔廟「中和韶樂」爲多，而且樂器項目又與前述《重修福建臺灣府志》所載又略有不同，此又一例。

在陳文達的《鳳山縣志》也有記載康熙二十六年（1687）時，曾下詔天下郡縣選舉孔廟釋奠的樂生與舞生，「大合樂以祀先聖。」[83] 佾舞用六佾，樂生與舞生的編制爲：「大合樂，麾一、柷一、敔一、琴六、瑟二、鐘磬各十有六、塤二、篪二、簫四、鳳簫四、笙六、笛四、搏拊鼓二、應鼓如之；樂生三十八人，工歌六人。旌二、籥三十六，翟如之；舞生二十六人。」[84] 這裡樂器演奏人員爲三十八人，樂隊總人數與「鄉樂」相同，然檢視內中的樂器品項又有些許出入。

姚瑩（1785~1853）在〈臺灣府學聖廟祭品碑〉中也提到樂器使用的編制，臺灣府學所指的即是今日的臺南孔廟，其內容爲：「殿外兩階，金鑄鐘一、編鐘十有六在東，玉特磬一、編磬十有六在西，皆懸以簴業。東應鼓一、柷一、麾一，西敔一。東西分列琴六、瑟四、簫六、篴六、篪四、排簫二、塤二、笛六、搏拊二、笙二、翟籥三十有六。此樂器之數也。」[85] 由此樂隊編制來看，不含翟籥大約爲四十八人，大致上與孔廟「中和韶樂」的人數相同，然樂器的品項不完全相符。

從臺灣府學在清代孔廟釋奠樂隊的編制情形來看，與朝廷所頒行的釋奠樂隊不盡相同，在不同時期呈現的釋奠樂隊編制也頗不一致，參見【表1-2】。朝廷在釋奠樂制上雖有規定，然地方在執行上仍有不同的看法與作爲，朝廷似乎也認可地方的作法，並未加干預，姚瑩在碑記當中的一段

83　清・陳文達，《鳳山縣志》（臺北：臺灣銀行經濟研究室，1961年10月），卷3，〈祀典制〉，頁36。

84　《鳳山縣志》，卷3，〈祀典制〉，頁36。

85　清・姚瑩，《中復堂選集》「叢刊」種號83（臺北：臺灣銀行經濟研究室，1960年9月），東溟文後集，卷13，〈臺灣府學聖廟祭品碑〉，頁175。

話，或許可作爲此現象的註腳：

> 前代州郡縣學，其器數殺於太學。惟本朝直省府、州、縣一如太
> 學之制。蓋地有中外，先聖則一，未可異其禮樂也。而諸府州、
> 縣、或以僻陋，未能備物。臺灣遠在海外，人士斌斌富而好禮
> 者，不惜重金以崇聖廟。[86]

由此或可看到清代地方的孔廟在釋奠樂隊的編制上，多有因時而不同，因
地而制宜的現象。

【表 1-2】　清代臺灣文獻所載釋奠樂隊編制比較表

文獻	《重修臺郡各建築圖說》〈文廟樂器圖〉	《重修福建臺灣府志》	《臺灣縣志》《鳳山縣志》		〈臺灣府學聖廟祭品碑〉	
金類	編鐘	編鐘	編鐘十六枚	1	編鐘十六枚	1
	鏞	鎛鐘	―	―	金鎛鐘	1
	―	大鐘				
		歌鐘				
石類	編磬	編磬	編磬十六枚	1	編磬十六枚	1
	―	特磬	―	―	玉特磬	1
		歌磬				
絲類	琴	琴	琴	6	琴	6
	瑟	瑟	瑟	2	瑟	4
竹類	篪	篪	篪	2	篪	4
	洞簫	洞簫	簫	4	簫	6
	龍篴	龍笛	笛	4	篴、笛	12
	排簫	鳳簫	鳳簫	4	排簫	2
	簜	雙管	―	―	簜	―

---

86 《中復堂選集》，東溟文後集，卷 13，〈臺灣府學聖廟祭品碑〉，頁 175。

文獻	《重修臺郡各建築圖說》〈文廟樂器圖〉	《重修福建臺灣府志》	《臺灣縣志》《鳳山縣志》		〈臺灣府學聖廟祭品碑〉	
匏類	笙	笙	笙	6	笙	2
土類	壎	塤	塤	2	塤	2
革類	搏拊	搏拊	搏拊	2	搏拊	2
	鼗鼓	鼗鼓	—	—	—	—
	楹鼓	楹鼓	應鼓	2	應鼓	1
	足鼓	足鼓	—	—	—	—
	相鼓	相鼓	—	—	—	—
	鼗鼓	鞉鼓	—	—	—	—
	—	懸鼓	—	—	—	—
	—	田鼓	—	—	—	—
木類	柷	柷	柷	1	柷	1
	敔	敔	敔	1	敔	1
	手版	木鐸	—	—	—	—
	麾	—	麾	1	麾	1
	節	—	—	—	—	—
	翟	—	—	—	翟	—
樂隊人數				39		48

結論

　　釋奠樂的思想基礎在於「大合樂」，而「大合樂」主要的具體呈現即是六代樂舞，從「大合樂」的用樂意義來看，東漢章帝開始用六代樂舞來祭祀孔子，即是「大合樂」的本意初衷，南齊王儉認為釋奠樂隊宜用軒懸之樂，這裡已開始逐漸看到釋奠樂隊編制的雛形。隋代首先制定了釋奠的專用樂章，同時在釋奠樂上明確地使用登歌樂隊的編制，首先在釋奠樂

隊編制上有了明確的樂器與演奏人數的記載。唐、宋以降，釋奠樂隊在各朝代多被書之於文獻而流傳下來，然其樂隊編制也各不相同，其樂器配置都具足八音樂器的種類，此也是「大合樂」樂器的基本規範，但是六代樂舞已然杳無蹤影，今日所存釋奠樂隊較多材料的清代，我們所見到的樂隊編制，幾乎多不相同，這又體現了截至清代爲止，釋奠樂隊的編制仍不斷地在變化，從隋代釋奠樂隊登歌法十四人至二十二人，唐登歌法十六人，北宋三十七人，南宋朝廷宮架樂隊一百八十五人，金代三十九人至四十二人，元代四十七人至四十九人，明代約四十六人至六十二人，清代四十六人或三十八人等，各朝代多有不同，但多以登歌樂的編制爲釋奠樂隊。清代臺灣以直省府學雖有「鄉樂」的規範，編制人數與樂器仍不完全按照規範行之，也看到地方釋奠因地制宜的權宜關係。不論各朝代釋奠樂隊人數如何地不同，皆代表著該朝對釋奠「大合樂」想法的具體呈現，然而無論其樂隊編制如何不同，其樂器的八音齊備仍一直不變。

第二章

孔廟釋奠奏樂圖
的流變

　　自漢代以降，孔廟釋奠的禮樂著述未曾間斷，歷代皆有記載，從《史記》的「故所居堂」描述以來，[1] 歷代正史多有條記與孔廟、釋奠等相關的史料，包括帝王祀孔、諸侯或遣官致祭，此部分亦是主要的記載，其次則爲釋奠的樂章歌詞內容，另外則是以廟、學爲描述的書寫。[2] 孔廟釋奠用

1　「孔子葬魯城北泗上，弟子皆服三年。三年心喪畢，相訣而去，則哭，各複盡哀，或複留。唯子贛廬於塚上，凡六年，然後去。弟子及魯人往從塚而家者，百有餘室，因命曰：『孔里』。魯世世相傳以歲時奉祠孔子塚，而諸儒亦講禮鄉飲、大射於孔子塚。孔子塚大一頃，故所居堂，弟子內後世因廟，藏孔子衣冠、琴、車、書，至於漢二百餘年不絕。」上引文爲筆者據點校本再自行斷句。參見漢 · 司馬遷，《史記》（北京：中華書局，1982 年 11 月），卷 47，〈孔子世家〉，頁 1945。

2　茲舉各正史相關的記載，簡列如下：「十一月，行自淮南還。過魯，以大牢祠孔子。」參見漢 · 班固，《漢書》（北京：中華書局，1962 年），卷 1 下，〈高帝紀〉，頁 76。「上始率群臣躬養三老、五更於辟雍。行大射之禮。郡、縣、道行鄉飲酒於學校，皆祀聖師周公、孔子，牲以犬。」參見劉宋 · 范曄，《後漢書》（北京：中華書局，1986 年 12 月），卷 15，〈禮儀志〉，頁 3108。「魏齊王正始二年三月，帝講《論語》通，五年五月，講《尚書》通，七年十二月講《禮記》通，並使太常釋奠，乙太牢祀孔子於辟雍，以顏淵配。」參見梁 · 沈約，《宋書》（北京：中華書局，1974 年 10 月），卷 17，〈禮志四〉，頁 485。「今金石已備，宜設軒縣之樂、六佾之舞，牲牢器用，悉依上公。」參見梁 · 蕭子顯，《南齊書》（北京：中華書局，1972 年 1 月），卷 9，〈禮志上〉，頁 144。「二月丁亥，命樂師入學習舞，釋菜於先聖先師。」參見北齊 · 魏收，《魏書》（北京：中華書局，1974 年），卷 2，〈太祖紀〉，頁 38。「新立學，必釋奠禮先聖先師，每歲春秋二仲，常行其禮。」參見唐 · 魏徵、令狐德棻，《隋書》（北京：中華書局，1973 年 8 月），卷 9，〈禮儀志〉，頁 181。「詔州、縣學皆作孔子廟。」參見宋 · 歐陽修、宋祁，《新唐書》（臺北：鼎文書局，1976 年），卷 15，〈禮樂志五〉，頁 373。「定釋奠爲大祀，用《凝安》九成之樂。」參見元 · 脫脫等，《宋史》（北京：中華書局，1985 年 6 月），卷 130，〈樂志五〉，頁 3036。「其諸州釋奠並遵唐儀。」參見元 · 脫脫等，《金史》（北京：中華書局，1975 年 7 月），卷 35，〈禮志八〉，頁 816~817。「京師宜首建宣聖廟，定用釋奠雅樂。」參見明 · 宋濂等，《元史》（北京：中華書局，1976 年 4 月），卷 160，〈閻復傳〉，頁 3773。「頒《大成樂》於天下。」參見清 · 張廷玉等，《明史》（北京：中華書局，2007 年 10 月），卷 50，〈禮志四〉，頁 1297。「頒太學《中和韶樂》。」參見民國 · 趙爾巽等，《清史稿》（北京：中華書局，2003 年 2 月），卷 84，〈禮志三〉，頁 2534。

樂，目前所知最早的時間，大約始於東漢章帝元和二年（85），[3]南北朝時期對於釋奠樂是諱莫不明的，南齊武帝時王儉（452~489）曾對此提出意見。隋代首創釋奠樂歌詩一首，記載於《隋書》當中。[4]唐代於高宗顯慶三年（658）國子博士范頵（生卒年不詳）等人曾撰釋奠樂歌詩兩首，[5]此歌詞記載於《舊唐書》當中。[6]然此前隋代至唐初，關於釋奠樂的儀節概況也是不甚清晰。今日流傳對於釋奠用樂較詳悉的唐代典籍，大抵要以蕭嵩的《大唐開元禮》為主了。[7]

　　自元代開始逐漸出現書寫釋奠禮樂相關的專門著作，例如不著撰人的《廟學典禮》[8]，明代時，此專門著作大量增加，例如陳鎬的《闕里志》、李之藻的《頖宮禮樂疏》、黃佐的《南雍志》、呂元善的《聖門志》、

---

3 「（章）帝東巡狩，還過魯，幸闕里，乙太牢祠孔子及七十二弟子，作六代之樂，大會孔氏男子二十以上者六十三人，命儒者講《論（語）》。」參見劉宋・范曄，《後漢書》，卷 109 上，〈儒林傳〉，頁 2562。

4 「經國立訓，學重教先。三墳肇冊，五典留篇。開鑿理著，陶鑄功宣。東膠西序，春誦夏弦。芳塵載仰，祀典無騫。」唐・魏徵、令狐德棻，《隋書》，卷 15，〈音樂志下〉，頁 366。

5 元・馬端臨，《文獻通考》（北京：中華書局，1986 年），卷 129，〈樂二〉，頁 1154。

6 「〈迎神〉通吳表聖，問老探貞。三千弟子，五百賢人。億齡規法，萬載祠禋。潔誠以祭，奏樂迎神。〈送神〉醴溢犧象，羞陳俎豆。魯壁類聞，泗川如覿。里校覃福，胄筵承佑。雅樂清音，送樂其奏。」後晉・劉昫等，《舊唐書》（北京：中華書局，1975 年 5 月），卷 30，〈音樂志三〉，頁 1124。

7 《大唐開元禮》中的卷 53〈皇太子釋奠于孔宣父〉、卷 54〈國子釋奠于孔宣父〉明確使用了軒懸之樂，並用文字描述樂器的陳列情形，其餘在卷 69 尚有〈諸州釋奠于孔宣父〉、卷 72〈諸縣釋奠于孔宣父〉等。

8 《廟學典禮》內容所載為元太宗窩闊台九年丁酉（1237）至元成宗大德年間（1297~1307），雖不著撰者，但確為元人所書，對於了解元代廟學的制度、規劃梗概等，頗具參考價值，宋濂等撰的《元史》多據元末史料書寫，此書內容非但可以與《元史》參看，甚至可補其不足，應值得關注。

瞿九思的《孔廟禮樂考》、武位中的《文廟樂書》、蔡複賞的《孔聖全書》、劉天和的《仲志》、呂兆祥的《陋巷志》與《宗聖志》等著作；清代的釋奠禮樂專著又勝於明代，例如孔尚任的《聖門樂志》、金之植與宋鋐的《文廟禮樂考》、孔繼汾的《闕里文獻考》、孔貞瑄的《大成樂律全書》、藍鍾瑞的《文廟丁祭譜》、李周望的《國學禮樂錄》、邱之稑的《丁祭禮樂備考》、吳祖昌的《文廟上丁禮樂備考》、閻興邦的《文廟禮樂志》、龐鍾璐的《文廟祀典考》、張行言的《聖門禮樂統》、宋際與宋慶長的《闕里廣志》、鄭曉如的《闕里述聞》、黃本驥的《聖域述聞》、沈德淐的《聖門志考略》、曾國荃的《宗聖志》等，由上可見，明清兩代對於孔廟釋奠的研究與考訂，燦然大備。宋金元時期對於釋奠樂較詳悉的描述仍少，明清時期對於釋奠禮樂的著述成果，非常豐碩，大抵是今日釋奠禮樂參照的目標。

歷代典籍對於釋奠樂的描述多使用文字闡述，然對於實際的樂隊情形仍不夠明確，上開釋奠禮樂的專門典籍，僅少數典籍有繪製奏樂圖，這些奏樂圖可使我們更清楚地認知，樂隊的擺設情形及樂器的相關位置，從而認識釋奠樂在整個釋奠場域中的情況。本文主要希望透過對這些典籍的查考，從釋奠奏樂圖中，探悉釋奠用樂在歷史長河中的流變情形。

第一節
北齊至宋代釋奠的「軒懸」之樂

東漢章帝曾於元和二年（85）東巡狩回程途中至闕里，「乙太牢祠

孔子及七十二弟子，作《六代之樂》。」[9] 這是目前所知最早對孔子祭祀所使用的樂舞，《六代之樂》並非釋奠專用的樂舞。南北朝時期的北齊，有明確記載釋奠樂使用的規模，「列軒懸樂，六佾舞。」[10] 雖然仍未有專用的釋奠樂，但所使用的樂器排列與規模，以及佾舞的隊形已開始對後世產生影響，這種影響從唐代即可看出。隋代釋奠的規模未見設樂懸，「釋奠則唯用登歌，而不設懸。」[11] 唐代從皇太子釋奠所記載的規模，已可以很清楚看到「軒懸」的規模，「樂縣之制，……軒縣三面，皇太子用之。若釋奠于文宣王、武成王，亦用之。」[12] 孔子封號為「文宣王」是始於唐玄宗開元二十七年（739），[13] 此之前稱孔子為「宣父」。唐太宗貞觀十一年（637）詔尊孔子為「宣父」，[14] 今本《大唐開元禮》為玄宗開元二十年（732）九月，由中書令蕭嵩（668~749）等所撰，[15] 書中對於釋奠樂的規模已使用「軒懸」之樂了。《大唐開元禮》著錄的唐代釋奠樂規制在中央有皇太子釋奠與國子釋奠，在地方又有諸州釋奠與諸縣釋奠之別，皇太子釋奠於孔宣父時使用「軒懸」之樂，其規制如下：

> 前享二日，太樂令設軒懸之樂於廟庭東方，西方磬簴起北，鐘簴
> 次之；北方磬簴起西，鐘簴次之，設三鎛鐘於編懸之閒，各依辰

9　劉宋・范曄，《後漢書》，卷 109 上，〈儒林傳〉，頁 2562。

10　唐・魏徵、令狐德棻，《隋書》，卷 9，〈禮儀志〉，頁 180。

11　唐・魏徵、令狐德棻，《隋書》，卷 15，〈音樂志下〉，頁 358。

12　宋・歐陽修、宋祁，《新唐書》，卷 21，〈禮樂志十一〉，頁 462~463。

13　「八月，……制追贈孔宣父為文宣王。」參見後晉・劉昫等，《舊唐書》，卷 9，〈玄宗紀下〉，頁 211。

14　宋・孔傳，《東家雜記》（收入郭齊、李文澤編，《儒藏》，史部第一冊，成都：四川大學出版社，2005），卷上，〈孔子追封諡號〉，頁 10。

15　「九月乙巳，中書令蕭嵩等奏上《開元新禮》一百五十卷，制所司行用之。」參見後晉・劉昫等，《舊唐書》，卷 8，〈玄宗紀上〉，頁 198。

位，樹路鼓於北懸之間，道之左右，植建鼓於三隅，置柷敔於懸內〔柷在左，敔在右〕，設歌鐘歌磬於廟堂之上，前楹閑北向，磬簴在西，鐘簴在東，其鮑竹者立於堂下階閑，重行東向，相對為首〔凡懸皆展而編之〕，諸工人各位于懸後。[16]

國子釋奠於孔宣父時其「軒懸」樂大致與皇太子相同，唯一相異者在於「其鮑竹者立於堂下階閑，重行北向，相對為首。」[17]關於「重行北向，相對為首。」與「重行東向，相對為首。」《大唐開元禮》所記載的樂懸陳設大多是「宮懸」之樂，凡是「宮懸」之樂的陳設皆是「重行北向，相對為首。」筆者再翻檢「軒懸」之樂的陳設，如〈仲春仲秋釋奠于齊太公〉、〈諸太子廟時享〉等亦皆「重行北向，相對為首。」[18]唯獨皇太子釋奠於孔宣父時其「軒懸」樂是「重行東向，相對為首。」此似乎與唐禮有出入，可能應皆「北向」為是。

釋奠使用「軒懸」之樂並非唐代開始，劉宋文帝元嘉年間（424~453）裴松之（372~451）曾提出釋奠使用六佾之舞的建議，而後南齊武帝時王儉（452~489）根據裴松之的作法，認為釋奠宜用「軒懸」之樂，舞蹈宜用六佾之舞，「元嘉立學，裴松之議應儛六佾，以郊樂未具，故權奏登歌。今金石已備，宜設軒縣之樂，六佾之舞，牲牢器用，悉依上公。」[19]唐代的開元禮更進一步確立規範了釋奠樂的規制。

地方上興建孔子廟約從唐代開始，唐太宗貞觀四年（630），「詔

---

16 唐・蕭嵩，《大唐開元禮》（北京：民族出版社，2000年，洪氏公善堂刊本），卷53，〈吉禮〉，頁292。

17 唐・蕭嵩，《大唐開元禮》，卷54，〈吉禮〉，頁299。

18 唐・蕭嵩，《大唐開元禮》，卷55，〈吉禮〉，頁304。唐・蕭嵩，《大唐開元禮》，卷74，〈吉禮〉，頁372。

19 梁・蕭子顯，《南齊書》，卷9，〈禮志上〉，頁144。

州、縣學皆作孔子廟。」[20] 州、縣學每年亦舉行釋奠，《大唐開元禮》分別記載諸州釋奠於孔宣父與諸縣釋奠於孔宣父之禮，其中並無關於釋奠樂陳設的書寫，主要是因為州、縣學釋奠不使用樂，唐玄宗開元二十七年（739）將孔子封為「文宣王」時，「於是二京之祭，牲太牢、樂宮縣、舞六佾矣。州縣之牲以少牢而無樂。」[21] 當時在長安與洛陽均有釋奠並且用樂，此時釋奠樂較大的變化，在於從先前的「軒懸」之樂提升為「宮懸」之樂，佾舞數仍維持在六佾。這裡關於「宮懸」配六佾，[22] 筆者認為此處或許可能有兩個問題，一是《新唐書・禮樂志五》有誤，所記的「舞六佾」應是「舞八佾」之誤寫，金代孔元措在《孔氏祖庭廣記》中書寫此事時，也提出當時佾舞數為「舞八佾」；二是「樂宮縣、舞六佾。」是屬特殊之制，孔子雖被封為「文宣王」，雖似乎有天子之位格但又不及。因此，在樂與舞上作一特殊安排，然此與禮制是不和的。《大唐開元禮》在開元二十年（732）成書，因此釋奠樂的陳設並無「宮懸」的書寫是合於史實的。

　　從《大唐開元禮》所書寫的釋奠用樂來看，此處並無奏樂圖的繪製，因此，對於釋奠奏樂的情形，需從文字當中去拼出當時奏樂的樂器擺設情形。事實上，從《大唐開元禮》所記載各種祭祀的禮樂陳設來檢視，其樂懸相同者，則內文所記載的樂器陳設情形，大抵相同，其中又以「宮懸」之樂為最主要了。宋代陳暘（1064~1128）於《樂書》中曾談到唐代釋奠用樂曾使用「宮架」之樂，並認為是有所不妥的，「唐開元中，釋奠文宣王，始用宮架之樂，然孔子人臣也，用軒架足以，為禮，用宮架則過

20　宋・歐陽修、宋祁，《新唐書》，卷 15，〈禮樂志五〉，頁 373。

21　宋・歐陽修、宋祁，《新唐書》，卷 15，〈禮樂志五〉，頁 376。

22　金・孔元措，《孔氏祖庭廣記》（收入郭齊、李文澤編，《儒藏》，史部第一冊），卷 5，〈歷代崇重〉，頁 96。

矣。」[23] 陳暘仍然認為使用「軒架」之樂是較為合適。唐玄宗開元的年號僅使用了 29 年，使用宮懸之樂在開元二十七年（739），屬於開元末，然陳暘又云於「開元中」使用「宮架」之樂，此在時間序上似又不符史實，但至少都表示唐代曾用宮懸之樂釋奠之事。

　　宋代陳暘《樂書》所繪製的釋奠樂〈軒架圖〉【圖 2-1】，倒是可進一步讓我們理解唐代釋奠使用的「軒懸」之樂的約略情形，也是屬於釋奠奏樂較早的樂隊編制圖樣：

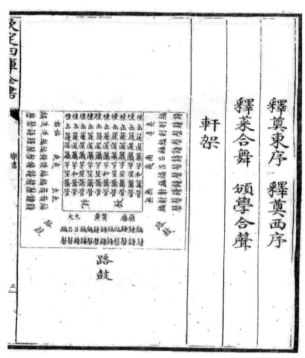

【圖 2-1】　宋代陳暘《樂書》釋奠樂〈軒架圖〉[24]

23　宋・陳暘，《樂書》〔收入《影印文淵閣四庫全書》，〈經部九樂類〉（臺北：臺灣商務印書館，1983 年），據國立故宮博物院藏本影印〕，卷 195，〈樂圖論〉，頁 4。

24　宋・陳暘，《樂書》（收入《影印文淵閣四庫全書》，〈經部九樂類〉），卷 195，〈樂圖論〉，頁 2。

　　《樂書》釋奠樂的〈軒架圖〉，並不完全合於《大唐開元禮》所描述的釋奠樂陳設情形，此處所示〈軒架圖〉，正可比較出唐宋之異同。陳暘對於北宋時期的釋奠樂使用的情形，他提到：

> 聖朝春秋上丁，釋奠於東序，上戊釋奠於西序，並設登歌之樂，不用軒架而用判架，抑又不施之堂下而施之堂上，於其庭又不設舞馬，是有歌奏而無舞，非古人習舞合樂之意，釐而正之，以廣禮樂之教於天下，實聖朝急務也。[25]

陳暘《樂書》成書於北宋徽宗建中靖國元年（1101），此處所論的宋代釋奠情形，約略在北宋晚期，顯見此時的釋奠用樂似乎不太穩定，因此，陳暘認為不合古法，應予以匡正。陳暘《樂書》的〈軒架圖〉尚可於《宋史》的描述中驗證：

> 四方各設編鐘三、編磬三。東方，編鐘起北，編磬間之，東向。西方，編磬起北，編鐘間之，西向。南方，編磬起西，編鐘間之；北方，編鐘起西，編磬間之：俱北向。設十二鎛鐘、特磬於編架內，各依月律。四方各鎛鐘三、特磬三。東方，鎛鐘起北，特磬間之，東向。西方，特磬起北，鎛鐘間之，西向。南方，特磬起西，鎛鐘間之；北方，鎛鐘起西，特磬間之：皆北向。[26]

　　這裡《宋史》所描述的樂懸為「宮架」之樂的編制，將文中的南方部分拿掉，即屬於「軒架」的編制，此處所述，大致上皆與《樂書》的〈軒架圖〉相同。

25　宋・陳暘，《樂書》（收入《影印文淵閣四庫全書》，〈經部九樂類〉），卷195，〈樂圖論〉，頁4。

26　元・脫脫撰，《宋史》，卷129，〈樂志四〉，頁3014。

　　《樂書》的〈軒架圖〉中間有標示許多樂器排列，包含有塤、缶、篴、箋、簫、竽、笙、籥、管等九種樂器，此即是「堂下樂」的奏樂圖示，各樂器的數量皆為十，如果是「宮架」的編制則各樂器數量為十二，從樂器「八音」分類來看，「堂下樂」主要以金、石、竹、匏、土、木、革七類為主，「堂上樂」主要以絲、革兩類為主，《樂書》另有繪製〈堂上樂圖〉【圖 2-2】與〈堂下樂圖〉【圖 2-3】。

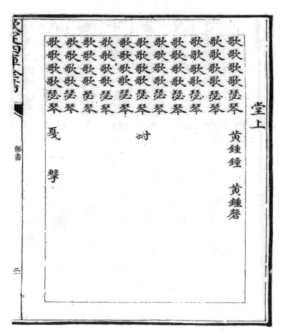

【圖 2-2】　宋代陳暘《樂書》的〈堂上樂圖〉[27]

27　宋・陳暘，《樂書》（收入《影印文淵閣四庫全書》，〈經部九樂類〉），卷 113，〈樂圖論〉，頁 1~2。

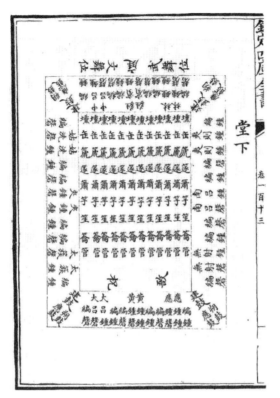

【圖 2-3】　宋代陳暘《樂書》的〈堂下樂圖〉[28]

　　陳暘《樂書》的〈堂上樂圖〉與〈堂下樂圖〉所呈現的是「宮架」
的編制，並不是釋奠所使用的樂隊圖，然細數〈堂上樂圖〉的歌生與琴瑟
數量皆爲十一，事實上這與「宮架」的編制是不合的，其數量應該皆爲
十二，《樂書》的〈堂上樂圖〉恐有誤，其〈堂下樂圖〉的樂器編制數量
皆爲十二。元代馬端臨的《文獻通考》也繪製有〈堂上樂圖〉【圖 2-4】
與〈堂下樂圖〉【圖 2-5】，此樂圖的編制屬於「宮架」，其〈堂上樂圖〉

28　宋・陳暘，《樂書》（收入《影印文淵閣四庫全書》，〈經部九樂類〉），卷 113，
　　〈樂圖論〉，頁 1~2。

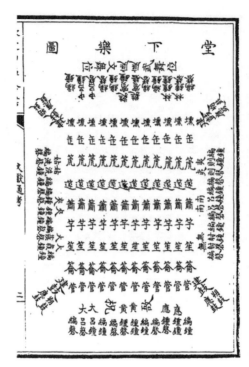

【圖 2-4】　元代馬端臨《文獻通考》的〈堂上樂圖〉[29]

的歌生與琴瑟數量皆爲十二，此可用以參照《樂書》的〈堂上樂圖〉之
誤，《文獻通考》的〈堂下樂圖〉大抵仍與《樂書》的〈堂下樂圖〉相同。

29　元・端臨，《文獻通考》（收入《影印文淵閣四庫全書》，〈史部政書類〉），卷
　　140，〈樂考十三〉，頁 1。

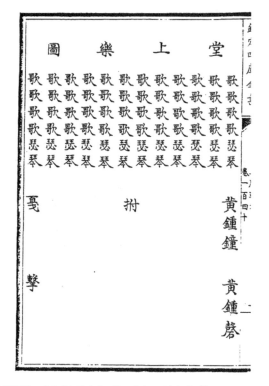

【圖 2-5】　元代馬端臨《文獻通考》的〈堂下樂圖〉[30]

30　元・端臨，《文獻通考》（收入《影印文淵閣四庫全書》，〈史部政書類〉），卷
　　140，〈樂考十三〉，頁 2。

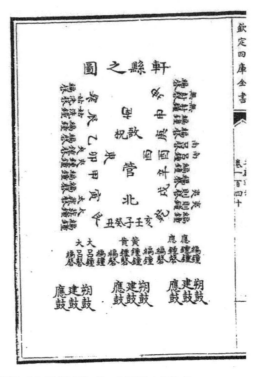

【圖 2-6】元代馬端臨《文獻通考》的〈軒縣之圖〉[31]

　　元代馬端臨《文獻通考》的〈堂上樂圖〉、〈堂下樂圖〉與〈軒縣之圖〉，並不代表元代釋奠樂仍使用「軒架」的樂隊形式，元代雖然仍有釋奠的舉行，但是未見有使用「軒架」的釋奠樂隊形式，目前所知，釋奠奏樂的「軒架」編制，僅及於唐宋時期，元代則開始改變了釋奠奏樂的編制。

31　元·端臨，《文獻通考》（收入《影印文淵閣四庫全書》，〈史部政書類〉），卷140，〈樂考十三〉，頁8。

第二節

從「軒架」到「登歌」釋奠樂形制的轉變

—

　　釋奠奏樂形制的轉變，主要是探討從「軒架」到「登歌」樂隊形制的
歷程。孔廟釋奠樂只用「登歌」的使用，目前所知最早可在隋代見到，隋
代「釋奠則唯用登歌，而不設懸。」[32] 北宋釋奠樂主要使用「軒架」，然
北宋曾於徽宗政和三年（1113）四月由議禮局制定了釋奠樂「登歌」的形
制，其內容如下：

> 編鐘一，在東；編磬一，在西；俱北向。柷一，在編鐘之北，稍
> 西；敔一，在編磬之北，稍東。搏拊二：一在柷北，一在敔北，
> 俱東西相向。一弦、三弦、五弦、七弦、九弦琴各一，瑟一，在
> 編鐘之南，西上。編磬之南亦如之，東上。壇下午階之東，設簧
> 一、箎一、塤一，為一列，西上。和笙一，在簧南；巢笙一，在
> 箎南；簫一，在塤南。午階之西亦如之，東上。鐘、磬、柷、
> 敔、搏拊、琴、瑟工各坐於壇上，塤、箎、笙、簧、簫工並立於
> 午階東西。樂正二人在鐘、磬南，歌工四人在敔東，俱東西相
> 向。執麾挾仗色掌事一名，在樂虡之西，東向。[33]

上述之文，筆者將之繪成釋奠奏樂圖【圖 2-7】，從圖示中，可看出與今
日的釋奠樂隊的形制已有相近之處。

32　唐・魏徵、令狐德棻，《隋書》，卷 15，〈音樂志下〉，頁 358。

33　元・脫脫撰，《宋史》，卷 129，〈樂志四〉，頁 3016。

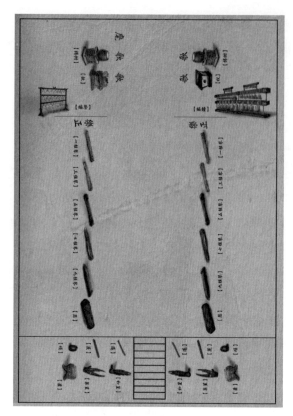

【圖 2-7】　北宋徽宗政和三年釋奠樂「登歌」示意圖（蔡秉衡製圖）

　　元代初期，各地的孔廟多有荒廢，釋奠禮樂可能也不夠完備。[34] 元代
稱孔廟爲宣聖廟，其主要過程爲：

> 宣聖廟，太祖始置於燕京。至元十年三月，中書省命春秋釋奠，
> 執事官各公服如其品，陪位諸儒襴帶唐巾行禮。成宗始命建宣聖
> 廟于京師。大德十年秋，廟成。至大元年秋七月，詔加號先聖曰

---

34 「孔子爲百王師，立萬世法，今廟堂雖廢，存者尚多，宜令州郡祭祀，釋奠如舊儀。」
　　參見明·宋濂等，《元史》，卷 157，〈劉秉忠傳〉，頁 3691。

「大成至聖文宣王」。[35]

事實上，京師文宣王廟於成宗大德六年（1302）六月開始興建，[36] 於大德十年（1306）完成，此年也同時舉行釋奠禮，「丁巳，京師文宣王廟成，行釋奠禮，牲用太牢，樂用登歌，制法服三襲。命翰林院定樂名、樂章。」[37] 這裡可以看見元代釋奠使用「登歌」的樂隊形制，在元代的記載中，尚未見有使用「軒懸」形制的釋奠樂。元代開始使用「登歌」的釋奠形制，筆者認為可能與孔元措（生卒年不詳）有關。

　　孔元措為孔子五十一代孫，金章宗明昌二年（1191）受封為衍聖公，金朝滅亡後，孔元措於元朝仍襲封衍聖公，同時也撰有《孔氏祖庭廣記》一書。蒙古未入主中原之前，太祖成吉思汗（1162~1227）曾「徵用西夏舊樂。」[38] 元太宗窩闊台（1186~1241）時期得孔元措之助整理漢人禮樂：

太宗十年十一月，宣聖五十一代孫衍聖西元措來朝，言於帝曰：「今禮樂散失，燕京、南京等處，亡金太常故臣及禮冊、樂器多存者，乞降旨收錄。」於是降旨，令各處管民官，如有亡金知禮樂舊人，可並其家屬徙赴東平，令元措領之，于本路稅課所給其食。十一年，元措奉旨至燕京，得金掌樂許政、掌禮王節及樂工翟剛等九十二人。十二年夏四月，始命制登歌樂，肄習于曲阜宣聖廟。[39]

35　明・宋濂等，《元史》，卷 76，〈祭祀志五〉，頁 1892。

36　明・宋濂等，《元史》，卷 20，〈成宗紀三〉，頁 439。

37　明・宋濂等，《元史》，卷 21，〈成宗紀四〉，頁 471。

38　明・宋濂等，《元史》，卷 68，〈禮樂志二〉，頁 1691。

39　明・宋濂等，《元史》，卷 68，〈禮樂志二〉，頁 1691。

孔元措對於元代初期祭祀的禮樂，貢獻很大。文宣王廟釋奠樂的運用，最早是從元太宗十二年（1240）由孔元措開始制定，文宣王廟釋奠樂使用「登歌」樂，這應該是元代釋奠「登歌」的起源處，元代所訂下的釋奠「登歌」形制成為明清釋奠樂的範式，可惜目前未見元代釋奠奏樂的圖示，不知其樂器的相關位置情形如何。

明代釋奠樂隊的編制在明初時，「釋奠孔子，初用大成登歌舊樂。」[40] 雖無奏樂圖示，然從《明史·樂志》可見其樂隊編制，「惟孔廟樂生六十人，編鐘、編磬各十六，琴十，瑟四，搏拊四，柷敔各一，塤四，篪四，簫八，笙八，笛四，大鼓一；歌工十。」[41] 目前在明代可見較早的釋奠奏樂圖應屬陳鎬的《闕里志》，書中在舞譜之後附有〈奏樂位次之圖〉【圖 2-8】，其編制分別為鐘一、磬一、琴八、瑟二、搏拊二、柷敔各一、塤二、篪二、鳳簫二、洞簫二、笙四、龍笛二、應鼓一；歌工八。此奏樂圖與《宋史》所載北宋徽宗政和三年（1113）釋奠樂「登歌」圖相較，變化甚大。

兩者最大的差異在於各樂器的座次不同，北宋除了編鐘、編磬為北向，其餘樂器多採東西向，《闕里志》除了舞節為東西向，樂器全部為北向，這種北向多、東西向少的座次，成了明代釋奠奏樂的主體。另外一項差異是「堂上樂」與「堂下樂」的問題，北宋的簋、篪、塤、簫、和笙、巢笙等樂器設於「堂下」，其餘樂器與歌工皆設於「堂上」，《闕里志》則於丹陛的左右位置皆為舞生，所有樂器皆在「堂上」。麾的位置，北宋在西，《闕里志》在東，兩者的樂器也有些微差異，《闕里志》的鐘、磬是擺置於「堂上」的最後一列，不是擺在前頭。但是如果以丹陛的位置向大成殿看的話，鐘、磬位置則首先映入眼簾，這樣的擺設位置，在今日的

40　清·張廷玉等，《明史》，卷 61，〈樂志一〉，頁 1502。

41　清·張廷玉等，《明史》，卷 61，〈樂志一〉，頁 1505。

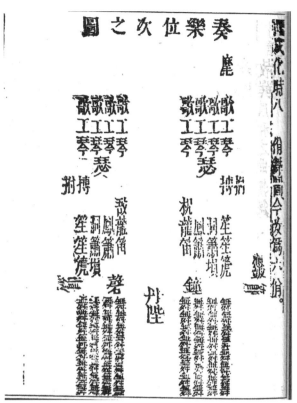

【圖 2-8】　明代陳鎬《闕里志》的〈奏樂位次之圖〉[42]

釋奠樂上，則屬常見，此或可看出，明代釋奠樂儀對今日釋奠樂有重要影響。

　　在陳鎬的《闕里志》之前，闕里是無專門志書的，因此，《闕里志》所記載的內容，對後世闕里的相關研究均甚有裨益，也成爲重要的參考目標。明代典籍繪有釋奠奏樂圖的，尚有蔡複賞的《孔聖全書》與李之藻的《頖宮禮樂疏》。蔡複賞《孔聖全書》繪有〈踐位行禮之圖〉【圖 2-9】

42　明‧陳鎬，《闕里志》，明崇禎刻清代修補印本（收入郭齊、李文澤編，《儒藏》，史部第一冊），卷 2，頁 189。

與〈奏樂位次之圖〉【圖2-10】，從《孔聖全書》的〈踐位行禮之圖〉來看，釋奠樂設有「堂上樂」與「堂下樂」之分，「堂下樂」位於丹陛兩側，圖中另注：「如丹陛窄，舞生移於丹墀獻官之前。」此條文也看出，古人對於祭祀空間與禮樂行儀，是容許有因地制宜的情形，今日孔廟建築形制多爲丹墀，舞生的佾舞常在丹墀上。從這裡我們再對照〈奏樂位次之圖〉，其圖大抵有《闕里志》的遺緒，但是樂器不完全爲北向，麾、歌工、搏拊、柷、敔等皆爲東向與西向，且笙、簫、笛等樂器的編制也增加，《孔聖全書》的兩圖對照，在「堂上樂」與「堂下樂」上看，〈奏樂位次之圖〉較無「堂上」與「堂下」之分，此較似於《闕里志》。

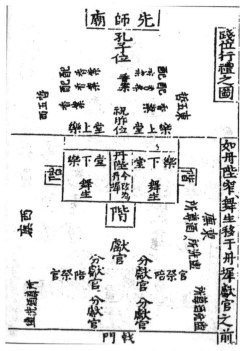

【圖2-9】　明代蔡復賞《孔聖全書》的〈踐位行禮之圖〉[43]

43　明・蔡復賞，《孔聖全書》，明萬曆十二年金陵書坊葉貴刻本（收入郭齊、李文澤編，《儒藏》，史部第五冊），卷33，頁292。

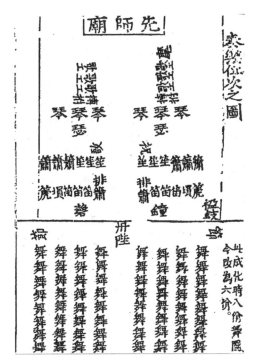

【圖2-10】明代蔡復賞《孔聖全書》之〈奏樂位次之圖〉[44]

　　再看李之藻《頖宮禮樂疏》的〈先師廟樂縣圖〉【圖2-11】，與《孔聖全書》之〈奏樂位次之圖〉相較，柷、敔移到最前面與麾靠近，搏拊也列在歌工之前，很明顯看出，所有東西向的樂器均擺置於前面，而後才是北向的樂器。《頖宮禮樂疏》有記載其樂隊編制，「鐘十六，磬十六，柷一，敔一，建鼓一，搏拊二，琴六，瑟二，簜六，笙六，鳳簫二，橫笛六，塤二，篪二，翟籥各四十八，麾一，引節二，共樂生四十一人，舞生五十人，歌六人。」[45]〈先師廟樂縣圖〉與前文所載相同，唯「建鼓」在圖

44　明・蔡復賞，《孔聖全書》，明萬曆十二年金陵書坊葉貴刻本（收入郭齊、李文澤編，《儒藏》，史部第五冊），卷33，頁293。

45　明・李之藻，《頖宮禮樂疏》（臺北：國立中央圖書館，1970年，明萬曆刊本），卷3，頁324。

中是寫「楹鼓」，兩種鼓實際上是同樂器而異名。

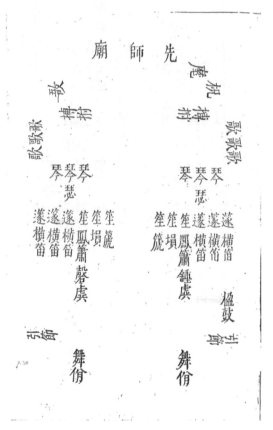

【圖2-11】 明代李之藻《頖宮禮樂疏》的〈先師廟樂縣圖〉[46]

　　明代從陳鎬的《闕里志》到蔡複賞的《孔聖全書》與李之藻的《頖宮
禮樂疏》，其中所繪製的釋奠奏樂圖，可見到釋奠奏樂的樂隊座次，大抵
在明代已逐漸形成「登歌」式的樂隊形式，並逐漸定型化。從《闕里志》
到《孔聖全書》主要的差異在於樂器座次北向與東西向的問題，明代約萬

46　明・李之藻，《頖宮禮樂疏》，卷3，頁329。

曆四十二年（1614）前成書的《頖宮禮樂疏》也傾向部分樂器採東西向座次，然對於清代的著述影響較大的似乎仍是陳鎬的《闕里志》，接著我們可從清代對於釋奠奏樂圖的圖示中了解更多。

第三節

清代釋奠樂的定型及影響

——

清代釋奠用樂曾於康熙六年（1667），「頒太學中和韶樂。」[47] 而後又於康熙五十五年（1716），「頒『中和韶樂』於直省孔廟。」[48] 清代京師與直省孔廟釋奠樂隊皆使用「中和韶樂」，各地的府、州、縣學在春、秋兩季釋奠時使用「鄉樂」，[49] 此代表清代在孔廟釋奠樂的用樂上，有等級的劃分。清代「中和韶樂」的樂隊編制為：

> 用於壇、廟者，鎛鐘一，特磬一，編鐘十六，編磬十六，建鼓一，箎六，排簫二，塤二，簫十，笛十，琴十，瑟四，笙十，搏拊二，柷一，敔一，麾一。先師廟，琴、簫、笛、笙各六，箎四，餘同。[50]

從清代朝廷的規定來看，孔廟釋奠樂的正式編制為鎛鐘一，特磬一，編鐘十六，編磬十六，建鼓一，箎六，排簫二，塤二，簫六，笛六，琴六，瑟

47　民國・趙爾巽等，《清史稿》，卷 84，〈禮志三〉，頁 2534。

48　民國・趙爾巽等，《清史稿》，卷 94，〈樂志一〉，頁 2748。

49　民國・趙爾巽等，《清史稿》，卷 101，〈樂志八〉，頁 3008。

50　民國・趙爾巽等，《清史稿》，卷 101，〈樂志八〉，頁 2985。

四，笙六，搏拊二，柷一，敔一，麾一。從成書約在康熙十三年（1674）
宋際、宋慶長《闕里廣志》的〈奏樂位次圖〉【圖2-12】來看，其與朝廷
的規定不盡相符，且差異甚大。其中無特磬與鎛鐘，瑟、篪、簫、笛、笙
均較規定的數量少，鼓使用兩個，樂器皆北向，無東西向的排列，座次排
列與明代釋奠奏樂圖差異亦大。《闕里廣志》的〈奏樂位次圖〉上標示此
圖示為「明憲宗所頒也，世宗改為六佾。」看來是明代較早期的釋奠位次
圖樣。由此，益知其為何與清代不同，同時也發現明代不同時期，釋奠位
次仍在變化中，然《闕里廣志》的圖樣已逐漸產生影響。

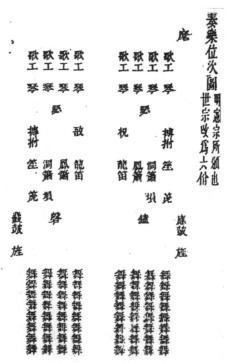

【圖2-12】 清代宋際、宋慶長《闕里廣志》的〈奏樂位次圖〉[51]

---

51 清‧宋際、宋慶長，《闕里廣志》，清康熙刻本（收入郭齊、李文澤編，《儒藏》，
   史部第二冊），卷1，頁31。

　　清代康熙年間孔尚任《聖門樂志》的〈奏樂位次之圖〉【圖 2-13】大致上與《闕里廣志》的〈奏樂位次圖〉相同，只是《聖門樂志》有兩個麾，笙也多了兩把。康熙年間金之植、宋鈜《文廟禮樂考》也有一張〈樂舞總圖〉【圖 2-14】，圖中麾、歌工、柷、敔、搏拊等皆爲東西向，其餘樂器爲北向。這裡呈現出，同樣在康熙年代，釋奠奏樂圖已開始有差異。約略在康熙乾隆時期汪烜《樂經或問》的〈大成樂六佾位次圖〉【圖 2-15】，該圖大約與《聖門樂志》的〈奏樂位次之圖〉相近，所不同者在於《樂經或問》的引麾兩個皆靠於中間內側，鼓只有一個，笛多了兩個。總體上來

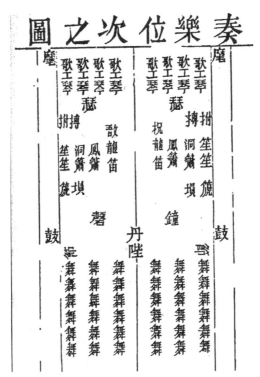

【圖 2-13】　清代孔尚任《聖門樂志》的〈奏樂位次之圖〉[52]

52　清·孔尚任，《聖門樂志》，清光緒刻本（收入郭齊、李文澤編，《儒藏》，史部第十一冊），頁 302。

看，清代在釋奠奏樂座次上，除了《文廟禮樂考》仍分「堂上樂」與「堂下樂」，以及部分樂器仍採東西向以外，其他多以北向為主，且無「堂上樂」與「堂下樂」之分。

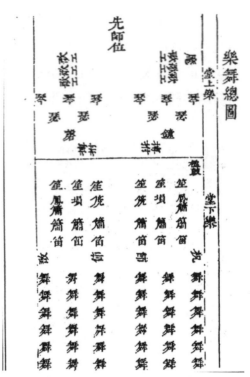

【圖 2-14】 清代金之植、宋鈜《文廟禮樂考》的〈樂舞總圖〉[53]

---

53 清·金之植、宋鈜，《文廟禮樂考》（收入郭齊、李文澤編，《儒藏》，史部第十一冊），禮部，頁 399。

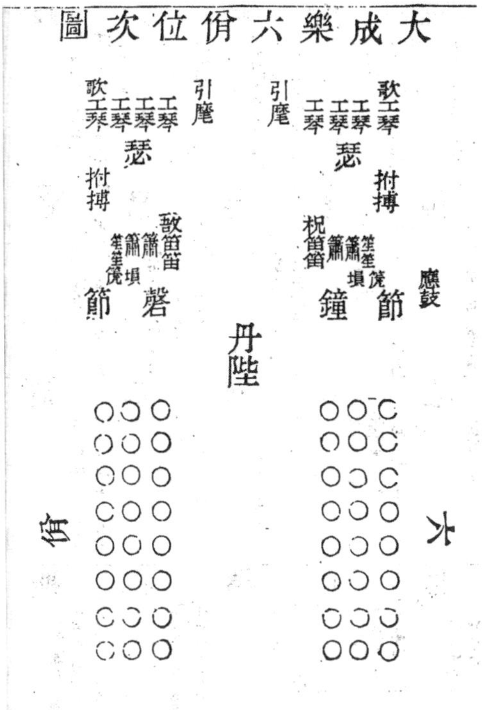

【圖 2-15】清代汪烜《樂經或問》的〈大成樂六佾位次圖〉[54]

清代「堂上樂」與「堂下樂」之分，除了上述以外，尚可見其釋奠總圖的圖示。康熙年間金之植、宋鋭《文廟禮樂考》的〈釋奠總圖〉【圖 2-16】仍分有「堂上樂」與「堂下樂」，此在其〈樂舞總圖〉亦可見到，其形制與明代蔡複賞《孔聖全書》的〈踐位行禮之圖〉大致相同。道光年間藍鍾瑞《文廟丁祭譜》也有一張〈釋奠班點陣圖〉【圖 2-17】，此圖並無「堂上樂」與「堂下樂」之分，從釋奠總圖與班點陣圖來看，明代至清初，釋奠樂尚有「堂上樂」與「堂下樂」之分，晚清時期則逐漸不分，此與釋奠樂舞圖上所呈現的結果相符。

---

54 清・汪烜，《樂經或問》，卷 3（收入《叢書集成三編》，第三十二冊，臺北：新文豐出版公司，1999 年），頁 126。

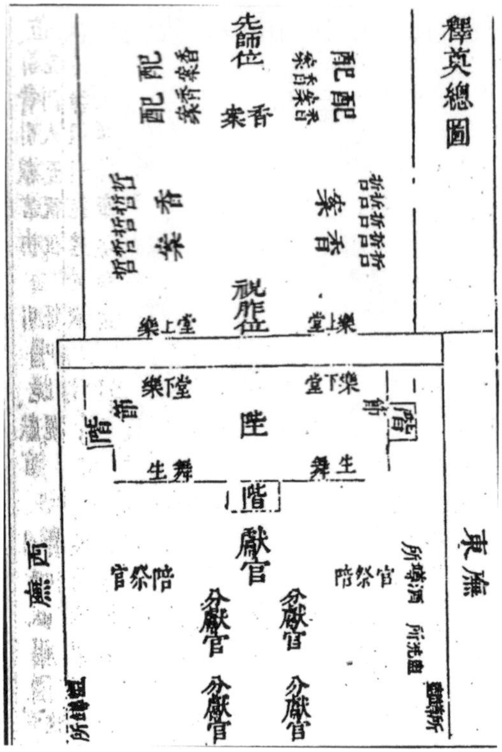

【圖 2-16】　清代金之植、宋鋐《文廟禮樂考》的〈釋奠總圖〉[55]

55　清・金之植、宋鋐，《文廟禮樂考》（收入郭齊、李文澤編，《儒藏》，史部第十一冊），禮部，頁 356。

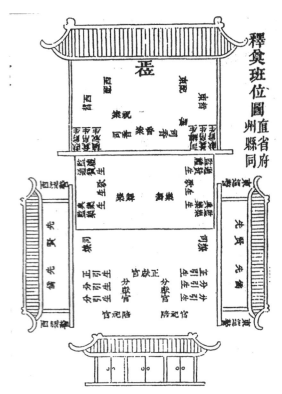

【圖2-17】　清代藍鍾瑞《文廟丁祭譜》的〈釋奠班點陣圖〉[56]

　　《聖門樂志》另外還有一張〈樂縣舞佾圖〉【圖2-18】，此釋奠奏
樂圖與〈奏樂位次之圖〉有較大的差異，首先在人數上，前圖有五十一
人，後圖有三十四人，〈樂縣舞佾圖〉增加了相、韜兩種樂器，麾、枳、
敔、搏拊、相、韜、笙與歌工等，皆採東西向，其餘樂器為北向。相似的
奏樂圖在清代尚有道光年間藍鍾瑞《文廟丁祭譜》的〈樂舞佾縣圖〉【圖
2-19】，兩者主要差別在於《文廟丁祭譜》無相、韜兩樂器。同治年間龐
鍾璐《文廟祀典考》的〈孔廟樂縣舞佾圖〉【圖2-20】，此圖相近於《文

56　清・藍鍾瑞，《文廟丁祭譜》（收入郭齊、李文澤編，《儒藏》，史部第十一冊），
　　卷4之1，頁176。

廟丁祭譜》，唯《文廟祀典考》只用一個麾，另外特別的是將琴的位置與
佾舞第一列齊頭，其餘樂器依序對齊舞隊。這種樂懸佾舞的釋奠樂形態，
今日釋奠樂舞似乎多未見，從樂舞美感來看，所有隊形皆採對稱形式，這
樣的樂懸形式，仍然未脫「登歌」的形式。

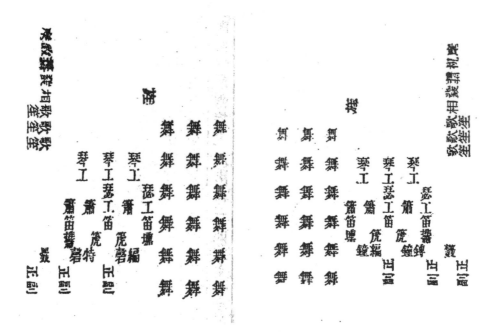

【圖 2-18】　清代孔尚任《聖門樂志》的〈樂縣舞佾圖〉[57]

57　清·孔尚任，《聖門樂志》，清光緒刻本（收入郭齊、李文澤編，《儒藏》，史部第
　　十一冊），頁 313。

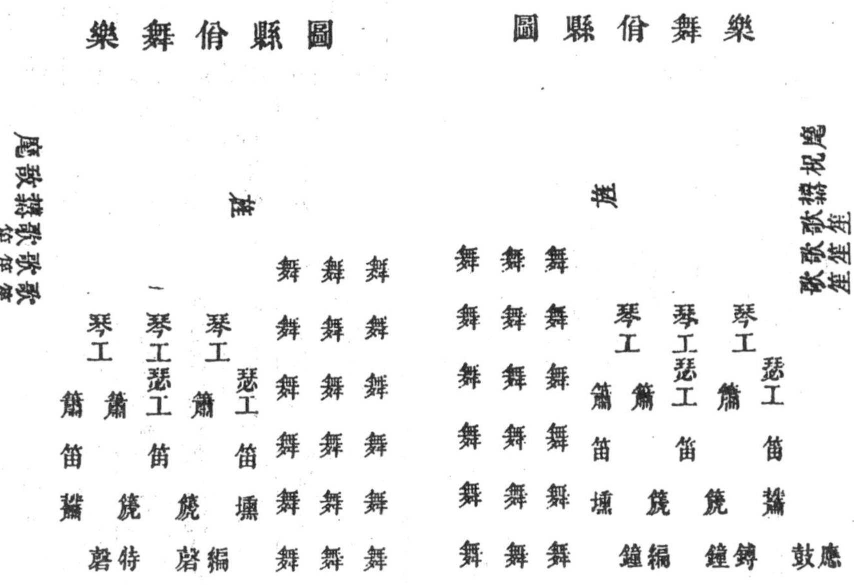

【圖 2-19】　清代藍鍾瑞《文廟丁祭譜》的〈樂舞佾縣圖〉[58]

結語

　　釋奠奏樂的形制，最遲從南北朝的北齊開始使用「軒懸」的樂隊編制，隋代釋奠樂只用「登歌」形制，唐代與兩宋時期仍承襲「軒懸」用樂，隋唐時期雖無「軒懸」的釋奠奏樂圖留存，然從其文獻描述釋奠用樂情形，再參照宋代陳暘《樂書》所繪製的釋奠樂〈軒架圖〉，大抵仍可看出「軒架」的形制。宋代釋奠雖主要使用「軒架」，然北宋徽宗朝也有短暫使用「登歌」形制。元代釋奠樂未見「軒架」的使用，主要是以「登歌」形制呈現，從明清時期的釋奠奏樂圖可看出，元代可能是目前所知，

58　清・藍鍾瑞，《文廟丁祭譜》（收入郭齊、李文澤編，《儒藏》，史部第十一冊），卷 4 之 1，頁 181~182。

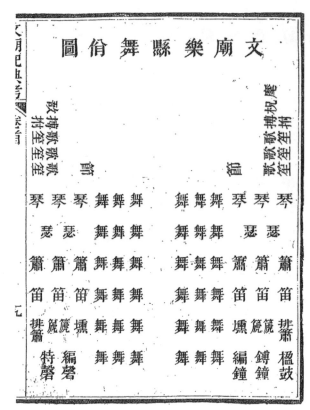

【圖 2-20】 清代龐鍾璐《文廟祀典考》的〈文廟樂縣舞佾圖〉[59]

從「軒架」轉變成「登歌」形制的轉捩點，此對於明清兩代的釋奠用樂產生了重要的影響。明代與清代相關的孔廟釋奠著作最為豐盛，其中所繪製的釋奠奏樂圖也是最多，從中可以很明確看出釋奠奏樂的樂器擺設位置的變化，明代逐漸將「登歌」式的樂隊形式定型，清代的奏樂圖留存較多，從圖示來看，似乎來自於明代陳鎬《闕里志》的影響較大。

---

59 清・龐鍾璐，《文廟祀典考》（臺北：中國禮樂學會，1977 年，光緒戊寅年刊本），卷首，〈樂縣舞佾圖〉，頁 63。

　　關於「堂上樂」與「堂下樂」之問題，明代從陳鎬的《闕里志》到蔡複賞的《孔聖全書》與李之藻的《頖宮禮樂疏》，其中所繪製的釋奠奏樂圖，除了《孔聖全書》的〈踐位行禮之圖〉外，三部典籍幾乎皆無「堂上樂」與「堂下樂」之分。再從清代的釋奠總圖與班點陣圖來看，清初釋奠樂似乎希望追尋古制，使用「堂上樂」與「堂下樂」，然至遲在道光年間以後則逐漸不分，此與釋奠樂舞圖上所呈現的結果相符。今日孔廟釋奠樂奏樂的座次，不論是遵循明制或是清制，皆無「堂上樂」與「堂下樂」之分，可能與明清孔廟相關典籍的記載有關。

　　從歷代釋奠奏樂圖的變化來看，從「軒架」到「登歌」，再從「堂上樂」與「堂下樂」到無堂上、堂下之別，孔廟釋奠用樂似乎是由繁入簡的變化，這與古禮至於今禮亦由繁入簡的情形相同，古代禮樂是逐漸式微或是闇合現代意義，或許各有支持者，然而古人禮樂的人文教化似乎爲世人逐漸淡忘，禮樂眞正的內涵也與我們漸行漸遠。從商周以降，我們即以禮樂行教化，莫等禮樂湮沒而圖歎息，孔子：「禮云禮云！玉帛云乎哉？樂云樂云！鐘鼓云乎哉？」言猶在耳。期望從孔廟釋奠樂中，逐步重建釋奠樂的編制與古禮，恢復禮樂的人文教化。

第三章

李之藻《頖宮禮樂疏》
的釋奠樂解

　　魯哀公十七年（前478）於孔子（前552~前479）[1]舊宅立廟，成爲今日孔廟之濫觴。[2]漢高祖十二年（前195）以太牢祭祀孔子，此爲漢代祭祀孔子之始，[3]東漢章帝元和二年（85）的祀孔首見使用〈六代之樂〉，[4]此爲祭祀孔子使用釋奠樂舞的發端。歷代祭祀孔子未輟，釋奠禮樂也隨之開展，東漢至宋元時期，史冊文獻上不乏有釋奠的記載，然對於釋奠禮樂的細節與儀注等，較少見於記錄與流傳，今日所流傳者，多爲明清時期的著作，其中明代著作尤爲重要，此對於我們了解古代的釋奠禮樂助益良多。明代有關儒學的著作甚多，其中對於釋奠樂有較多著墨的記載者有黃佐（1490~1566）的《南雍志》、蔡復賞（生卒年不詳）的《孔聖全書》、李之藻（1565~1630）[5]的《頖宮禮樂疏》、瞿九思（生卒年不詳）的《孔廟

1　有關孔子的生卒年問題，史料文獻及學者研究仍有多項不同之結論，《史記》：「魯襄公二十二年（前551）而孔子生。」（北京：中華書局，2003年7月），卷47，〈孔子世家〉，頁1905。另宋濂曾作《孔子生卒歲月辯》，對孔子的生年採用《公羊傳》與《穀梁傳》二傳的說法，即魯襄公二十一年（前552），卒年在魯哀公十六年（前479）則採用《左傳》的說法，今採此看法。參見明・宋濂撰，《文憲集》，收錄於《景印文淵閣四庫全書》，第1224冊（臺北：臺灣商務印書館，1986年3月），別集類，集部163，卷27，頁406~408。

2　「故所居堂、弟子內，後世因廟，藏孔子衣冠琴車書，至于漢二百餘年不絕。」參見漢・司馬遷撰，《史記》（北京：中華書局，1982年11月），卷47，〈孔子世家〉，頁1945。

3　「十一月，行自淮南還。過魯，以大牢祠孔子。」參見漢・班固撰，《漢書》（北京：中華書局，1962年6月），卷1下，〈高帝紀〉，頁76。

4　「元和二年春，帝東巡狩，還過魯，幸闕里，以太牢祠孔子及七十二弟子，[一]案史記達者七十二人。作〈六代之樂〉，[二]黃帝曰雲門，堯曰咸池，舜曰大韶，禹曰大夏，湯曰大護，周曰大武。大會孔氏男子二十以上者六十三人，命儒者講《論》。」參見劉宋・范曄，《後漢書》（北京：中華書局，1986年12月），卷79上，〈儒林傳〉，頁2562。

5　李之藻的生年有1565年與1571年兩種看法，方豪引巴篤里（Bartoli）的《中國耶穌會史》（*Dell'historia della Compagnia de Giesu, La Cina*）的記載爲1565年，並推算而認定此年，今採此說。參見方豪，《李之藻研究》，〈導言〉，頁2~3。另鄭誠亦有關於

禮樂考》、陳鎬（生卒年不詳）的《闕里志》、武位中（生卒年不詳）的
《文廟樂書》、呂元善（生卒年不詳）的《聖門志》等，其中《南雍志》
較早成書，約在明世宗嘉靖年間（1522~1566），《孔聖全書》、《頖宮
禮樂疏》與《孔廟禮樂考》爲明神宗萬曆年間（1573~1620）刻本，《闕
里志》、《文廟樂書》、《聖門志》爲明毅宗崇禎年間（1628~1644）刻
本。[6]從上述的古籍來看，有關孔廟釋奠樂的書寫多出現在明代中晚期，尤
其集中在萬曆與崇禎朝，其中在萬曆朝對於釋奠樂闡述頗多的文獻當屬
《孔廟禮樂考》與《頖宮禮樂疏》，瞿九思的《孔廟禮樂考》有六卷，主
要書寫釋奠樂的在卷四〈樂議〉，次在卷三〈禮議〉，而《頖宮禮樂疏》
則有豐富的釋奠訊息了。

第一節
李之藻與《頖宮禮樂疏》
—

　　李之藻字振之、我存，號存園寄叟，又有別號東海波臣，約萬曆
三十八年後因大病而後皈依聖教受洗，聖名爲 Leo（拉丁文），中譯爲
「良」，因此有涼庵居士、涼庵逸民、涼庵子、涼叟等稱號。[7]李之藻孺
慕西書西學，長於天文曆算、幾何算術等，於中國傳統禮樂上特重孔廟

　　李之藻生平的考述可爲參考，參見鄭誠，〈李之藻家世生平補正〉，《清華學報》，39
　　卷，第 4 期（臺北，2009 年），頁 653~684。

6　《闕里志》初稿本爲明孝宗弘治年間（1488~1505）陳鎬所撰，崇禎年間孔允植重纂爲今
　　本。

7　參見方豪，《李之藻研究》，〈導言〉，頁 1。

釋奠禮樂，所著《頖宮禮樂疏》總計有十卷，最早於《明史 · 藝文志》中有著錄，[8]今較早的刊本爲明代萬曆刊本，計有〈董漢儒序〉、〈林欲楫序〉、〈王納諫序〉、〈馮時來序〉等四篇序文。

李之藻的《頖宮禮樂疏》有十卷，主要書寫釋奠樂的部分在卷四至卷七，次在卷三，內容廣博，考索詳悉，是目前探尋古代釋奠樂非常重要的文獻。陳垣（1880~1971）甚早對李之藻進行研究，稱：「其書言歷代崇祀孔子之樂，并孔廟禮器樂器，圖繪工細。之藻於律呂，不獨明其理，且習其法，故疏解特詳，而終於鄉飲酒鄉射禮。稽古證今，考辨賅博。其樂舞疏持論尤精。」[9]方豪（1910~1980）對李之藻研究甚深，撰有《李之藻研究》一書，[10]其後得見國立中央圖書館萬曆刊本的《頖宮禮樂疏》後，曾撰〈《頖宮禮樂疏》題記〉一文，其中對於此書在古禮古樂的撰述上認爲：「頗費『考索講求』，故歷時十載，非率爾操觚者可比也。」[11]《頖宮禮樂疏》的重要性不言可喻，今人咸多引用，然對於本書的研究仍尟，本文旨在釋奠樂的主題上，剖析李之藻對於古傳及明代釋奠樂的特色及其貢獻。

關於《頖宮禮樂疏》作者李之藻，近人研究中最爲詳實豐富的當推方豪的《李之藻研究》，方氏研究之特點即在史料掌握上相當扎實，主要學術領域之一的中西交通史，即與早歲關注李之藻史料有關，其云：「民國十一年，余年甫十三，入杭州修道院，始聞明季鄉賢李之藻名，……自是，余遂注意於浙江外來宗教史料之搜求，而余於中外交通史之興趣，亦

8　清 · 張廷玉等撰，《明史》（北京：中華書局，2007 年 10 月），卷 96，〈藝文志一〉，頁 2362。

9　陳垣，〈李之藻傳〉，收錄於《陳援庵先生全集》（臺北：新文豐，1993 年）。

10　方豪，《李之藻研究》（臺北：臺灣商務印書館，1966 年 3 月）。

11　方豪，〈《頖宮禮樂疏》題記〉，《國立中央圖書館館刊》，新三卷：第 2 期（臺北，1970 年），頁 1~6。

植基於此。」[12] 民國二十六年（1937）方氏撰成《李我存研究》一書，此書即為《李之藻研究》的前身，方氏認為後者：「區為十三章，前書面目，蕩然無存，蓋實一新著，非僅增訂而已也。即以字數言，亦視前書多三四倍。而取材之精，體例之嚴，亦能逾越舊著。」[13] 李之藻的學術採中學與西學並重，此為晚明時期士人中鮮見的。李之藻與明季傳教士利瑪竇（1552~1610）知交甚深，是一位早期的天主教徒，所撰或譯介之書主要的有《四書宗註》、《頖宮禮樂疏》、《渾蓋通憲圖說》、《圜容較義》、《名理探》、《同文算指》、《寰有詮》、《天學初函》、《比例規解》、《經天該》、譯刻《坤輿萬國全圖》等，上述之書除了《四書宗註》與《頖宮禮樂疏》外，方豪均在其著作中有專文探討，方氏最大的遺憾即在《頖宮禮樂疏》未能得見，[14] 今對李之藻的相關研究中，蓋以《圜容較義》、《名理探》、《同文算指》、《寰有詮》、《天學初函》等書為主[15]，然李之藻對於中國古代禮樂最重要的著作成果──《頖宮禮樂疏》

12　方豪，《李之藻研究》，〈自序〉，頁 1。

13　方豪，《李之藻研究》，〈自序〉，頁 2。

14　「民國二十六年五月，於草『李我存研究』一小冊，刊行於杭州，月餘而全面抗戰起，故其書流傳不廣；時西湖文瀾閣雖藏有此書，未獲利用；五十四年十月，余乃大事增訂，凡十三章，五十八節，視前書增三四倍，然仍未能參考此書，遺憾實深。」參見方豪，〈《頖宮禮樂疏》題記〉，頁 4。

15　楊澤忠，〈《圜容較義》底本研究〉，《歷史教學》，第 8 期（山東，2010 年），頁 25~30。包遵信，〈「墨辯」的沉淪和「名理探」的翻譯──文化史比較研究淺談〉，《讀書》，第 1 期（北京，1986 年），頁 63~71。周琦，〈《名理探》：中國第一次傳播西方邏輯思想〉，《科技創新導報》，第 7 期（上海，2009 年），頁 207。李天綱，〈從《名理探》看明末的西書漢譯〉，《傳統文化與現代化》，第 6 期（上海，1996 年），頁 42~47。深澤助雄撰，孫中原譯，〈《名理探》：中國譯介亞氏邏輯的成就〉，《哲學與文化》，26 卷，第 12 期（臺北，1999 年），頁 1168~1177+1189。徐光臺，〈明末西方《範疇論》重要語詞的傳入與翻譯：從利瑪竇《天主實義》到《名理探》〉，《清華學報》，35 卷，第 2 期（臺北，2005 年），頁 245~281。王建魯、彭自強，〈《范疇篇》中「十范疇」與《名理探》中「十倫」比較分析〉，《哲學研究》，

則研究甚少，此亦是本文爲文之旨趣。

第二節
《頖宮禮樂疏》顯示的晚明釋奠樂隊
—

　　《頖宮禮樂疏》卷一載述歷代至明代對孔子的褒崇，卷二述配享與從祀之沿革，卷三主要對於祀典釋奠各項禮儀與陳設的論證，祭品禮器等均有詳載，卷四述樂律與旋宮，李氏長於算學，於此盡展所長，其對於中國

第 9 期（北京，2010 年），頁 77~82。王建魯，《《名理探》比較研究》（重慶：西南大學博士論文，2010 年）。劉星，《從《名理探》看西方科學理性思想與中國傳統文化思想的初次會通》（重慶：西南大學碩士論文，2010 年）。張西平、侯樂，〈簡析《名理探》與《窮理學》中的邏輯學術語──兼及詞源學與詞類研究〉，《唐都學刊》，第 2 期（北京，2011 年），頁 108~114。鄒振環，〈《同文算指》的譯述及其意義〉，《上海科技翻譯》，第 2 期（上海，1990 年），頁 45。陳敏皓，《《同文算指》之內容分析》（臺北：臺灣師範大學碩士論文，2002 年）。方豪，〈李之藻輯刻天學初函考〉，《華岡學報》，第 2 期（臺北，1965 年），頁 177~197。陳開華，〈《天學初函》在早期中西文化交流中的意義──李之藻輯刻《天學初函》370 週年紀念〉，《中國天主教》，第 4 期（北京，1999 年），頁 40~44。呂明濤、宋鳳娣，〈《天學初函》所折射出的文化靈光及其歷史命運〉，《中國典籍與文化》，第 4 期（北京，2002 年），頁 105~112。余施霖，《李之藻《天學初函》之研究》（臺北：臺北市立師範大學碩士論文，2004 年）。許媛婷，〈明末西學東漸的未竟之聲──以李之藻《天學初函》的選書爲討論中心〉，《故宮學術季刊》，25 卷，第 3 期（臺北，2008 年），頁 1~48。張文清，〈明末漢譯西書術語考析──以《天學初函・理編》爲中心〉，《武漢大學學報》，第 6 期（武漢，2009 年），頁 665~670。呂明濤，〈《天學初函》：明清間中西文化交流的標本〉，《泰山學院學報》，第 4 期（山東，2010 年），頁 8~13。方豪，〈我國第一部宇宙論譯本「寰有詮」考〉，《思想與時代》，第 133 期（臺北，1965 年），頁 2~5+10。方豪，〈〈寰有詮〉題記〉，《國立中央圖書館館刊》，3 卷，第 1 期（臺北，1970 年），頁 6~9。

傳統的八音分類在此卷開展，載有竹類樂器的簫、笛、篪，匏類樂器的笙以及土類樂器的塤。卷五承繼卷四的八音樂器，載有絲音樂器的琴、瑟，卷六載有金類樂器的編鍾，石類樂器的編磬，革類樂器的鼓、搏拊，木類樂器的柷、敔。卷七論登歌樂，卷八論樂舞並載有舞佾圖，卷九有啟聖祠祭禮以及鄉飲酒禮樂，卷十為鄉射禮樂。

　　《頖宮禮樂疏》的釋奠樂隊記載於卷三，此卷主要在論述祀典名義與各項釋奠儀式，其〈樂器目〉載有：「鍾十六，磬十六，柷一，敔一，建鼓一，搏拊二，琴六，瑟二，籦六，笙六，鳳簫二，橫笛六，塤二，篪二，翟籥各四十八，麾一，引節二，共樂生四十一人，舞生五十人，歌六人。」[16] 李之藻這裡所記載釋奠樂器的意義有二：一是由此可窺見明代初期與明代晚期釋奠樂隊的變化；一是可與萬曆朝與崇禎朝的釋奠樂隊做比較。歷代釋奠樂隊在編制上皆有損益，例如從隋代釋奠的登歌法開始，其樂隊編制為十四人至二十二人左右，唐代為十六人，北宋的釋奠樂隊有三十七人，南宋釋奠使用一百八十五人的宮架樂隊，金代為三十九人至四十二人，元代為四十七人至四十九人。[17]

　　明代初期的釋奠樂隊使用「大成登歌舊樂」[18]，樂隊編制：「惟文廟樂生六十人，編鐘、編磬各十六，琴十，瑟四，搏拊四，柷敔各一，壎四，篪四，簫八，笙八，笛四，大鼓一；歌工十。」[19] 此處所書寫的樂生編制為六十人，然細數樂隊及歌工人數總計為六十一人，顯見此處必有所

16　明・李之藻撰，《頖宮禮樂疏》（臺北：國立中央圖書館，1970 年），明萬曆刊本，卷 3，頁 324。

17　蔡秉衡，〈論文廟釋奠樂隊的編制演變〉，收錄於《「世界的孔子：孔廟與祀典」》（臺北：臺北市孔廟管理委員會，2010 年 12 月），頁 271~294。

18　《明史》，卷 61，〈樂志一〉，頁 1502。

19　《明史》，卷 61，〈樂志一〉，頁 1505。

誤。[20]從《頖宮禮樂疏》〈樂器目〉所記載的樂隊實際人數，加上麾一人不含歌工六人爲四十人，與所寫的「共樂生四十一人」不符，短少了一人，加上歌工六人爲四十六人，舞生五十人即是佾舞的「翟籥各四十八」與「引節二」的數量合計，可看出其採用的佾舞爲六佾，屬六行八列四十八人的舞隊形式。《頖宮禮樂疏》在〈樂器目〉之後有一〈先師廟樂舞位圖〉【圖3-1】，圖中的樂隊編制與前文所載相同，唯「建鼓」在圖中是寫「楹

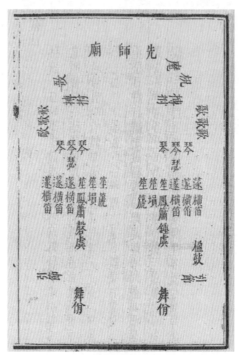

【圖3-1】 《頖宮禮樂疏》之〈先師廟樂舞位圖〉[21]

---

20 這種現象在其郊丘廟社的樂隊編制中也發現所記的人數較總數少一人，原記爲六十二人，然實際爲六十三人：「其樂器之制，郊丘廟社，洪武元年定。樂工六十二人，編鐘、編磬各十六，琴十，瑟四，搏拊四，柷敔各一，壎四，篪四，簫八，笙八，笛四，應鼓一；歌工十二。」參見《明史》，卷61，〈樂志一〉，頁1505。

21 明‧李之藻撰，《頖宮禮樂疏》，卷3，頁329。

鼓」，兩種鼓實際上是同樂器而異名。「建鼓」在釋奠樂隊中常置於東南方的位置，其形制特點是由一楹柱穿過鼓心立於座架上，鼓的上方一般有羽葆華蓋作爲裝飾。由《明史》所記載明代洪武年間（1368~1398）的釋奠樂隊編制六十一人，與《頖宮禮樂疏》所記載明代萬曆朝的釋奠樂隊編制四十六人，顯見明代晚期規模是縮小了。

　　同樣是萬曆朝尚有瞿九思的《孔廟禮樂考》，雖有專卷爲樂議之事，惜未錄有相關釋奠樂隊編制的訊息，也未見圖版，僅有簡易的樂章律呂譜字與樂器的尺度。[22] 蔡復賞的《孔聖全書》也有釋奠樂隊編制的〈奏樂位次之圖〉【圖3-2】，從圖所示其樂器編制爲：歌工六，搏拊二，琴六，瑟二，柷一，敔一，簫六，笙六，笛六，塤二，篪二，排簫二，鐘一，磬

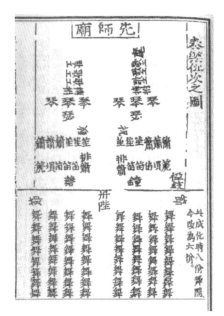

【圖3-2】　《孔聖全書》之〈奏樂位次之圖〉[23]

22　明・瞿九思撰，《孔廟禮樂考》明萬曆本，卷4，頁67~105。

23　明・蔡復賞撰，《孔聖全書》明萬曆十二年金陵書坊葉貴刻本，收錄於四川大學古籍整理研究所編，《儒藏》（成都：四川大學出版社，2005年5月），卷33，頁293。

一，楹鼓一，麾一。總計爲四十六人，此與《頖宮禮樂疏》的人數相同，唯樂器的擺設位置不同。另外從圖中的佾舞人數來看，原爲八佾，後改爲六佾，原圖有小注：「此成化時八佾舞圖，今改爲六佾。」看來此圖的奏樂位次是明憲宗成化年間（1465~1487）的擺設位置，因此，至明代晚期釋奠樂隊編制的人數可能是一樣的，但樂隊位置略有不同。

第三節
「八音」釋奠樂器的律呂工尺
——

　　「八音」爲中國先秦時期以樂器製作材料所作的樂器分類系統，最早見於《周禮》：「大師：掌六律、六同，以合陰陽之聲。陽聲：黃鐘、大蔟、姑洗、蕤賓、夷則、無射。陰聲：大呂、應鐘、南呂、函鐘、小呂、夾鐘。皆文之以五聲：宮、商、角、徵、羽。皆播之以八音：金、石、土、革、絲、木、匏、竹。」[24] 六律、六同即是十二律呂，搭配五聲，在理論上可進行旋宮轉調，《頖宮禮樂疏》卷四的內容排序即是先論樂律，以十二律配歲月八風八卦、五音配律呂求旋宮均主，接著即開始論述「八音」樂器，李之藻的敘述排列，應是有著眼於此。

　　《頖宮禮樂疏》「八音」分成卷四、卷五、卷六等三卷來論述，記載的順序爲竹音、匏音、土音、絲音、金音、石音、革音、木音，對於「八音」樂器的排列順序，李之藻則有自己的見解，其在凡例上即談到此問題：

24　漢・鄭玄注、唐・賈公彥疏，《周禮注疏》，卷23，〈春官・宗伯〉第三，收錄於清・阮元校刻，《十三經注疏》，（北京：中華書局，1991年6月），頁795。

> 八音次第，先儒率謂：金、石、絲、竹、匏、土、革、木，而《周
> 禮》之序則金、石、土、革、絲、木、匏、竹也。《漢志》之序
> 則土、匏、皮、竹、絲、石、金、木也。初無定序，若論樂理，
> 則律始截竹，應以竹音居先，而匏土吹氣成聲，音諧簫管，皆所
> 謂人籟者也。樂重人聲，用相比附，次則絲音最備奧理，非他器
> 比，其金石亦按律呂，但不過始終條理而已，併革木□所以節
> 也，故以鍾磬居後而柷敔終焉。[25]

李之藻以竹類樂器為首即著眼於律管為造樂之始，故云：「學樂先絲，造
樂先竹。」[26]此看法有其邏輯也頗有見地，《周禮・樂記》對於「樂」的
形成過程，其次第為心、聲、音、樂四個進程，[27]《呂氏春秋》對於「聲」
的產生即提出伶倫（生卒年不詳）造律管之說，[28]此亦為後世十二律呂的
先聲。因此，李之藻以竹類樂器為「八音」之首是有其合理性。在〈竹音
疏〉中首先論述鳳簫、篴、橫笛、籏等四種樂器，尤其首重鳳簫，李之藻
認為竹是「律本」其云：「故知造樂之先，竹也。編竹而比之，律長者聲

---

25 《頖宮禮樂疏》，〈凡例〉，頁 67~68。

26 《頖宮禮樂疏》，卷 4，〈竹音疏〉，頁 479。

27 「凡音之起，由人心生也。人心之動，物使之然也。感於物而動，故形於聲；聲相應，
　　故生變；變成方，謂之音；比音而樂之，及干戚羽旄，謂之樂。」參見漢・鄭玄注、
　　唐・孔穎達疏，《禮記正義》，卷 37，〈樂記〉，收錄於清・阮元校刻，《十三經
　　注疏》，頁 1527。

28 「昔黃帝令伶倫作為律。伶倫自大夏之西，乃之阮隃之陰，取竹於嶰谿之谷，以生空竅
　　厚鈞者、斷兩節間、其長三寸九分而吹之，以為黃鐘之宮，吹曰『舍少』。次制十二
　　筒，以之阮隃之下，聽鳳皇之鳴，以別十二律。其雄鳴為六，雌鳴亦六，以比黃鐘之
　　宮，適合。黃鐘之宮皆可以生之，故曰黃鐘之宮，律呂之本。」參見漢・高誘注、
　　清・畢沅校，《呂氏春秋新校正》，卷 5，〈仲夏紀〉，收錄於《新編諸子集成》，
　　冊七，頁 51~52。

濁，短者聲清，其狀鳳翼，其音鳳聲，名曰『鳳簫』，即律管也。」[29]《頖宮禮樂疏》所提的鳳簫在釋奠樂中使用兩支，一大一小，皆為十六管【圖3-3】，「大簫用十二倍律加四正律，小簫用十二正律加四半律。」[30] 意即兩簫相差八度，李之藻將鳳簫各管的律呂與工尺字，排序出〈鳳簫編竹按律次序譜色〉【表3-1】，從工尺字可看出釋奠樂所用的音高音階結構，此後各樂器的工尺音位，即未脫離此處所標示的結構。

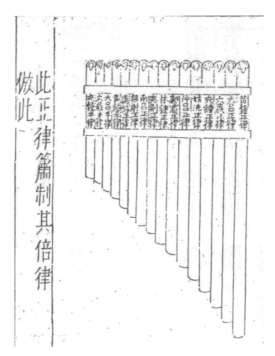

【圖3-3】 《頖宮禮樂疏》之〈鳳簫圖〉[31]

29 《頖宮禮樂疏》，卷4，〈竹音疏〉，頁479。

30 《頖宮禮樂疏》，卷4，〈鳳簫詁〉，頁485。

31 《頖宮禮樂疏》，卷4，〈鳳簫詁〉，頁485。

【表 3-1】　《頖宮禮樂疏》之〈鳳簫編竹按律次序譜色〉表 [32]

	大簫		小簫	
第一管	黃鍾倍	濁合	黃鍾正	合
第二管	大呂倍	濁亞四	大呂正	亞四（亞亦云下）
第三管	太簇倍	濁四	太簇正	正四（正亦云上）
第四管	夾鍾倍	濁亞一	夾鍾正	亞一
第五管	姑洗倍	濁一	姑洗正	正一
第六管	仲呂倍	濁上	仲呂正	上
第七管	蕤賓倍	濁勾凡	蕤賓正	勾
第八管	林鍾倍	濁尺	林鍾正	清尺
第九管	夷則倍	濁亞工	夷則正	亞工
第十管	南呂倍	濁工	南呂正	清工
第十一管	無射倍	濁亞凡	無射正	亞凡
第十二管	應鍾倍	濁凡	應鍾正	清凡
第十三管	黃鍾正	合	黃鍾半	六
第十四管	大呂正	亞四	大呂半	亞五
第十五管	太簇正	正四	太簇半	正五
第十六管	夾鍾正	亞一	夾鍾半	緊五

　　從〈鳳簫編竹按律次序譜色〉中可清楚見到律呂與工尺譜字的對應
關係，工尺譜字主要結構為合、四、一、上、尺、工、凡、六、五、乙等
七字，其對應律呂的關係在宋代已經出現記載，《宋史》曾採錄了蔡元定
（1135~1198）在《燕樂》一書的記載：

　　　黃鍾用「合」字，大呂、太簇用「四」字，夾鍾、姑洗用「一」字，
　　　夷則、南呂用「工」字，無射、應鍾用「凡」字，各以上、下分

---

32 《頖宮禮樂疏》，卷 4，〈鳳簫詁〉，頁 485。

爲清濁。其中呂、蕤賓、林鍾不可以上、下分，中呂用「上」字，
蕤賓用「勾」字，林鍾用「尺」字。其黃鍾清用「六」字，大呂、
太簇、夾鍾清各用「五」字，而以下、上、緊別之。緊「五」者，
夾鍾清聲，俗樂以爲宮。此其取律寸、律數、用字紀聲之略也。[33]

　　在〈鳳簫編竹按律次序譜色〉中的工尺譜字與《燕樂》所記，其義
大致是相同，《宋史》採錄蔡元定的《燕樂》大要，其主要在批評當時燕
樂之失，與雅樂相較，燕樂其聲高出雅樂兩律，較雅樂偏高，其云：「若
此夾鍾宮謂之中呂宮、林鍾宮謂之南呂宮者，燕樂聲高，實以夾鍾爲黃鍾
也。」[34] 此處爲我們提供了當時雅樂律呂與燕樂律呂的對應關係，其義爲
雅樂的夾鍾律爲燕樂的仲呂律，雅樂的林鍾律爲燕樂的南呂律，這種雅樂
燕樂律呂的對應關係，至少在宋代即已出現，今按十二律旋宮排列如【表
3-2】，再搭配上工尺譜字與簡譜對照，由此，可以看出《頖宮禮樂疏》
所記錄釋奠樂的兩個訊息：其一爲釋奠樂所使用的樂律是採用雅樂律呂；
其二律呂所對應的工尺音位，大致與今日通用的工尺音位同。

【表3-2】　《頖宮禮樂疏》與《宋史》所載樂律工尺對照表

雅樂律呂	黃鍾	大呂	太簇	夾鍾	姑洗	仲呂	蕤賓	林鍾	夷則	南呂	無射	應鍾	黃鍾清	大呂清	太簇清	夾鍾清
燕樂律呂	太簇	夾鍾	姑洗	仲呂	蕤賓	林鍾	夷則	南呂	無射	應鍾	黃鍾	大呂	太簇清	夾鍾清	姑洗清	仲呂清

33　元・脫脫等撰，《宋史》（北京：中華書局，1985 年 6 月），卷 142，〈樂志
　　十七〉，頁 3346。

34　《宋史》，卷 142，〈樂志十七〉，頁 3347。

《頖宮禮樂疏》工尺譜字	合	亞四	正四	亞一	正一	上	勾	清尺	亞工	清工	亞凡	清凡	六	亞五	正五	緊五
蔡元定《燕樂》之義	合	下四	上四	下一	上一	上	勾	尺	下工	上工	下凡	上凡	六	下五	上五	高五
通用工尺譜字	合	下四	四	下一	一	上	勾	尺	下工	工	下凡	凡	六	下五	五	高五
通行簡譜	5̣	#5̣	6̣	#6̣	7̣	1	#1	2	#2	3	4	#4	5	#5	6	#6

　　工尺譜對應十二律呂並非一成不變，從宋代到清代，工尺譜字音位從固定到不固定是有一個變化過程的，其轉變的時間點恰與明代有關。[35] 至少在明代時，黃鍾律對應「合」字是主要的樂調形式，從樂器演奏法來看，這是以管樂器爲主，橫笛或篴（簫）在按孔全按時爲黃鍾律，[36] 所得到的音即爲「合」，所謂：「六孔皆閉爲黃鍾律，以合字應。」[37]【圖3-4】與【圖3-5】，從兩圖皆可見到「黃鍾合」的標示。明代倪復（生卒年不詳）在《鐘律通考》中提出這樣的看法：「夫管中合字，蓋管體中翕聲，將調衆樂，必用管吹之，掩其九孔，獨取此聲爲之宮，使八音之宮聲皆與此合，故謂之合。」[38] 因此，黃鍾「合」字是有其音樂上意義的。

35　李玫，〈工尺譜記譜系統從固定到可動的演變〉，《中國音樂學》，第 1 期（北京，2012 年），頁 101~112。

36　李之藻在《頖宮禮樂疏》的〈篴詁〉中，即開宗明義地論及篴簫之義：「今之簫，古之篴也。」參見《頖宮禮樂疏》，卷 4，〈篴詁〉，頁 489。

37　《頖宮禮樂疏》，卷 4，〈吹橫笛法〉，頁 497。

38　明・倪復撰，《鐘律通考》欽定四庫全書本，卷 6，〈風雅十二詩譜圖論章第二十七〉，頁 32。

【圖 3-4】　《頖宮禮樂疏》之〈簫圖〉[39]

39 《頖宮禮樂疏》，卷 4，〈鳳簫詁〉，頁 496。

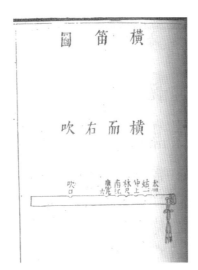

【圖 3-5】　《頖宮禮樂疏》之〈橫笛圖〉[40]

　　黃鍾所對應的「合」字在樂調上，大抵是明清時期所慣用的正宮調，此為民間工尺七調之一，七調有上字調、尺字調、小工調、凡字調、正宮調、六字調、乙字調等，黃鍾「合」字即為正宮調，《宋史・樂志》在「釋十二均」時提到：「黃鍾之宮為子、為神后、為土、為雞緩、為正宮調。」[41]明代倪復對於黃鍾「合」字為正宮調曾提出看法，有助於我們認識此樂義：

> 愚按，黃鍾清宮，以管色之六字孔黃鍾清為宮，皆以此起調畢曲，居七孔之上，其聲頗清，故謂之清宮，朱子曰：「以清字為調，似非古法，然俗謂之正宮者，以其比之俗樂，無尖艷之聲，故謂之正耳，非古法也。」下凡言正宮者，皆此意也。[42]

40　《頖宮禮樂疏》，卷 4，〈鳳簫詁〉，頁 499。

41　《宋史》，卷 71，〈律曆志四〉，頁 1604。

42　《鐘律通考》，卷 6，〈風雅十二詩譜圖論章第二十七〉，頁 20。

第四節
《頖宮禮樂疏》的釋奠樂譜
——

　　《頖宮禮樂疏》在論「八音」之時，同時也將釋奠樂譜載錄出來，其樂譜記有歌詞、律呂字、工尺字以及樂器演奏法的減字譜等四種訊息，總計有「簫篴樂章譜」、「篪樂章譜」、「笙竽樂章譜」、「塤樂章譜」、「琴樂章譜」、「操縵琴瑟合譜」、「鐘磬合譜」、「協律歌譜」、「擬黃鍾調眾樂合譜」等九種樂譜，吹管樂器有四種樂譜，包括竹類樂器、匏類樂器、土類樂器等；絲絃樂器有兩種，包括琴、瑟；擊樂器一種，即編鐘與編磬；聲樂歌唱譜一種以及旋宮轉調的歌樂琴瑟合譜一種。九種樂譜所記的曲調旋律，除了「擬黃鍾調眾樂合譜」以外，其他八種樂譜曲調旋律皆相同。

　　《頖宮禮樂疏》的釋奠樂譜分有六個樂章，有迎神奏《咸和之曲》，奠帛初獻奏《寧和之曲》，亞獻奏《安和之曲》，終獻奏《景和之曲》，徹饌奏《咸和之曲》，送神奏《咸和之曲》。此處所使用的樂章名稱在《明史》中有記載，只是略有不同，「釋奠孔子，初用大成登歌舊樂。洪武六年始命詹同、樂韶鳳等更製樂章。迎神奏《咸和》，奠帛奏《寧和》，初獻奏《安和》，亞獻、終獻奏《景和》，徹饌、送神奏《咸和》。」[43] 兩者的差別在於初獻和亞獻所奏的樂不同，《頖宮禮樂疏》的記載又讓我們了解明代洪武朝與萬曆朝釋奠用樂的差異，可見明代初期到明代晚期，孔廟釋奠樂仍不斷變化，然關於樂譜的詳細記載是《頖宮禮樂疏》的另一項貢獻，《明史》中並無樂譜的記載。另外萬曆朝的《孔聖全

---

43 《明史》，卷61，〈樂志一〉，頁1502。

書》也記載了樂譜，其工尺字的曲調旋律與《頖宮禮樂疏》相同，但樂器演奏法的記譜完全不同，自成一套體系，其迎神奏《咸和之曲》，奠帛奏《宣和之曲》，初獻奏《景和之曲》，亞獻、終獻奏《景和之曲》，徹饌奏《咸和之曲》，送神奏《咸和之曲》。[44] 奏樂次序與《明史》所載相同，但樂章名稱與順序略有不同，其中所記的《宣和之曲》，查歷代釋奠樂章皆無此樂章名，再檢視其歌詞全同於《寧和之曲》，因此，恐是《孔聖全書》之誤。另外其迎神的歌詞，前面書爲「大哉宣聖」，後面的樂譜則書爲「大哉孔聖」，前者是明代洪武年間的歌詞，後者是明代晚期的歌詞，《孔聖全書》在此是將其錯置雜陳，相較而言，《頖宮禮樂疏》則相當嚴謹。另一本萬曆朝的《孔廟禮樂考》其釋奠樂譜更簡化，僅記歌詞與律呂字，也未標宮調爲何，檢視其律呂字譜，曲調旋律明顯與《頖宮禮樂疏》不同，迎神奏《咸和之曲》，初獻奏《寧和之曲》，亞獻奏《安和之曲》，終獻奏《景和之曲》，徹饌奏《咸和之曲》，送神奏《咸和之曲》，[45] 觀其六奏的三獻禮與樂章名，則又與《頖宮禮樂疏》相同。

　　「簫篴樂章譜」的吹簫篴減字譜與「箎樂章譜」吹箎減字譜，在符號表示上有部分相似，吹簫篴減字譜總計有十個減字譜字；吹箎減字譜則有七個減字譜字，主要是用「啓」字簡化爲「戶」字再加上「一」、「二」、「三」、「四」、「五」、「六」及其他字組合而成，吹簫篴與吹箎減字譜雖有相同的減譜字，但演奏方式仍略有不同【圖 3-6】、【圖 3-7】。

---

44 《孔聖全書》，收錄於四川大學古籍整理研究所編，《儒藏》，卷 33，頁 300~302。
45 《孔廟禮樂考》明萬曆本，卷 3，頁 43~44。

【圖 3-6】 《頖宮禮樂疏》「簫篴樂章譜」擇例 [46]

【圖 3-7】 《頖宮禮樂疏》「篪樂章譜」擇例 [47]

46 《頖宮禮樂疏》，卷 4，〈竹音疏〉，頁 500。

47 《頖宮禮樂疏》，卷 4，〈竹音疏〉，頁 514。

　　「笙竽樂章譜」在〈匏音疏〉中主要是指笙與竽兩種樂器，古代笙竽
的界定是有明確區分，李之藻引《淮南子》：「孟夏吹笙竽，大者竽，小
者笙。」[48]至於其簧數，書中繪有兩圖，一為〈十九簧定位圖〉【圖3-8】，
一為〈十三簧定位圖〉【圖3-9】，由於笙竽兩樂器的簧數，歷代以來皆
有不同說法，簧數或管數不定，從「笙竽樂章譜」的樂器演奏法來看，李
之藻所提到的釋奠樂器應是指十九簧與十三簧兩種，其文中有引用《爾
雅》的看法，其謂：「《爾雅》謂：『大笙十九簧，小笙十三簧。』又
十九簧謂之巢，以眾管在匏有巢之象；十三管謂之和，以大者唱則小者
和，所謂三笙一和而成聲者也，然則大笙即竽即巢，而小笙即和乎。」[49]
查考《爾雅》原書，並無所謂：「大笙十九簧，小笙十三簧」之句，倒是
《儀禮》中有唐代賈公彥的疏文：「大笙十九簧，小者十三簧。」[50]《爾雅》
之原文為：「大笙謂之巢，小者謂之和。」[51]可能是李之藻將兩文之義交
錯混合了，雖如此，但仍可看出《頖宮禮樂疏》為我們記錄的兩種釋奠樂
器，皆名之以笙，有十九簧笙與十三簧笙。李之藻提及「三笙一和」，應
是指樂隊編制上，三個笙中，有十九簧笙兩個，十三簧笙一個，從〈十九
簧定位圖〉與〈十三簧定位圖〉的音位律呂來看，兩者主要是以八度為分
別，一低音，一高音。再從樂譜來看，其所吹奏之音多以和聲音來演奏，
十九簧笙每一工尺字的演奏，都由二管、三管甚至四管配音，十三簧笙則
都由二管與三管配音。

　　在「笙竽樂章譜」中偶有刊刻之誤，例如在迎神《咸和之曲》的「化」

48　《頖宮禮樂疏》，卷4，〈匏音疏〉，頁518。

49　《頖宮禮樂疏》，卷4，〈匏音疏〉，頁519~520。

50　漢・鄭玄注、唐・賈公彥疏，《儀禮注疏》，卷16，〈大射〉第七，收錄於清・阮
　　元校刻，《十三經注疏》，頁1029。

51　晉・郭璞注、宋・邢昺疏，《爾雅注疏》，卷5，〈釋樂〉第七，收錄於清・阮元
　　校刻，《十三經注疏》，頁2601。

字、「宗」字、「祀」字與終獻《景和之曲》的「酌」字,其律呂均為太
簇,工尺字均為「四」字,[52] 此處十三簧笙所演奏的和聲音為按左七太簇、
右一大呂與右三南呂等三管,南呂為太簇所相生之律,太簇與大呂的合聲
為古樂特殊的小二度和聲音,笙如按右二仲呂,既非太簇所生律亦非生
太簇之律。此可從十九簧竽的和聲音做比對,其「四」字的和聲為按左八
太簇、左十蕤賓倍律、右二大呂與右九林鍾倍律等三管,林鍾是生太簇之
律,太簇與大呂、林鍾與蕤賓皆是小二度的和聲音,四者齊響,用以演奏
釋奠樂,顯見其音響之豐富性,然此處皆未見仲呂,顯見為刊刻之誤。

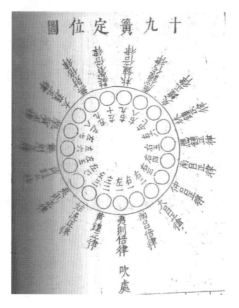

【圖 3-8】 《頻宮禮樂疏》〈十九簧定位圖〉[53]

---

52 《頻宮禮樂疏》,卷 4,〈笙竽樂章譜〉,頁 531、541。

53 《頻宮禮樂疏》,卷 4,〈匏音疏〉,頁 522。

【圖 3-9】《頖宮禮樂疏》〈十三簧定位圖〉[54]

　　「塤樂章譜」所記載的樂譜，同樣有加註塤演奏的減字譜，其譜字總
計有六個【圖 3-10】，主要是以「啓字」簡化爲「戶」字，按孔的「閉」
字簡化爲「才」字，吹奏法仰吹的「仰」字簡化成只留中間的字型，俯吹
的「俯」字則簡化爲「广」。此處所著錄的塤爲五音孔塤，正面三孔呈倒
「品」字排列，背面兩孔平列，總計五個音孔【圖 3-11】，全按爲黃鍾
合字，按書中所記，釋奠樂所使用的塤分爲大塤與小塤，大小塤的高度皆
爲 3 吋 5 分，其圍與底徑、孔徑不同。[55]

54 《頖宮禮樂疏》，卷 4，〈匏音疏〉，頁 523。

55 《頖宮禮樂疏》，卷 4，〈匏音疏〉，頁 553~556。

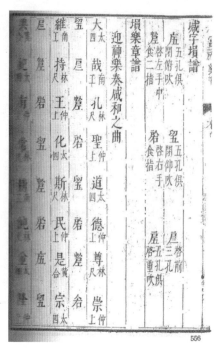

【圖 3-10】 《頖宮禮樂疏》「塤減字譜」與「塤樂章譜」[56]

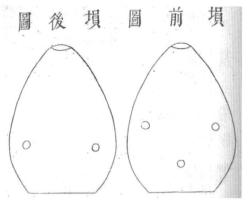

【圖 3-11】 《頖宮禮樂疏》的塤圖 [57]

---

56 《頖宮禮樂疏》，卷 4，〈匏音疏〉，頁 556。

57 《頖宮禮樂疏》，卷 4，〈匏音疏〉，頁 555。

　　「琴樂章譜」與「操縵琴瑟合譜」是絲類樂器的兩種釋奠樂譜，李之藻認爲琴與瑟是絲類最重要的樂器，所謂：「八音以絲爲君，絲以琴爲君，琴出乎器入乎覺，而瑟亦類之。琴者禁也，禁止其邪以正人心；瑟者閉也，所以懲忿窒慾正德也。」[58] 此也是古雅樂的本義，因此，釋奠樂作爲雅樂品類之一，琴瑟即不可或缺。

　　此處的樂譜稱爲操縵譜，主要爲「十三字操縵」，其內容次第爲「正應正和同、正和同、正應正和同」總計十三字，李之藻謂：「此操縵古引有四義，曰正、曰應、曰和、曰同。正者，本弦散聲，定達二字是也；應者，別弦實音與本弦同聲相應者，當字是也；和者散聲相生，理字是也；同者，齊撮兩弦成音，句尾定字是也。」[59] 筆者認爲此處主要是談曲調的節奏，對照樂譜來看，減字譜旁注有實心小圓點的記號，較像是明清時期慣用的板眼符號，因此，這裡所記錄的節拍爲應屬於八拍形式，李之藻之言須再搭配「琴樂章譜」來看。【圖 3-12】例如太簇爲羽的「四」字音，其「正應正和同」的彈奏是食指挑四弦散音爲太簇爲「正」；中指勾二弦十徽亦爲太簇，此即是相應於前聲是爲「應」；接著再用食指挑四弦散音爲太簇爲「正」；接中指勾二弦散音爲南呂角爲「工」字，此南呂即爲太簇所生故爲「和」；最後再同時演奏四弦散音與二弦散音，造成「四、工」的和弦音。因此，釋奠樂的演奏法，琴瑟如同笙竽一樣，演奏上常使用和弦音，並不完全使用單音，所謂：「笙不能以獨簧成音，必合三兩簧；琴不能以獨弦成音，必撮兩弦。」[60]

58　《頖宮禮樂疏》，卷5，〈絲音疏〉，頁563。

59　《頖宮禮樂疏》，卷5，〈絲音疏〉，頁587。

60　《頖宮禮樂疏》，卷5，〈絲音疏〉，頁589。

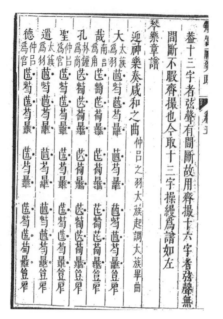

【圖 3-12】 《頖宮禮樂疏》的「琴樂章譜」擇例[61]

　　琴譜所使用均為古琴減字譜，此譜今日仍為琴家所通用，分為右手彈弦與左手按弦兩種減字符號。右手只用挑（食指向外彈弦）、勾（中指向內彈弦）、撮（同時勾挑或擘抹兩弦），左手只用中指與大指按弦，其他手指不用，另外還有散音（空弦音）的使用，每一字歌詞皆以散音開始。這種演奏法的限制，可能即是古代雅樂演奏法的通則，古琴的演奏法是非常多樣化的，李之藻為我們記錄的演奏限制尚有兩段話可為要旨，在右手彈弦上，「此外有打、摘、滾、拂、歷、度等四十六法，雅樂不用，今操緩譜，惟挑、勾、散、撮。」[62] 在左手按弦上，「此外有吟、猱、綽、撞等四十六法，雅樂不用，今操緩譜，惟中大二指按之。」[63]

61 《頖宮禮樂疏》，卷5，〈絲音疏〉，頁 590。

62 《頖宮禮樂疏》，卷5，〈絲音疏〉，頁 615。

63 《頖宮禮樂疏》，卷5，〈絲音疏〉，頁 615。

　　在琴譜之後另外有瑟的論述，琴在雅樂的演奏法中有所限制，瑟亦然，《頖宮禮樂疏》的〈鼓瑟操縵法〉認爲：「凡學瑟者，兩手十指皆伸，切忌屈其小指與箏手不同也。其指法擘、托、抹、挑、勾、剔、打、摘具與琴同，而雅音惟用擘、抹、勾三法。此外尙有歷撮輪帶等三十法，俱出淫聲，非雅頌之音所有。」[64] 其「操縵琴瑟合譜」【圖3-13】主要是將琴譜與瑟譜並列，仍然按照前文所提的「十三字操縵」來定其節奏，瑟譜是將律呂字標出，從瑟譜的標示更能理解其「十三字操縵」的本義。

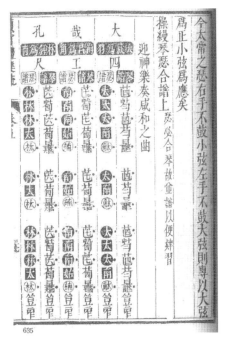

【圖3-13】　《頖宮禮樂疏》的「操縵琴瑟合譜」擇例[65]

---

64 《頖宮禮樂疏》，卷5，〈絲音疏〉，頁632。

65 《頖宮禮樂疏》，卷5，〈絲音疏〉，頁635。

　　「鐘磬合譜」【圖 3-14】爲編鐘與編磬的釋奠樂譜，《頖宮禮樂疏》所著錄的編鐘與編磬皆爲 16 枚，分上簨與下簨兩層懸掛，每簨 8 枚，參見【圖 3-15】、【圖 3-16】。此處所使用編鐘編磬的枚數，李之藻將先秦時對於古鐘磬的記載梳理了一些，雖未完備，然已可窺見梗概，其謂：

> 凡縣鍾磬者，半爲堵，全爲肆，十六枚而在一虡謂之堵，鍾一堵，磬一堵，謂之肆。數用十六者，蔡元定以爲四象相因之數，凡天地之變化，萬物之感應，古今之因革損益，皆不出乎十六，而天地之道畢焉，故磬與鳳簫皆十六也。[66]

「鐘磬合譜」所書寫的編鐘編磬樂譜，是以數字來表示，使用一、二、三、四等來書寫，從編鐘與編磬在縣之圖來看，《頖宮禮樂疏》並未將編鐘與編磬標示出對應的一、二、三、四等數字，然大抵可解讀爲，下簨最右邊的黃鍾爲一，向左次第爲二至八，上簨最右邊的夷則爲九，向左次第爲十至十六。主要用到的數字爲一、三、六、八、十、十三等數字，然其中曾出現「二」之數，分別在亞獻《安和之曲》的「格」字與徹饌《咸和之曲》的「成」字，[67] 兩者的律呂均爲太簇，工尺字均爲「四」字，因此在「鐘磬合譜」中應標爲「三」而非「二」，筆者認爲此是刻書之誤。相同之情形在前述之「笙竽樂章譜」亦出現刻誤之處，觀其所誤，大抵皆是將「三」刻爲「二」，今人使用時宜特別注意。

---

66 《頖宮禮樂疏》，卷 6，〈編鍾詁〉，頁 683。

67 《頖宮禮樂疏》，卷 6，〈鐘磬合譜〉，頁 719~720。

【圖 3-14】　《頖宮禮樂疏》的「鐘磬合譜」擇例[68]

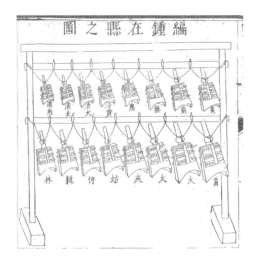

【圖 3-15】　《頖宮禮樂疏》的〈編鍾在縣之圖〉[69]

68　《頖宮禮樂疏》，卷 6，〈鐘磬合譜〉，頁 716。

69　《頖宮禮樂疏》，卷 6，〈金音疏〉，頁 690。

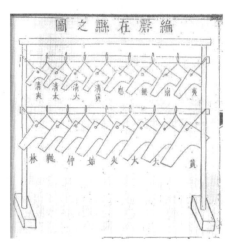

【圖 3-16】 《頖宮禮樂疏》的〈編磬在縣之圖〉[70]

　　釋奠樂中相當重要者爲歌唱，因此，李之藻特別寫了〈登歌節奏疏〉，其「協律歌譜」【圖 3-17】主要的中心思想在於《禮記・樂記》：「故歌者上如抗，下如隊，曲如折，止如槁木，倨中矩，句中鉤，纍纍乎端如貫珠。」[71]李之藻並一一對其解釋一番。[72]在「協律歌譜」中將歌唱法分爲「上如抗格」、「下如隊格」、「曲如折格」、「倨中矩格」、「句中鉤格」、「端如貫珠格」、「止如槁木格」等七「格」，譜式以律呂字配工尺字呈現，再以上下左右的圖像表示，頗爲特別。

70 《頖宮禮樂疏》，卷 6，〈石音疏〉，頁 704。

71 《禮記正義》，卷 39，〈樂記〉，收錄於清・阮元校刻，《十三經注疏》，頁 1545。

72 《頖宮禮樂疏》，卷 7，〈登歌節奏疏〉，頁 757~758。

【圖3-17】　《頖宮禮樂疏》的「協律歌譜」擇例 [73]

　　李之藻對於器樂與歌樂配合的問題，提出其〈旋宮歌奏相配疏〉，其中對於《周禮》所載，器樂與歌樂的搭配樂調甚為疑惑，《周禮》之原文如下，《頖宮禮樂疏》有引用其文：

> 乃奏黃鍾，歌大呂，舞《雲門》，以祀天神；乃奏大蔟，歌應鍾，舞《咸池》，以祭地示；乃奏姑洗，歌南呂，舞《大韶》，以祀四望；乃奏蕤賓，歌函鍾，舞《大夏》，以祭山川；乃奏夷則，歌小呂，舞《大濩》，以享先妣；乃奏無射，歌夾鍾，舞《大武》，以享先祖。[74]

對於「奏黃鍾，歌大呂。」為一個小二度音程，小二度和聲是屬於不和協

---

73 《頖宮禮樂疏》，卷7，〈登歌節奏疏〉，頁761。

74 《周禮注疏》，卷22，〈春官‧宗伯下〉，收錄於清‧阮元校刻，《十三經注疏》，頁788~789。

音程，器樂與歌樂保持在小二度音程的平行關係，咸認其不和協。鄭玄（127~200）注文認為「以黃鍾之鍾，大呂之聲為均者，黃鍾陽聲之首，大呂為之合。」此處並未對樂調的問題有更多的說明，唐代賈公彥的疏文則簡述了十二律與十二辰、十二月建、十二星次的關係，其對應關係相當複雜，可概略為為黃鍾合子辰在玄枵、大呂合丑辰在星紀、太簇合寅辰在析木、夾鍾合卯辰在大火、姑洗合辰辰在壽星、仲呂（小呂）合巳辰在鶉尾、蕤賓合午辰在鶉火、林鍾（函鍾）合未辰在鶉首、夷則合申辰在實沉、南呂合酉辰在大梁、無射合戌辰在降婁、應鍾合亥辰在娵訾，今製一表可對應參考。【表 3-3】

【表3-3】 《周禮・春官宗伯》六代樂舞樂調對照表

經 文	西方音名	月分	十二辰	十二星次	洛書之數	地支六合	間隔律數	樂 舞	祭祀對象
奏黃鍾	C	十一	子	玄枵	九	土	1	舞《雲門》	以祀天神
歌大呂	＃C	十二	丑	星紀	二				
奏大簇	D	一	寅	析木	七	木	9	舞《咸池》	以祭地示
歌應鍾	B	十	亥	娵訾	四				
奏姑洗	E	三	辰	壽星	五	金	5	舞《大磬》	以祀四望
歌南呂	A	八	酉	大梁	六				
奏蕤賓	＃F	五	午	鶉火	三	土	1	舞《大夏》	以祭山川
歌函鍾	G	六	未	鶉首	八				
奏夷則	＃G	七	申	實沉	一	水	9	舞《大濩》	以享先妣
歌小呂	F	四	巳	鶉尾	四（十）				
奏無射	＃A	九	戌	降婁	五	火	5	舞《大武》	以享先祖
歌夾鍾	＃D	二	卯	大火	六				

　　李之藻對於這樣的說法頗不贊同，其謂：「竊意斗建之說，漢儒固求其說而不得，而竄易其文，迂其解已惑後世者乎。」[75] 李之藻並非不懂斗建星紀，實際上他還是明晚期著名的天文曆法專家，對於傳統的天文學及陰陽五行是知之甚深，他並不認爲漢儒之說正確是有其理，對於律呂樂調，在研究了朱載堉（1536~1610）的《律呂經義》後，他認爲解開了此疑惑，因而推演旋宮：「歌仲呂則奏黃鍾，歌林鍾則奏太簇，歌南呂則奏姑洗，歌應鍾則奏蕤賓，歌大呂則奏夷則，歌夾鍾則奏無射，而後乃今六律六同，一一相合，而始信。」[76] 因此，在釋奠樂中，特別寫了「擬黃鍾調衆樂合譜」【圖 3-18】。此譜與前述之譜最大的差異即在於樂調不同，因而工尺字亦不同，例如在迎神《咸和之曲》，前譜爲仲呂之羽太簇起調太簇畢曲，太簇爲羽「四」字，而「擬黃鍾調衆樂合譜」則是黃鍾之羽南呂起調南呂畢曲，南呂爲羽「工」字，此時太簇爲商「四」字。簡單來說，即是李之藻認爲應該要「奏黃鍾，歌仲呂，天神之樂也，而以祀孔子，不犯僭歟。」[77] 以今日樂調來看，此譜大致上呈現出歌唱低器樂完全四度，此譜亦是《頖宮禮樂疏》很特別的地方。

75 《頖宮禮樂疏》，卷 7，〈登歌節奏疏〉，頁 786。

76 《頖宮禮樂疏》，卷 7，〈登歌節奏疏〉，頁 787。

77 《頖宮禮樂疏》，卷 7，〈登歌節奏疏〉，頁 788。

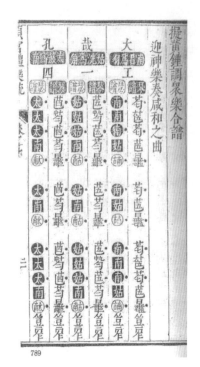

【圖 3-18】 《頖宮禮樂疏》的「擬黃鍾調眾樂合譜」擇例 [78]

結論

李之藻的《頖宮禮樂疏》雖爲明代晚期的著作,然是書對於孔廟釋奠樂的記載詳盡,加諸李之藻在西學的博學與傳統禮樂曆算的才華,對傳統禮樂問題提出自己的見解,頗見心得,並不拘泥於古人的見解框架,其注重實證精神,除了他頗爲人知的天文曆法以外,在《頖宮禮樂疏》中又得到驗證,此是過去研究李之藻者,鮮少注意之處。

《頖宮禮樂疏》所記載的釋奠樂中,包含了釋奠樂隊與佾舞的編制

---

78 《頖宮禮樂疏》,卷 7,〈登歌節奏疏〉,頁 789。

及規模，書中並繪有完整的舞譜及說明，其記載的釋奠樂譜包含了「簫篴
樂章譜」、「篪樂章譜」、「笙竽樂章譜」、「塤樂章譜」、「琴樂章
譜」、「操縵琴瑟合譜」、「鐘磬合譜」、「協律歌譜」、「擬黃鍾調眾
樂合譜」等九種樂譜，均解說詳細，並對於樂器演奏法有特別的描述記
載，對於後世研究孔廟釋奠樂均助益良多，同時也有助於清代學者對於孔
子祀典的全過程，有一清晰的脈絡可資參考。因此，承前啓後是此書對於
釋奠禮樂最大的貢獻。

第四章

困惑的認知：孔廟
釋奠樂之往古今來義

「沒有歡樂，沒有悲傷，只有像東方『法悅境』似的音樂。」[1]

這是作曲家江文也（1910~1983）[2]先生對於孔廟釋奠樂的詮釋，也是作曲家對中國儒家文化孺慕情懷的一種體會，交響曲《孔廟大成樂章》（1939）[3]即是江文也對於孔廟釋奠音樂的看法。江氏在創作之前，對於孔廟的釋奠樂進行過一番考察，並有如下的感嘆：「祭孔音樂來自哪一朝代？是誰創作的？關於這個問題，沒有任何調查材料。」[4]這是江氏的大哉問！也是他的困惑。其所關注的釋奠樂課題及歷史材料，實際上是散落在二十五史中，古人每在這些重要的史籍中，留存了歷史痕跡，我們想要了解箇中因由，需自己抽絲剝繭，從史冊中挑剔出線索加以拼貼，本文即由此首途，呼應江氏的感嘆與困惑。

江文也對於釋奠樂的考察心得，他認為：「最古老、最可信的樂譜是明代朱載堉研著的《樂律全書》中的記載。」[5]事實上除了《樂律全書》

1　江小韻釋譯，《孔廟的音樂——大成樂章》，收錄於劉靖之主編，《民族音樂研究——江文也的生平與作品》，第 3 輯（香港：香港大學亞洲研究中心，1992 年），頁 301。

2　江文也出生於臺北州淡水郡三芝庄（今新北市三芝區），1914 年舉家遷居廈門，1923 年赴日本求學，先後進入日本長野上田中學、東京武藏高等工業學校，並於課餘之暇至上野音樂學校進修音樂課程，在日本學習音樂曾隨山田耕筰（1886~1965）學習作曲，1936 年其作品管絃樂曲《臺灣舞曲》，榮獲柏林第十一屆奧林匹克國際音樂比賽作曲獎，江氏的音樂作品，時常透露出對於中國文化的孺慕情懷。相關研究可參考韓國鐄等著，《現代音樂大師——江文也的生平與作品》（臺北：前衛出版社，1988 年 9 月）。吳玲宜，《江文也的音樂世界》（臺北：中國民族音樂學會出版，1991 年 10 月）。劉靖之主編，《民族音樂研究——江文也研討會論文集》，第 3 輯。

3　「大晟」、「大成」兩字江文也皆有使用，其文章寫「大晟」，例如江文也，《孔廟大晟樂章》，收錄於《民族音樂研究——江文也研討會論文集》，第 3 輯；另外在其樂曲的總譜手稿上則用「大成」，參見【圖 4-3】，今行文為統一起見，採用後者書之。

4　此文的寫作時間約在 1938~1940 年。《孔廟的音樂——大成樂章》，收錄於《民族音樂研究——江文也研討會論文集》，第 3 輯，頁 303。

5　《孔廟的音樂——大成樂章》，收錄於《民族音樂研究——江文也研討會論文集》，第 3 輯，頁 303。

以外，在此之前尚有潘攣《文廟禮樂志》，與朱載堉相近時代尚有瞿九思的《孔廟禮樂考》與李之藻的《頖宮禮樂疏》，清代的著作及文獻整理更多，例如張安茂《頖宮禮樂全書》、孔尚任《聖門樂誌》、閻興邦《文廟禮樂志》、金之植、宋鈜《文廟禮樂考》、孔繼汾《闕里文獻考》、應寶時《直省釋奠禮樂記》、王之春《直省釋奠禮樂記》、藍鍾瑞《文廟丁祭譜》、龐鍾璐《文廟祀典考》等，皆記載了許多有關孔廟釋奠之禮樂，明清的書籍在追溯往古多從正史擇錄下來，本文在史料運用上則直接從正史來考察，亦是本文之特色。

　　我們今日或許常思考孔廟釋奠樂到底是什麼內涵？其形式、形態又究竟該如何？要復古抑或在創新之中又不失傳統，如此種種困擾著我們，其實也曾困擾過先民，這種困惑的歷史場景，我們或許可以從釋奠樂的變化歷程中看見端倪。因此，本文擬從「往古」中尋繹釋奠樂的變化，希望可以提供「今來」釋奠樂的各種可能性。

第一節
追隨古代
——

（一）「六樂」祭孔

　　春秋晚期魯哀公十七年（前478）在孔子的故居立廟以紀念孔子，[6]這

6　孔子卒於魯哀公十六年（前479），「（魯）哀公，十有六年（前479年），夏四月，己丑。」參見杜預等注，《春秋三傳》（上海：上海古籍出版社，1987年3月），卷16，頁541。翌年於「故所居堂、弟子內，後世因廟，藏孔子衣冠琴車書，至于漢二百餘年不絕。」參見漢・司馬遷撰，《史記》（北京：中華書局，1982年11月），卷

是後世孔廟的先聲，西漢高祖十二年（前195）親自以太牢（牛、羊、豬）祭祀孔子，[7]這是目前在文本記載中，最早祭祀孔子的帝王，從魯哀公十七年至西漢高祖十二年，兩百八十三年間有關對於孔子的祭祀活動，由於史冊失載，目前仍不詳其內涵。在祭祀孔子的典禮上，使用音樂來作為禮儀形式，大約從東漢章帝元和二年（85）開始：「元和二年春，（章）帝東巡狩，還過魯，幸闕里，以太牢祠孔子及七十二弟子，作六代之樂，大會孔氏男子二十以上者六十三人，命儒者講《論語》。」[8]這裡章帝用「六代之樂」來祭孔，成為孔廟釋奠樂的濫觴。「六代之樂」又簡稱為「六樂」，包括有黃帝（生卒年不詳）的《雲門》、堯（生卒年不詳）的《大咸》、舜（生卒年不詳）的《大韶》、夏禹（生卒年不詳）的《大夏》、商湯（生卒年不詳）的《大濩》、周武王（生年不詳～前1043）的《大武》，「六代之樂」是歌樂、器樂、舞蹈三種表演藝術的結合，今日孔廟釋奠樂的形式，即是這種歌、樂、舞結合的呈現。

「六代之樂」簡稱為「六樂」，是周代整理古代樂舞的心得，並將這些樂舞分別祭祀不同的對象，其內容為：

> 以樂舞教國子舞《雲門大卷》、《大咸》、《大韶》、《大

47，《孔子世家》，頁1945。有關孔子的生卒年問題，史料文獻及學者研究仍有多項不同之結論，《史記》：「魯襄公二十二年（前551）而孔子生。」卷47，《孔子世家》，頁1905。另宋濂曾作《孔子生卒歲月辯》，對孔子的生年採用《公羊傳》與《穀梁傳》二傳的說法，即魯襄公二十一年（前552），卒年在魯哀公十六年，則採用《左傳》的說法，今採此看法。參見明・宋濂撰，《文憲集》，收錄於《景印文淵閣四庫全書》，第1224冊（臺北：臺灣商務印書館，1986年3月），別集類，集部163，卷27，頁406~408。

7　「（高祖十二年）十一月，行自淮南還。過魯，以大牢祠孔子。」參見漢・班固撰，《漢書》（北京：中華書局，1962年6月），卷1下，〈高帝紀〉，頁76。

8　劉宋・范曄，《後漢書》（北京：中華書局，2003年8月），卷109上，〈儒林傳〉，頁2562。

夏》、《大濩》、《大武》。以六律、六同、五聲、八音、六舞
大合樂，以致鬼神示，以和邦國，以諧萬民，以安賓客，以說遠
人，以作動物。乃分樂而序之，以祭，以享，以祀。乃奏黃鐘，
歌大呂，舞《雲門》，以祀天神。乃奏大蔟，歌應鐘，舞《咸
池》，以祭地示。乃奏姑洗，歌南呂，舞《大韶》，以祀四望。
乃奏蕤賓，歌函鐘，舞《大夏》，以祭山川。乃奏夷則，歌小
呂，舞《大濩》，以享先妣。乃奏無射，歌夾鐘，舞《大武》，
以享先祖。凡六樂者，文之以五聲，播之以八音。[9]

周人於孩子十三歲時開始學習樂舞，[10] 主要教授對象為國子，所謂國子即
是卿大夫之子，[11] 在祭祀鬼神及祖先時使用大合樂的祭祀樂舞，大合樂是
結合六律六同意即十二律呂，及以宮、商、角、徵、羽為主所構成的音
階序列，加上金、石、絲、竹、匏、土、革、木等八音樂器，再配合《雲
門》等六種舞蹈，所建構完整的樂舞體系，《雲門》祀天神，《咸池》祭
地祇，《大韶》祀四望，《大夏》祭山川，《大濩》享先妣，《大武》享
先祖。「六代之樂」是否真實存在，我們或可看看這兩條材料，一是「吳
子使札來聘」，《左傳》中的季札（前 576~ 前 484）觀周樂；一是「子
在齊聞《韶》」。

　　《左傳》描述季札出使魯國請觀於周樂的情形：「見舞《韶箾》者，
曰：『德至矣哉，大矣！如天之無不幬也，如地之無不載也。雖甚盛德，

9　《周禮注疏》，卷22，〈春官・大司樂〉，收錄於清・阮元校刻，《十三經注疏》（北
　　京：中華書局，1980 年 9 月），頁 787~789。

10　「十有三年學樂，誦《詩》，舞《勺》，成童舞《象》，學射御。」參見《禮記正義》，
　　卷 28，〈內則〉，收錄於《十三經注疏》，頁 1471。

11　「國子者，卿大夫之子弟也。」參見《漢書》，卷 22，〈禮樂志〉，頁 1038。

其蔑以加於此矣，觀止矣。若有他樂，吾不敢請已。』」[12]《韶箾》即《大韶》，季札讚譽《大韶》樂舞猶如天地之盛德，可謂極高之評價。季札觀周樂的內容，因事涉孔子刪定《詩經》之問題，學界對於此問題之看法仍有分歧，不過論證之焦點多聚於孔子是否刪《詩》。[13]第二條材料是孔子在齊國接觸到《韶》樂：「子在齊聞《韶》，三月不知肉味。曰：『不圖為樂之至於斯也！』」[14]另外孔子也見過周代的《大武》樂舞，並對《大韶》與《大武》兩個樂舞進行評價：「子謂《韶》：『盡美矣，又盡善也。』謂《武》：『盡美矣，未盡善也』。」[15]在「六代之樂」中，上述文本都只論及《大韶》與《大武》兩個樂舞，班固（32~92）在《漢書》上論及周代的《大武》至秦始皇二十六年（前221）時改為《五行》，《大韶》則在漢高祖六年（前201）時改為《文始》，[16]無怪乎南朝梁代的沈約推斷：「周存六代之樂，至秦唯餘《韶》、《武》而已。」[17]這樣看來，「六代之樂」在西漢時僅剩《大韶》與《大武》，而且也已改名為《文始》和《五行》，因此，東漢章帝在闕里祭孔所使用的「六代之樂」，其內容和形式是否為「六樂」的原型頗令人懷疑，或許也是當時所創制的古樂形式，而這種形式可能較相近於漢初的《文始》與《五行》等樂舞。

12　晉・杜預等注，《春秋三傳》（上海：上海古籍出版社，1987年3月），卷11，〈襄公二十九年〉，頁400。

13　相關文章可參閱趙制陽，《左傳季札觀樂有關問題的討論》，《中華文化復興月刊》，第18卷，第3期。

14　《論語注疏》，卷7，〈述而〉，收錄於《十三經注疏》，頁2482。

15　《論語注疏》，卷3，〈八佾〉，收錄於《十三經注疏》，頁2469。

16　「《文始》舞者，日本舜《招》舞也，高祖六年更名曰《文始》，以示不相襲也。《五行》舞者，本周舞也，秦始皇二十六年更名曰《五行》也。」參見《漢書》，卷22，〈禮樂志〉，頁1044。

17　梁・沈約撰，《宋書》（北京：中華書局，1974年10月），卷19，〈樂志一〉，頁533。

（二）王儉議樂

南齊武帝時王儉（452~489）曾提出對釋奠樂的看法，永明三年（485）詔立學，置生員二百人，主事者上奏：「宋元嘉舊事，學生到，先釋奠先聖先師，禮又有釋菜，未詳今當行何禮？用何樂及禮器？」[18] 這裡可以看出南齊武帝時，對於釋奠禮樂是不明所以，這種窘境顯然在劉宋時期已然產生，這可從尚書令王儉對於此事的意見中看到：

> 中朝以來，釋菜禮廢，今之所行，釋奠而已。金石俎豆，皆無明文。方之七廟則輕，比之五禮則重。陸納、車胤謂宣尼廟宜依亭侯之爵；范寧欲依周公之廟，用王者儀，范宣謂當其爲師則不臣之，釋奠日，備帝王禮樂。此則車、陸失於過輕，二范傷於太重。喻希云「若至王者自設禮樂，則肆賞於至敬之所；若欲嘉美先師，則所況非備」。尋其此說，守附情理。皇朝屈尊弘教，待以師資，引同上公，即事惟允。元嘉立學，裴松之議應儛六佾，以郊樂未具，故權奏登歌。今金石已備，宜設軒縣之樂，六佾之舞，牲牢器用，悉依上公。[19]

王儉提到祭孔有釋奠與釋菜之禮，釋奠的含意爲「釋置也，不設尸。禮較祭祀稍簡，惟置牲體以奠也。」[20] 在釋菜方面「釋菜無幣帛、牲牢，地芹藻蘋蘩而已，其禮簡於釋奠。釋奠有樂，釋菜無樂。」[21] 古代祭孔禮儀有釋菜與釋奠之名，釋菜無樂，釋奠有樂，這是兩者較大的區別，因此，釋

18　梁・蕭子顯撰，《南齊書》（北京：中華書局，1972 年 1 月），卷 9，〈禮志上〉，頁 143~144。

19　《南齊書》，卷 9，〈禮志上〉，頁 144。

20　清・金之植、宋鈏編輯，《文廟禮樂考》（山東：山東友誼書社，1989 年 7 月），〈禮部・釋奠〉，頁 373。

21　《文廟禮樂考》，〈禮部・釋菜〉，頁 375。

茱比釋奠簡約。當時所施行的禮儀爲釋奠禮，使用的樂隊編制與禮器規格皆無定法，陸納（生卒年不詳）、車胤（約 333~ 約 401）認爲孔廟釋奠應依照侯爵之制，范寧（339~401）與范宣（生卒年不詳）則認爲應使用帝王之制，王儉認爲前者禮過輕，後者禮過重。南朝宋文帝元嘉年間（424~453）裴松之（372~451）曾提出釋奠用六佾之舞，搭配的音樂則因當時無法提供由八音樂器所組成的樂隊，因此只能使用「登歌」的音樂形式。

　　「登歌者，祭祀燕饗堂上所奏之歌也。」[22] 古代的祭祀燕饗樂有堂上與堂下之分，堂上以聲樂演唱爲主，堂下以器樂爲主，有時也是幫堂上的聲樂演唱伴奏，因此在樂隊編制上多以小型爲之，《禮記‧郊特牲》曰：「奠酬而工歌，發德也。歌者在上，匏竹在下，貴人聲也。」[23] 這裡的匏竹即指絲竹樂隊，漢代時「獨登歌者，不以絲竹亂人聲。」[24] 這裡都是在強調「登歌」的音樂形式是以聲樂爲重，以今日音樂表演來看，南朝劉宋時期的「登歌」可能是以少許樂器伴奏的聲樂演唱，其樂隊的編制與排場當不能與「軒懸」規格比擬。王儉認爲現在金石樂器皆已具備，祭孔規格應低於「王」，高於「侯」，因此，使用「上公」之禮最爲恰當，此禮即用「軒懸」之樂與六佾之舞。釋奠樂隊使用「軒懸」，即從南齊開始。[25]

　　「軒懸」屬於周代以降的一種「樂懸」制度，其來源於《周禮‧春

22　宋‧郭茂倩撰，《宋本樂府詩集》（臺北：世界書局，1979 年 10 月），卷 3，〈郊廟歌詞三‧梁南郊登歌〉，頁 288。

23　《禮記正義》，卷 25，〈郊特牲〉，收錄於《十三經注疏》，頁 1446。

24　唐‧魏徵、令狐德棻撰，《隋書》（北京：中華書局，1973 年 8 月），卷 15，〈音樂志下〉，頁 357。

25　清代的《文廟禮樂考》於〈樂部‧廟樂〉中提到「南宋元嘉二十二年（445），太子釋奠設軒轅之樂，舞六佾。」記載此事的《宋書》，卷 14、17，〈禮志一、四〉，頁 367、485。皆沒有提及用樂與佾舞，不知所據爲何？今權以設論。

官》的記載：「小胥：掌學士之徵令而比之，觥其不敬者，巡舞列而撻其
怠慢者。正樂縣之位，王宮縣，諸侯軒縣，卿大夫判縣，士特縣，辨其
聲。凡縣鐘磬，半爲堵，全爲肆。」[26]「樂縣」主要是指鐘、磬懸掛於架子
上，意即泛指樂隊的編制，「宮縣」指樂器四面陳設，屬於君王的樂隊編
制，「軒縣」則是「宮縣」樂隊缺南面，成爲三面陳設樂器的編制，「判
縣」是指東西兩面陳設樂器，「特縣」則指在東面陳設樂器，以今天樂隊
編制來看，階層越高則樂隊編制越龐大。南齊武帝永明三年開啓了使用佾
舞的形式，王儉所建議的釋奠樂使用「軒縣」樂隊，所搭配的六佾舞亦是
符合禮制的規範，這樣等級的樂、舞，也爲後世在釋奠樂的樂制中，樹立
了一種內在的軌範。

　　南北朝時期，南齊已訂立了釋奠樂使用「軒縣」，北齊（550~577）
在釋奠樂上「列軒縣樂，六佾舞。」[27]雖晚於南齊，然而在南北的政權中，
此時倒是一致的用樂規範。

第二節
建立典範
——

　　隋文帝對於朝廷用樂的內容與方式非常關注，登基後即訂定宮縣與
登歌懸鐘磬虡數的問題，[28]開皇二年（582）由齊黃門侍郎顏之推（531~約
595）上言：「禮崩樂壞，其來自久。今太常雅樂，並用胡聲，請馮梁國

26　《周禮注疏》，卷23，〈春官〉，收錄於《十三經注疏》，頁795。

27　《隋書》，卷9，〈禮儀志四〉，頁180。

28　此在《隋書》，卷14，〈音樂志中〉有詳述，見頁343~344。

舊事，考尋古典。」[29] 隋文帝未同意顏之推的建議，而後有討論議定正樂之事，最後的結論乃使用「黃鍾一宮」為雅樂律調，此在音樂史中可名為「開皇樂議」，是隋代非常著名的樂議文案。[30]

隋文帝在開皇九年（589）滅陳（557~589）後，獲得大量的宋、齊舊樂，並於太常設立清商署來管轄，[31] 又使內史侍郎李元操（生卒年不詳）、直內史省盧思道（535~586）等人創制清廟歌辭十二曲，讓齊朝的樂人曹妙達在太樂中教習。[32] 其中所創制的清廟歌詞多為七言體、六言體與五言體，一般宮廷雅樂的歌詞多以四言體為主，這些曲詞在隋文帝仁壽元年（601）時，當時為皇太子的煬帝從饗於太廟的祭祀中，聽聞到這些歌曲，認為這些歌詞至為不妥，於是上書建言：「清廟歌辭，文多浮麗，不足以述宣功德，請更議定。」[33] 這個建議獲得文帝的認同，於是召集吏部尚書、奇章公牛弘（545~610），開府儀同三司、領太子洗馬柳顧言（生卒年不詳），祕書丞、攝太常少卿許善心（558~618），內史舍人虞世基（生年不詳~618），禮部侍郎蔡徵（生卒年不詳）等人，查考典故，另外創制雅樂歌辭。此次所創制樂章歌詞達五十七首之多，歌詞全都記載

---

29 《隋書》，卷14，〈音樂志中〉，頁345。

30 開皇樂議的內容皆載於《隋書》，卷14，〈音樂志中〉有詳述，見頁345~348。另外可參考李石根，〈隋代的一次聲律學大辯論──開皇樂議〉，《交響──西安音樂學院學報》，2001年第1期，頁5~10。鄭祖襄，〈「開皇樂議」中的是是非非及其他〉，《中國音樂學》，2001年第4期，頁105~121。王立增，〈開皇樂議與隋初政治〉，《天津音樂學院學報》，2003年第4期，頁33~36。

31 「開皇九年平陳，獲宋、齊舊樂，詔於太常置清商署，以管之。」參見《隋書》，卷15，〈音樂志下〉，頁349。

32 「先是高祖遣內史侍郎李元操、直內史省盧思道等，列清廟歌辭十二曲，令齊樂人曹妙達，於太樂教習，以代周歌。其初迎神七言，象《元基曲》，獻奠登歌六言，象《傾盃曲》，送神禮畢五言，象《行天曲》。至是弘等但改其聲，合於鍾律，而辭經勑定，不敢易之。」參見《隋書》，卷15，〈音樂志下〉，頁359~360。

33 《隋書》，卷15，〈音樂志下〉，頁360。

在《隋書》裡，[34] 其中最特別的是有一首專爲祭祀先聖先師孔子而創作的曲辭，這是釋奠樂首次出現的歌詞，別具意義：

經國立訓，學重教先。三墳肇冊，五典留篇。開鑿理著，

陶鑄功宣。東膠西序，春誦夏弦。芳塵載仰，祀典無騫。[35]

這首釋奠樂的歌詞所搭配的音樂是《誠夏》樂，《誠夏》樂在隋代使用於祭天圜丘皇帝初獻、感帝、雩祭、蜡祭、朝日、夕月、皇地祇、神州、春祈社、春祈稷、秋報社、秋報稷、先農、先聖先師等祭祀儀節上，[36] 顯然釋奠樂的曲調部分，並非專爲祭孔創作，因此，只能說隋代開始出現釋奠樂專用歌詞，但尚未出現專用樂曲。在禮儀上，這次所創制的樂章歌詞，皆未出現三獻禮的形式，即使最重要的圜丘祭天儀式，也只見到初獻禮而已，其他各種祭典，如雩祭、蜡祭、朝日、夕月等也都是製作一首歌詞而已，這也可看出隋代的祭孔等級，較相近於其他祭典。

在釋奠樂隊上，隋代「釋奠則唯用登歌，而不設懸。」[37]「登歌」的音樂形式在蕭齊之後是有一些變化的軌跡，例如「後周登歌，備鍾、磬、琴、瑟，階上設笙、管。」[38] 隋代承襲這種編制，而後又有自己的登歌編制：「登歌法，十有四人，鍾東磬西，工各一人，琴、瑟、箏、筑各一人，并歌者三人，執節七人，並坐階上。笙、竽、簫、笛、塤、篪各一人，並立階下。」[39]【表4-1】。

---

34 《隋書》，卷15，〈音樂志下〉，頁360~372。

35 《隋書》，卷15，〈音樂志下〉，頁366。

36 《隋書》，卷15，〈音樂志下〉，頁360~372。

37 《隋書》，卷15，〈音樂志下〉，頁358。

38 《隋書》，卷15，〈音樂志下〉，頁357。

39 《隋書》，卷15，〈音樂志下〉，頁357。

【表 4-1】 隋代承襲的登歌編制表

隋代承襲的登歌編制		
堂上 階上	編鐘	1
	編磬	1
	琴	1
	瑟	1
	箏	1
	筑	1
	歌	3
	執節	7
堂下 階下	笙	1
	竽	1
	簫	1
	笛	1
	塤	1
	篪	1

　　唐高祖開國之時，深闇音律的祖孝孫（生卒年不詳）曾經上奏製作雅樂，然當時「軍國多務，未遑改創。」[40]武德九年（626）時才命太常少卿祖孝孫與協律郎竇璡（生卒年不詳）修訂雅樂，[41]至貞觀二年（628）六

40 後晉 · 劉昫等撰，《舊唐書》（北京：中華書局，1975 年 5 月），卷 28，〈音樂志一〉，頁 1040。

41 「武德九年，始詔太常少卿祖孝孫、協律郎竇璡等定樂。」參見宋 · 歐陽修、宋祁撰，《新唐書》（臺北：鼎文書局，1976 年），卷 21，〈禮樂志十一〉，頁 460。另一說為武德七年，「武德七年，始命孝孫及祕書監竇璡修定雅樂」，參見《舊唐書》，卷 79，〈祖孝孫傳〉，頁 2710。

月樂成，[42] 號爲「大唐雅樂」，[43] 內容有《豫和》、《順和》、《永和》、《肅和》、《雍和》、《壽和》、《太和》、《舒和》、《昭和》、《休和》、《正和》、《承和》等，以「十二和」爲樂名，[44] 此後至貞觀六年（632）又有褚亮（555~647）、虞世南（558~638）、魏徵（580~643）等分制樂章歌詞，武則天時又多所改變，玄宗開元年間（713~741）中書令張說（667~730）又授命製作了許多樂章歌詞，然其中卻雜用了許多貞觀時期的舊樂章歌詞，開元二十五年（737）太常卿韋縚令博士韋逌（生卒年不詳）、直太樂尚沖（生卒年不詳）、樂正沈元福（生卒年不詳）、郊社令陳虔（生卒年不詳）、申懷操（生卒年不詳）等人整理過去的所有樂章，編輯成五卷，直接交付太常寺轄下的太樂署與鼓吹署的樂工教習。[45]「十二和」樂章即是音樂曲調，祖孝孫之後雖屢有增益樂章歌詞，但是其所套用的音樂曲調則多以「十二和」樂曲爲主。[46]

唐代從太宗貞觀年間至玄宗開元年間所創制的一系列樂章歌詞，其中有關祭孔釋奠樂的有七首之多，又較隋代更多。《舊唐書》所載唐代皇太子釋奠樂章有五首，迎神用《承和》（亦曰《宣和》），皇太子行也用《承和》，登歌奠幣用《肅和》，迎俎用《雍和》，送文舞出迎武舞入用

---

42 《舊唐書》，卷 28，〈音樂志一〉，頁 1040~1041。

43 「孝孫又以陳、梁舊樂雜用吳、楚之音，周、齊舊樂多涉胡戎之伎，於是斟酌南北，考以古音，作大唐雅樂。以十二月各順其律，旋相爲宮，制十二樂，合三十二曲、八十四調。」參見《舊唐書》，卷 79，〈祖孝孫傳〉，頁 2710。

44 「祖孝孫已定樂，乃曰大樂與天地同和者也，製十二和，以法天之成數，號大唐雅樂：一曰豫和，二曰順和，三曰永和，四曰肅和，五曰雍和，六曰壽和，七曰太和，八曰舒和，九曰昭和，十曰休和，十一曰正和，十二曰承和。用於郊廟、朝廷，以和人神。」參見《新唐書》，卷 21，〈禮樂志十一〉，頁 464。

45 《舊唐書》，卷 30，〈音樂志三〉，頁 1089。

46 「協律郎張文收復採三禮增損樂章，然因孝孫之本音。」參見《舊唐書》，卷 79，〈祖孝孫傳〉，頁 2710。

《舒和》，送神用《承和》但歌詞同迎神，其所列歌詞如後：

迎神用《承和》（亦曰《宣和》）

聖道日用，神機不測。金石以陳，絃歌載陟。
爰釋其菜，匪馨于稷。來顧來享，是宗是極。

皇太子行用《承和》

萬國以貞光上嗣，三善茂德表重輪。視膳寢門遵要道，高闈崇賢
引正人。

登歌奠幣用《肅和》

粵惟上聖，有縱自天。旁周萬物，俯應千年。
舊章允著，嘉贊孔虔。王化茲首，儒風是宣。

迎俎用《雍和》

堂獻瑤篚，庭敷璆縣。禮備其容，樂和其變。
肅肅親享，雍雍執奠。明禮惟馨，蘋蘩可薦。

送文舞出迎武舞入用《舒和》

隼集龜開昭聖列，龍蹲鳳跱肅神儀。尊儒敬業宏圖闡，緯武經文
盛德施。[47]

在「十二和」雅樂中，釋奠音樂所用的曲調有《承和》、《肅和》、
《雍和》、《舒和》等四首雅樂曲調，除了皇太子釋奠樂章五首以外尚有
兩首樂章，《舊唐書》特別標示為享孔廟樂章二首，其下又標註「太樂舊
有此詞，不詳所起。」：

---

47 《舊唐書》，卷 30，〈音樂志三〉，頁 1123~1124。

《迎神》

通吳表聖，問老探貞。三千弟子，五百賢人。

億齡規法，萬載祠程。潔誠以祭，奏樂迎神。

《送神》

醴溢犧象，羞陳俎豆。魯壁類聞，泗川如覿。

里校覃福，胄筵承祐。雅樂清音，送神其奏。[48]

以上七首樂章歌詞，享孔廟樂章兩首未標示搭配樂曲名稱，且是太樂署留下的樂章歌詞，其創制期間，按照《文獻通考》的記載為高宗顯慶三年（658）國子博士范頵等撰，[49] 早於皇太子釋奠樂章的創制，兩相比較，唐代早期釋奠樂似乎較為簡易。

　　唐代釋奠樂的樂懸編制初為「軒懸」樂隊，[50] 玄宗開元二十七年（739），擴大祀孔用樂的規格，特別在長安與洛陽使用「宮懸」樂隊，[51] 除二京之外，其餘樂隊編制仍然使用「軒懸」樂隊【圖 4-1】。

---

48 《舊唐書》，卷 30，〈音樂志三〉，頁 1124。

49 元・馬端臨，《文獻通考》（北京：中華書局，1986 年 9 月），卷 129，〈樂二〉，頁 1154。

50 「其中春、中秋釋奠于文宣王、武成王，皆以上丁、上戊，國學以祭酒、司業、博士三獻，樂以軒縣。」參見《新唐書》，卷 15，〈禮樂志五〉，頁 372。「樂縣之制，……軒縣三面，皇太子用之。若釋奠于文宣王、武成王，亦用之。」參見《新唐書》，卷 21，〈禮樂志十一〉，頁 462~463。

51 「二京之祭，牲太牢，樂宮縣，舞六佾矣。州縣之牲以少牢而無樂。」參見《新唐書》，卷 15，〈禮樂志五〉，頁 376。

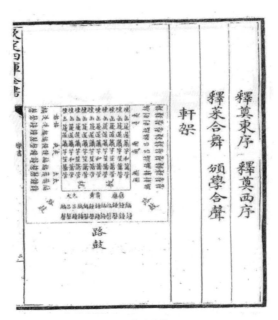

【圖 4-1】　宋代陳暘《樂書》釋奠樂軒架圖 [52]

　　五代後漢高祖劉暠（r.947~950）時改唐代「大唐雅樂」的「十二和」
為「十二成」雅樂，同時也把祭孔宣父的《宣和》之樂改為《師雅》之
樂。[53] 後周太祖郭威（r.951~954）廣順元年（951），將後漢的「十二成」
雅樂改名為「十二順」雅樂，也將祭孔宣父的《師雅》之樂改名為《禮順》
之樂。[54] 五代時期的朝廷及宗廟用樂，大抵承襲唐代的遺緒，只是將樂名
更改，另外在釋奠樂的樂懸編制上，並無明文記載，因此，不詳五代時期
在樂隊編制上的情形，樂章歌詞在文本上亦失載，所以也不知在樂曲上是
否有些較大的差異。

52　宋・陳暘，《樂書》，卷 195，〈樂圖論〉，頁 2。收錄於《四庫全書》。

53　宋・薛居正等撰，《舊五代史》（北京：中華書局，1976 年 5 月），卷 144，〈樂志
　　上〉，頁 1932。

54　《舊五代史》，卷 145，〈樂志下〉，頁 1935~1936。

第三節
研古創新
——

　　宋代開國之初，太祖建隆元年（960），按照太常寶儼（918~960）的提議，將後周的「十二順」雅樂改名為「十二安」雅樂，主要是取《禮記・樂記》：「治世之音安以樂」之義，釋奠文宣王用《永安》之樂。[55]從後漢釋奠樂的《師雅》與後周的《禮順》之樂，到宋初的《永安》之樂，似乎不若唐代釋奠樂使用曲調的多樣性，也可看出釋奠樂在唐代以後趨向簡略，這種情形在宋仁宗景祐年間（1034~1038）有所增益，此時又另外製作有釋奠文宣王的樂章歌詞六首，所用的「十二安」雅樂曲調包含有《凝安》、《同安》、《明安》、《成安》、《綏安》等五首曲調，樂章歌詞則為六章，儀式內容包含有迎神用《凝安》樂曲、初獻升降用《同安》樂曲、奠幣用《明安》樂曲、酌獻用《成安》樂曲、飲福用《綏安》樂曲、送神用《凝安》樂曲，其中迎神與送神皆用《凝安》樂曲，[56]宋仁宗朝的釋奠樂比唐代使用的四首曲調還多一首。宋哲宗（r.1086~1100）時又為兗國公顏回（前521~前481），在釋奠樂中增加一首樂章歌詞，並配上《成安》樂曲，此一舉措，可見哲宗朝對顏回的尊崇勝於前朝。

　　宋代宮廷雅樂所使用的音律自太祖（r.960~976）至徽宗朝（r.1101~1125），總計有六次的變化，太祖建隆年間（960~963）以來有和峴（933~988）樂；仁宗景祐年間有李照（生卒年不詳）樂；仁宗皇祐年間（1049~1054）又有阮逸（生卒年不詳）樂；神宗元豐年間（1078~1085）

55　元・脫脫等撰，《宋史》（北京：中華書局，1985年6月），卷126，〈樂志一〉，頁2939~2940。

56　《宋史》，卷137，〈樂志十二〉，頁3234~3235。

有楊傑（生卒年不詳）、劉几（1008~1088）樂；哲宗元祐年間
（1086~1094）有范鎮（1007~1087）樂；徽宗崇寧年間（1102~1106）以
來有魏漢津（約1017~1106）樂，[57]由此可看出，宋代帝王對於宮廷雅樂的
重視。在求取或修正音樂律管的建議中，較爲特殊者爲徽宗朝的魏漢津，
他不以古代求律的累黍方法，而：「用夏禹以身爲度之文，以帝指爲律
度，鑄帝鼐、景鍾。樂成，賜名大晟，謂之雅樂。」[58]崇寧三年（1104）
正月魏漢津「請帝中指、第四指、第五指各三節，先鑄九鼎，次鑄帝坐
大鐘，次鑄四韻清聲鐘，次鑄二十四氣鐘，然後均弦裁管，爲一代之樂
制。」[59]崇寧四年（1105）八月以皇帝的指長爲律，在新修訂的「大晟樂」
上，並「置府建官」，[60]成立了「大晟府」的音樂職官。此說雖爲魏漢津
所修訂的音律，實際上乃爲劉昺所修的音律。[61]

「大晟府」的設立，主要是在宮廷雅樂的制定與推動上有重要的影
響，其後也將「大晟樂」使用在宴樂中，也可能是基於新修訂的大晟樂律
的關係，因此，在徽宗大觀三年（1109），又創制了六首釋奠樂章歌詞，
此歌詞不同於仁宗朝及哲宗朝，但是樂曲仍然使用「十二安」雅樂，在迎

---

57 《宋史》，卷 126，〈樂志一〉，頁 2937~2938。

58 《宋史》，卷 126，〈樂志一〉，頁 2938。

59 《宋史》，卷 128，〈樂志三〉，頁 2998。

60 《宋史》，卷 20，〈徽宗紀〉，頁 375。大晟府設立於徽宗崇寧四年（1105）至宣和七
年（1125）始罷，存在的時間約 20 年左右。「（宣和七年）十二月乙巳，……罷大晟
府。」參見《宋史》，卷 22，〈徽宗紀四〉，頁 417。

61 「其後十三年，帝一日忽夢人言：『樂成而鳳凰不至乎！蓋非帝指也。』帝寤，大悔歎，
謂：「崇寧初作樂，請吾指寸，而內侍黃經臣執謂『帝指不可示外人』，但引吾手略比
度之，曰：『此是也。』蓋非人所知。今神告朕如此，且奈何？」於是再出中指寸付蔡
京，密命劉昺試之。時昺終匿漢津初說，但以其前議爲度，作一長笛上之。帝指寸既
長於舊，而長笛殆不可易，以動人觀聽，於是遂止。」參見《宋史》，卷 128，〈樂志
三〉，頁 2998~2999。

神上使用《凝安》樂曲、初獻升降使用《同安》樂曲、奠幣用《明安》樂曲、酌獻與配位酌獻皆使用《成安》樂曲、送神用《凝安》樂曲，另外沒有飲福酒的配樂，大致仍以六首樂曲爲主體。

除了大觀三年創制的六首釋奠樂章歌詞以外，後來「大晟府」又大手筆擬撰了十四首釋奠樂章歌詞，載於《宋史》，其迎神的樂章歌詞有四首，皆搭配《凝安》樂曲，以不同的調性來區別，共使用了黃鍾爲宮、大呂爲角、太簇爲徵、應鍾爲羽等四個宮調，初獻盥洗與升殿用《同安》樂曲，奠幣用《明安》樂曲，奉俎用《豐安》樂曲，文宣王位酌獻、兗國公位酌獻與鄒國公位酌獻用《成安》樂曲，亞獻與終獻用《文安》樂曲，徹豆用《娛安》樂曲，送神用《凝安》樂曲，[62] 這裡總共搭配了七首雅樂曲調，就樂章歌詞與使用曲調的數量來看，都是前所未有的規模。

這十四首釋奠樂章歌詞創作於何時，《宋史》並未記載，據筆者的推斷，其可能製作的時間約在徽宗政和五年（1115），當時太常寺認爲「兗州鄒縣孟子廟，詔以樂正子配享，公孫丑以下從祀，皆擬定其封爵。」[63] 因而擬定了公孫丑（生卒年不詳）等十七人的封爵名單，當時「大晟樂成，詔下國子學選諸生肄習，上丁釋奠，奏于堂上，以祀先聖。」[64] 因此，政和五年擬撰的十四首釋奠樂章歌詞，應是在此時擴大了大觀三年六首釋奠樂章歌詞而來。這十四首釋奠樂章歌詞，影響了元代與明代的釋奠樂，元代的宣聖樂章全部採用此樂章，明代洪武六年（1373）祭祀孔子的釋奠樂章，也由此十四首中，選取六首使用，可謂非常重要。

從上述對於文宣王的釋奠樂章繁多來看，宋代可說是非常注重宮廷的祭祀雅樂，這一連串的修樂與製樂工作，皆在北宋時期完成，南宋偏安後

---

62 《宋史》，卷 137，〈樂志十二〉，頁 3236~3238。

63 《宋史》，卷 105，〈禮志八〉，頁 2551。

64 《宋史》，卷 105，〈禮志八〉，頁 2551。

多沿襲北宋，這種注重雅樂的態度及作爲，不單是表現在孔廟的釋奠樂當中，在其他的祭祀儀節上也運用非常多，其樂章歌詞可在《宋史·樂志》見到。

金代的宮廷雅樂多承襲自北宋，金熙宗皇統元年（1141）起即使用宋代所留存的樂器，這些樂器皆爲北宋徽宗時大晟府的樂器，金代因避諱的關係，又將這些刻有「大晟」字樣的樂器，用黃紙封住，直到金世宗大定十四年（1174）時，重新命名，以「取大樂與天地同和之義，名之曰『太和』。」[65] 這一年國子監上言釋奠之事，提到當時「樂用登歌，大樂令一員，本署官充，樂工三十九人。」[66] 此一樂隊編制略少，《金史》上記載了釋奠樂章歌詞九首，以及所搭配的樂曲與宮調的標示，迎神使用《來寧》之曲三奏，初獻盥洗用《靜寧》之曲，升階用《肅寧》之曲，奠幣用《和寧》之曲，降階用《安寧》之曲，兗國公酌獻用《輯寧》之曲，鄒國公酌獻用《泰寧》之曲，亞、終獻使用《咸寧》之曲，送神用《來寧》之曲，[67] 在宮調搭配上，除了升階的《肅寧》之曲使用南呂宮，其餘皆以姑洗宮爲調，在迎送神上皆採用《來寧》之曲，金代在釋奠音樂上總計用了八首樂曲，又較宋代爲多。另外特別的是金代的樂名爲「太和」，但是其釋奠樂名皆不用「和」來命名，從《金史》記寫的年代來看，兩者同時在金世宗大定十四年，或許有意使釋奠樂名與雅樂名不同亦有可能。

元代肇建，在開國主元世祖忽必烈（r.1271~1294）時期並無孔廟

---

65 元·脫脫等撰，《金史》（北京：中華書局，1975年7月），卷39，〈樂志上〉，頁882。金代的「太和」之樂也稱爲「大和」之樂，「宋總名曰《大晟》，金總名曰《大和》。」參見明·宋濂等撰，《元史》（北京：中華書局，1976年4月），卷68，〈禮樂志二〉，頁1693。

66 《金史》，卷35，〈禮志八〉，頁816。

67 《金史》，卷35，〈禮志八〉，頁816~817。

釋奠之制，主要在於孔廟失修荒廢，[68] 元成宗（r.1295~1307）即位後，在京師大都建孔廟於成宗大德十年（1306）完成，同時「行釋奠禮，牲用太牢，樂用登歌，製法服三襲。命翰林院定樂名、樂章。」[69] 同年也命江浙行省重新製造宣聖廟樂器，「以宋舊樂工施德仲審較應律，運至京師。」[70] 此時重新製造祭孔專屬樂器，可見當時孔廟失修及殘破情形，另外是否也意味這些祭孔樂器在元代的祭祀音樂中，多已不使用，只在祭孔釋奠中使用。元成宗大德十年應屬元代開始在釋奠樂發展上的里程碑，這一年，新建的文宣王廟，新製造的釋奠樂器，以及新撰寫的樂章歌詞，這些大抵上仍從宋代繼承而來，然而在釋奠樂章歌詞的使用上，實際上元代仍沿用宋代大晟府擬撰的十四首釋奠樂章歌詞。

　　元代使用的釋奠樂章在宋代大晟府擬撰的十四首上又增添了兩首，迎神的樂章歌詞有四首，皆搭配《凝安》樂曲，以不同的調性來區別，共使用了黃鍾宮三成、大呂角二成、太簇徵二成、應鍾羽二成等四個宮調；初獻盥洗、飲福受胙與望瘞用《同安》樂曲，使用姑洗宮；初獻升殿亦用《同安》樂曲，但搭配南呂宮；奠幣用《明安》樂曲，使用南呂宮；捧俎用《豐安》樂曲，使用姑洗宮；大成至聖文宣王位酌獻、兗國復聖公位酌獻、郕國宗聖公位酌獻、沂國述聖公位酌獻與鄒國亞聖公位酌獻皆用《成安》樂曲，且同用南呂宮；亞獻與終獻用《文安》樂曲，使用姑洗宮；徹豆用《娛安》樂曲，使用南呂宮；送神用《凝安》樂曲，使用黃鍾宮，參見【表4-2】。

---

68 「孔子為百王師，立萬世法，今廟堂雖廢，存者尚多，宜令州郡祭祀，釋奠如舊儀。」
　　參見《元史》，卷157，〈劉秉忠傳〉，頁3691。

69 《元史》，卷21，〈成宗紀四〉，頁471。

70 《元史》，卷68，〈禮樂志二〉，頁1697。

【表4-2】 元代宣聖樂章與宋徽宗大晟府擬撰釋奠樂章比較表

元代宣聖樂章			宋徽宗大晟府擬撰釋奠樂章		
儀式	樂章	宮調	儀式	樂章	宮調
迎神	《凝安之曲》	黃鍾宮（三成）	迎神	《凝安》	黃鍾爲宮
		大呂角（二成）			大呂爲角
		太簇徵（二成）			太簇爲徵
		應鍾羽（二成）			應鍾爲羽
初獻盥洗	《同安之曲》	姑洗宮	初獻盥洗	《同安》	無記載
飲福受胙（與盥洗同）【惟國學釋奠親祀用之，攝事則不用，外路州縣並皆用之。】					
望瘞（與盥洗同）					
初獻升殿	《同安之曲》	南呂宮	升殿	《同安》	無記載
奠幣	《明安之曲》	南呂宮	奠幣	《明安》	無記載
捧俎	《豐安之曲》	姑洗宮	奉俎	《豐安》	無記載
大成至聖文宣王位酌獻	《成安之曲》	南呂宮	文宣王位酌獻	《成安》	無記載
兗國復聖公位酌獻	《成安之曲》	南呂宮	文宣王位獻	《成安》	無記載
郕國宗聖公酌獻	《成安之曲》	南呂宮	無樂章歌詞		
沂國述聖公酌獻	《成安之曲》	南呂宮	無樂章歌詞		
鄒國亞聖公酌獻	《成安之曲》	南呂宮	鄒國公位酌獻	《成安》	無記載
亞獻（終獻同）	《文安之曲》	姑洗宮	亞獻、終獻	《文安》	無記載
徹豆	《娛安之曲》	南呂宮	徹豆	《娛安》	無記載
送神	《凝安之曲》	黃鍾宮	送神	《凝安》	無記載

　　宋徽宗大晟府擬撰的釋奠樂章，只有在迎神演奏《凝安》樂曲有標示出宮調，其他的樂曲都未標宮調，元代宣聖樂章是引用宋代樂章而成，因此，從元代樂章所標示的宮調，或可看出宋代樂章所可能使用的宮調。

另外元代樂章並未標示是屬於「之調」或「為調」的系統，從宋代迎神《凝安》樂曲使用的宮調「黃鍾為宮」、「大呂為角」、「太簇為徵」、「應鍾為羽」等來看，元代樂章所標示的「黃鍾宮」、「大呂角」、「太簇徵」、「應鍾羽」等，應是採用「為調」的系統，元代「大呂角」即是「南呂為宮」，「太簇徵」即是「林鍾為宮」，「應鍾羽」即是「太簇為宮」，因此，元代釋奠樂所使用的宮調總計有「黃鍾為宮」、「南呂為宮」、「林鍾為宮」、「太簇為宮」以及「姑洗為宮」等五個宮調，從十二律名對應五聲，黃鍾為宮聲其他律分別是南呂為羽聲、林鍾為徵聲、太簇為商聲、姑洗為角聲，由這些分析來看，元代釋奠樂所採用的是中國傳統的正聲調式，宮、商、角、徵、羽為五正聲，這裡並未使用變徵、變宮二變為宮音的調式，如元代所傳承的為宋代的樂章曲調，那宋代大晟府擬撰的釋奠樂章即是歷代以來，首次使用五個正聲調式為釋奠樂曲調的先驅。

　　元代在成宗大德十年另外有撰寫一部新的釋奠樂章歌詞，搭配的雅樂樂曲皆以「明」為名，迎神用《文明》之曲；盥洗用《昭明》之曲；升殿（降同）用《景明》之曲；奠幣用《德明》之曲；文宣王酌獻用《誠明》之曲；兗國公酌獻用《誠明》之曲；鄒國公酌獻用《誠明》之曲；郕國公酌獻與沂國公酌獻樂章歌詞皆缺，使用樂曲亦不明，以同樣是配位酌獻來看，或許也是使用《誠明》之曲；亞獻與終獻同樣使用《靈明》之曲；送神用《慶明》之曲，總計十一首樂曲皆未標示宮調，這些元朝擬撰易之宣聖樂章，並未使用。未及使用的原因，史冊失載，但從元代使用宋代樂章曲調來看，宋代大晟府擬撰的釋奠樂章可能也是當時樂工間普遍流傳的音樂，其影響亦至為重要。再從使用的樂章樂曲多達十四首來看，當時的釋奠儀節也相當耗時，其後明、清則在樂章樂曲數量上有所刪節。

第四節
走向定型
——

明太祖洪武元年（1368）二月即以太牢祀孔子於國學，並在洪武四年（1371）禮部奏定釋奠儀節器物之禮數時，訂立了祀孔時「樂生六十人，舞生四十八人，引舞二人，凡一百一十人。」[71] 這是歷代釋奠樂中，首次出現確實的樂隊編制，其樂隊編制為「編鐘、編磬各十六，琴十，瑟四，搏拊四，柷敔各一，壎四，箎四，簫八，笙八，笛四，大鼓一；歌工十。」[72] 這裡「編鐘、編磬各十六」並非指演奏的人數，而是表示編鐘十六枚，編磬十六枚，各有一人負責演奏，「柷敔各一」指樂器各一組，演奏人數可能由一人擔任，因為柷是樂隊開始演奏時所敲擊，敔則是樂曲結束時所敲擊，其餘樂器所標示數量皆與演奏人員同，按此編排計為六十人。佾舞「舞生四十八人」則是採用六行八列的六佾形式，總計為四十八人。至於多由哪些人來擔任樂舞生？當時禮部的建議是由京民之秀者來擔任，太祖認為：「樂舞乃學者事，況釋奠所以崇師。宜擇國子生及公卿子弟在學者，豫教肄之。」[73] 明代在釋奠禮樂上的規範，以及樂舞生的選擇等，皆可看出明太祖對於孔子是相當地尊崇。

明太祖洪武六年（1373）曾命詹同（生卒年不詳）、樂韶鳳（生年不詳~1380）等重新製作釋奠樂章，[74] 但不知是何原因，詹同與樂韶鳳兩人，

71　清·張廷玉等撰，《明史》（北京：中華書局，2003年2月），卷50，〈禮志四〉，頁1296。

72　《明史》，卷61，〈樂志一〉，頁1505。

73　《明史》，卷50，〈禮志四〉，頁1296。

74　《明史》，卷61，〈樂志一〉，頁1502。

直接從宋代大晟府擬撰釋奠樂章歌詞中，挑選出六首樂章，僅將其樂章名改掉，「迎神」演奏《咸和》之曲，樂章取自宋代《凝安》黃鍾爲宮之曲；「奠帛」演奏《寧和》之曲，樂章取自宋代奠幣《明安》；「初獻」演奏《安和》之曲，樂章取自宋代文宣王位酌獻《成安》；「亞獻」、「終獻」演奏《景和》之曲，樂章取自宋代《文安》；「徹饌」演奏《咸和》之曲，樂章取自宋代徹豆《娛安》；「送神」演奏《咸和》之曲，樂章取自宋代《凝安》，參見【表4-3】。

【表4-3】　明代引用宋代大晟府擬撰釋奠樂章歌詞表

宋徽宗大晟府擬撰釋奠樂章			明代洪武六年釋奠樂章		
儀式	樂章	宮調	儀式	樂章	宮調
迎神	《凝安》	黃鍾爲宮	迎神	《咸和》	無記載
		大呂爲角			—
		太簇爲徵			—
		應鍾爲羽			—
初獻盥洗	《同安》	無記載	—	—	—
升殿	《同安》	無記載	—	—	—
奠幣	《明安》	無記載	奠帛	《寧和》	無記載
奉俎	《豐安》	無記載	—	—	—
文宣王位酌獻	《成安》	無記載	初獻	《安和》	無記載
文宣王位獻	《成安》	無記載	—	—	—
鄒國公位酌獻	《成安》	無記載	—	—	—
亞獻、終獻	《文安》	無記載	亞獻、終獻	《景和》	無記載
徹豆	《娛安》	無記載	徹饌	《咸和》	無記載
送神	《凝安》	無記載	送神	《咸和》	無記載

明代在採用宋代釋奠樂章之前，先使用所謂「大成登歌舊樂。」[75] 歷史上有「大成樂」之名最早可上溯自北魏時期。北魏孝武帝永熙二年（533）祖瑩（生卒年不詳）授命整理金石樂器，希望仿先秦時期製作一套北魏的樂舞，樂成之後錄尚書事長孫稚（生年不詳~535）與群官六十人一起參議上奏，孝武帝始下詔：「王者功成作樂，治定制禮，以『成』為號，良無間然。又六代之舞者，以大為名，今可準古為『大成』也。凡音樂以舞為主，故干戈羽籥，禮亦無別，但依舊為文舞、武舞而已。」[76] 這是號為「大成樂」最早的記載。唐代在祭祀祖先宗廟時，世祖李昺元皇帝之廟樂，即使用《大成》之舞。[77] 北宋徽宗崇寧年間，曾下詔：「辟廱文宣王殿以『大成』為名。」[78] 後又在政和三年（1113）再「頒辟雍大成殿名於諸路州學。」[79] 南宋繼承此殿名之稱呼，[80] 後世即以「大成殿」為孔廟之主殿名。南宋寧宗嘉定七年（1214），當時擔任觀文殿學士、知潭州、湖南安撫使的安丙（生年不詳~1221）上任官所時，曾「請于太常創大成樂。」[81] 當時並未成功，南宋仍然使用北宋的釋奠樂章。從北魏歷唐代、宋代的記載來看，此時「大成樂」皆與孔廟釋奠音樂無關。

元代於武宗至大元年（1308）七月，「詔加號先聖曰大成至聖文宣

---

75 《明史》，卷 61，〈樂志一〉，頁 1502。

76 北齊·魏收，《魏書》（北京：中華書局，1997 年 3 月），卷 109，〈樂志〉，頁 2842~2843。另《資治通鑑》，卷 156，〈梁紀十二〉，頁 4833。也有記載「〔梁武帝中大通五年（533）〕魏爾朱兆之入洛也，焚太常樂庫，鍾磬俱盡。節閔帝詔錄尚書事長孫稚、太常卿祖瑩等更造之，至是始成，命曰《大成樂》。」

77 《舊唐書》，卷 28，〈音樂志一〉，頁 1043。

78 《宋史》，卷 105，〈禮志八〉，頁 2550。

79 《宋史》，卷 105，〈禮志八〉，頁 2551。

80 「紹興十三年七月，國學大成殿告成，奉安廟像。」參見《宋史》，卷 114，〈禮志十七〉，頁 2709。

81 《宋史》，卷 402，〈安丙傳〉，頁 12191。

王。」[82] 元代在宋代的「至聖」前再冠上「大成」，[83] 實際上元代早在元世祖至元四年（1267）已授命耶律鑄（1221~1285）製作宮懸音樂，而後世祖「賜名大成。」[84] 世祖時亦曾命「命王鏞作大成樂，詔括民間所藏金之樂器。」[85] 這是「大成樂」在元初被製作的情形，至元三年（1266）在太廟中使用宮懸、登歌、文武二舞，至元三十年（1293），又撰社稷樂章，「成宗大德間，製郊廟曲舞，復撰宣聖廟樂章。」[86]「大成樂」代表專指孔廟的釋奠樂章，大概是從元代的宮廷音樂用意當中，逐漸轉化而來，從宋代的「大成殿」，元代的「大成」聖號，元代已然孕育了孔廟釋奠樂「大成樂」的基底，但是元代在樂章名稱上並無使用「成」而仍按照宋代的「安」為名，元代新製的釋奠樂章並未實際使用，仍然是使用宋代大晟府擬撰釋奠樂章，且皆有標示所使用的宮調，此前文以已詳，可能元代尚能見到宋代大晟府擬撰釋奠樂章的樂譜，明代洪武六年之前所使用的大成登歌樂，可能即是繼承元代的「大成樂」而來。明代雖在洪武六年已頒定以「和」為名的釋奠樂章，另外又在洪武二十六年（1393）「頒《大成樂》於天下。」[87] 明代所頒行的「大成樂」，更昭示了「大成樂章」成為孔廟釋奠樂的代名詞。

　　國子祭酒周洪謨（1420~1491）曾於明憲宗成化十二年（1476），建議將祭孔樂舞「增樂舞為八佾，籩豆各十二。」[88] 而後又在孝宗弘治九

---

82 《元史》，卷 76，〈祭祀志五〉，頁 1892。

83 「漢晉及隋或稱先師，或稱先聖、宣尼、宣父。唐諡文宣王，宋加至聖號，元復加號大成。」參見《明史》，卷 50，〈禮志四〉，頁 1296。

84 《元史》，卷 6，〈世祖紀〉，頁 114。另參見卷 68，〈禮樂志二〉，頁 1692~1693。

85 《元史》，卷 67，〈禮樂志一〉，頁 1664。

86 《元史》，卷 67，〈禮樂志一〉，頁 1664。

87 《明史》，卷 50，〈禮志四〉，頁 1297。

88 《明史》，卷 50，〈禮志四〉，頁 1297~1298。

年（1496），再增加樂舞爲七十二人，如天子之制，此是歷代未有之規格，獨見明代帝王對孔子的尊崇。明世宗嘉靖九年（1530），大學士張璁（1475~1539）建議將先師祀典中的樂舞改爲六佾，他認爲：「孔子宜稱先聖先師，不稱王。祀宇宜稱廟，不稱殿。祀宜用木主，其塑像宜毀。籩豆用十，樂用六佾。」[89]事實上世宗也有此意，因此認同張璁的提議，此後成爲明代祀孔的定制。

清代在世祖順治元年（1644）十月將舉行祭天地宗廟社稷時，曾對於祭祀的樂章名稱加以討論，當時大學士馮銓、洪承疇等人建議宜取嘉名，認爲「我朝削平寇亂，以有天下，宜改用『平』。」[90]此建議得到認可，清代的祭祀雅樂即以「平」爲名。順治二年（1645）舉行了孔廟釋奠禮，這是清朝入關後首次舉行的祭孔典禮，當時使用了順治元年所制定的釋奠樂章，迎神演奏《咸平》之曲；初獻演奏《寧平》之曲；亞獻演奏《安平》之曲；終獻演奏《景平》之曲；徹饌演奏《咸平》之曲；送神演奏《咸平》之曲，[91]總計使用祭祀音樂有《咸平》、《寧平》、《安平》、《景平》等四首樂曲。高宗乾隆七年（1742）舉行釋奠禮所使用的釋奠樂章，將順治時期的樂章歌詞改以新詞，迎神演奏《昭平》之曲；奠帛初獻演奏《宣平》之曲；亞獻演奏《秩平》之曲；終獻演奏《敘平》之曲；徹饌演奏《懿平》之曲；送神演奏《德平》之曲，[92]乾隆七年的釋奠樂章與順治元年樂章相較，主要在使用的音樂曲調不同，此時所使用的曲調總計六首，每一個釋奠儀節的音樂曲調皆不同，今日釋奠樂曲六首皆不同可算是濫觴於此。

---

89 《明史》，卷 50，〈禮志四〉，頁 1298。

90 民國・趙爾巽等撰，《清史稿》（北京：中華書局，2003 年 2 月），卷 94，〈樂志一〉，頁 2733。

91 《清史稿》，卷 96，〈樂志三〉，頁 2824~2825。

92 《清史稿》，卷 96，〈樂志三〉，頁 2824~2825。

　　清代的樂制，有「中和韶樂」、「丹陛大樂」、「中和清樂」、「丹陛清樂」、「導迎樂」、「鐃歌樂」、「禾辭桑歌樂」、「慶神歡樂」、「宴樂」、「賜宴樂」、「鄉樂」等十一種，[93] 康熙六年（1667）「頒太學中和韶樂。」[94]「中和韶樂」本來只限於國學釋奠即京師之地使用，各地的府、州、縣學春、秋釋奠皆用「鄉樂」，[95] 康熙五十五年（1716）「頒中和韶樂於直省文廟。初，樂章既改用「平」，而直省仍沿用「和」，至是從禮部請，始頒行焉。」[96] 從這裡或可窺見清代在京師國學、京師直隸的行政區域與外省，在釋奠用樂上的等級與差異。

　　「中和韶樂」的樂制是清代承襲自明代，在清代主要用於「其三大節、常朝及皇帝升殿、還宮。」[97] 等之用途，其樂隊編制有一定的規範，應對於所使用的場合時，樂器種類與樂隊人數會有所不同，如「用於壇、廟者，鎛鐘一，特磬一，編鐘十六，編磬十六，建鼓一，篪六，排簫二，塤二，簫十，笛十，琴十，瑟四，笙十，搏拊二，柷一，敔一，麾一。先師廟，琴、簫、笛、笙各六，篪四，餘同。」[98]「中和韶樂」的孔廟樂隊形式，成為清代釋奠樂隊的基本架構。孔廟釋奠樂隊除了「中和韶樂」的形式，尚有在太學門內陳設「丹陛大樂」。[99]「丹陛大樂」使用於「御殿受賀及宮中行禮。」[100] 使用的樂器有戲竹、大鼓、方響、雲鑼、簫、管、笛、笙、杖鼓、拍板等。「鄉樂」主要使用在府、州、縣學春、秋釋奠上，其

---

93 《清史稿》，卷 101，〈樂志八〉，頁 2985。

94 《清史稿》，卷 84，〈禮志三〉，頁 2534。

95 《清史稿》，卷 101，〈樂志八〉，頁 3008。

96 《清史稿》，卷 94，〈樂志一〉，頁 2748。

97 《清史稿》，卷 94，〈樂志一〉，頁 2734。

98 《清史稿》，卷 101，〈樂志八〉，頁 2985。

99 《清史稿》，卷 89，〈禮志八〉，頁 2645。

100《清史稿》，卷 101，〈樂志八〉，頁 2991。

使用的樂器有麾一，編鐘十六，編磬十六，琴六，瑟二，排簫二，簫四，笛六，篪二，笙六，壎二，建鼓一，搏拊二，柷一，敔一。[101]【表 4-4】

【表 4-4】 明清釋奠樂隊編制表

明太祖洪武元年釋奠樂樂隊編制		清代中和韶樂樂隊編制		清代孔廟中和韶樂樂隊編制		清代丹陛大樂樂隊編制	
編鐘十六枚	1	編鐘十六枚	1	編鐘十六枚	1	戲竹	2
編磬十六枚	1	編磬十六枚	1	編磬十六枚	1	方響	2
琴	10	琴	10	琴	6	雲鑼	2
瑟	4	瑟	4	瑟	4	—	—
搏拊	4	搏拊	2	搏拊	2	杖鼓	1
柷	1	柷	1	柷	1	拍板	1
敔	1	敔	1	敔	1	—	—
壎	4	壎	2	壎	2	—	—
篪	4	篪	6	篪	4	管	4
簫	8	簫	10	簫	6	簫	2
笙	8	笙	10	笙	6	笙	4
笛	4	笛	10	笛	6	笛	4
大鼓	1	建鼓	1	建鼓	1	大鼓	2
歌工	10	歌工	—	歌工	—		
—	—	鎛鐘	1	鎛鐘	1	—	—
—	—	特磬	1	特磬	1	—	—
—	—	排簫	2	排簫	2	—	—
—	—	麾	1	麾	1	—	—
	61		60		46		24
《明史》，卷 61，《樂志一》，頁 1505。		《清史稿》，卷 101，《樂志八》，頁 2985。		《清史稿》，卷 101，《樂志八》，頁 2985。		《清史稿》，卷 101，《樂志八》，頁 2991。	

101《清史稿》，卷 101，《樂志八》，頁 3008。

今日將孔廟釋奠樂的《大成樂章》，賦予一種展新的時代面貌，當首推江文也的交響曲《孔廟大成樂章》。全曲分爲六個樂章，第一章迎神「昭和之章」[102]、第二章初獻「雝和之章」、第三章亞獻「熙和之章」、第四章終獻「淵和之章」、第五章徹饌「昌和之章」、第六章送神「德和之章」。這六個樂章的內容及名稱，是江氏融合三個時期的樂章獨立創造而成，包含有明代所謂大政紀六年（1373）八月制定的樂章，以及清順治十三年（1656）與乾隆六年（1741）所制定的釋奠樂章，江氏將其書寫在《孔廟大成樂章》總譜手稿的最後一頁【圖 4-2】，今將其列表如下：

【表 4-5】　江文也《孔廟大成樂章》總譜手稿附記三個時期的釋奠樂章表

大政紀六年八月制定		順治十三年制定		乾隆六年制定	
迎神	《咸和之曲》	迎神	《咸平之曲》	迎神	《昭平之曲》
奠帛	《寧和之曲》				
初獻	《安和之曲》	初獻	《寧平之曲》	初獻	《宣平之曲》
亞獻	《景和之曲》	亞獻	《安平之曲》	亞獻	《秩平之曲》
終獻		終獻	《景平之曲》	終獻	《敍平之曲》
徹饌	《咸和之曲》	徹饌	《咸平之曲》	徹饌	《懿平之曲》
送神		送神		送神	《德平之曲》
				導迎	《佑平之曲》

102 江文也在《孔廟大成樂章》總譜手稿上的書寫是「仰神」，經筆者查考，在今天日文漢字中，鮮少使用此辭，在中文的古代用法上，亦不用此種稱法，因此，筆者認爲江氏「仰神」應是「迎神」之義，這裡特別提出「仰」與「迎」的問題，乃因在研究江文也的書籍中，可能是爲了如實地呈現江氏手稿之文字，都寫成「仰神」，本文在此以「迎神」來書寫。以「仰神」來書寫的例如吳玲宜，《江文也的音樂世界》；另外在臺北市立國樂團第165次定期音樂會，「江文也《臺灣舞曲》懷想」節目單，2006年9月28日。

【圖4-2】 江文也《孔廟大成樂章》總譜手稿末頁附記

　　江氏所書寫的大政紀六年八月制定的釋奠樂章，大政紀的記年是指明太祖朱元璋洪武六年，明代雷禮輯有《皇明大政紀》一書，從元惠宗至正十二年（1352）朱元璋起義開始，至明武宗正德十六年（1521）止，是研究明代的一部重要史料。清世祖順治十三年制定的釋奠樂章，實際上其制定的時間當在順治元年（1644），順治二年（1645）舉行清代首次的祭孔儀式時已採用此樂章，此前文已述，此不贅言，惟清代龐鍾璐《文廟祀典考》將順治二年的樂章定為國學舊樂章，於順治十三年頒定，比對

《清史稿》未出現此記載，江氏亦可能由此引用，但是對於樂章名稱的部分倒是不妨礙。清高宗乾隆六年（1741）制定的釋奠樂章，實際上乾隆七年（1742）舉行釋奠禮樂，才改順治時期的樂章歌詞成爲新樂章歌詞，不知江氏所據爲何？這裡在乾隆六年的釋奠樂章中出現了導迎《佑平之曲》，實際上導迎樂爲清代的一種樂制，在許多祭祀典禮的場合中常會使用，[103]在《清史稿》的記載中，釋奠樂章並無導迎《佑平之曲》的歌詞，但是如由皇帝親臨釋奠，在禮成離去時演奏導迎樂倒是可能。

　　《孔廟大成樂章》的曲調旋律既不是明代曲調【圖 4-3】，也不是清代曲調，而是江文也融合了上述三個版本後，自己獨創出來的音樂，當他接觸到祭孔音樂時，其內心的想法爲：「當筆者頭一次，聽此音樂時，第一給筆者的印象，就是『天』的思想，原因是無可說明的。」[104]江氏在作品中如何來詮釋「天」的概念呢？分析他在樂曲中的主旋律音樂線條時，我們發現他用了很單純的漢族五聲音階的體系來表達，宮、商、角、徵、羽轉化爲 Do、Re、Mi、Sol、La 的五聲音階，各樂章的曲式多以三段體爲主，在調式運用上，樂譜標示看似 C 大調形式，實際上是採用 F 宮的宮調式系統，六個樂章皆是宮調式，這種模式與用調思考，江氏在其大晟樂章音樂考中有提到：「春丁用 F 調演奏，秋丁用 D 調演奏，這與中國的陰陽五行思想和儒家倫理觀有密切聯繫。」[105]這種只用五正聲爲樂調、曲調素材的思考，使我們聯想到元代釋奠樂所採用的調式，即是宮、商、角、徵、羽的五正聲調式，元代所傳承的樂章曲調，有可能是宋代大晟府擬撰的釋奠樂章，江文也選擇使用中國傳統的調式音階，來表達他對於孔

103《清史稿》，卷 94，〈樂志一〉，頁 2733~2734。

104 江文也，《孔廟大晟樂章》，收錄於《民族音樂研究——江文也研討會論文集》，第 3 輯，頁 309。

105 江小韻釋譯，《孔廟的音樂——大成樂章》，收錄於《民族音樂研究——江文也研討會論文集》，第 3 輯，頁 301。

子的孺慕之情，甚而將孔子神格化，他認爲：「所以大晟樂章所能寫出來的音樂性，是非人格的。」[106]

【圖 4-3】 江文也《孔廟大成樂章》總譜手稿

---

106 江文也，《孔廟大晟樂章》，收錄於《民族音樂研究——江文也研討會論文集》，第 3 輯，頁 313。

　　江文也對於《孔廟大成樂章》的創作，抱持著非常嚴謹的態度，因為他認為：「在中國音樂中，是最純粹，最莊嚴、端正的音樂。」[107] 或許我們可以從樂曲所傳達的情感，去體會或感受孔子的教法，以及夫子的心意，「大晟樂章是極純粹的，我們單聽這音樂，而由這音樂，就能感受得到，那孔夫子的嚴峻而高遠的禮樂思想，並且能了解繼夫子以後的儒者，對於正樂所抱的那種權威性，並非是矜誇的。」[108]

結語

　　臺灣著名指揮家陳澄雄十分關注江文也的作品，其中又以《孔廟大成樂章》觸動他建立廟堂音樂文化的思考，從其陳氏家族的祭祀儀典中，發現常民生活中祭典音樂文化竟是如此不堪，而「有感於國內廟宇祠堂遍布，各類祭典儀式卻無嚴謹之程序與規範，一般民眾對典禮音樂的概念闕如。」[109] 因此，在他擔任臺灣省交響樂團團長時，時常深入基層巡迴演奏江文也的《孔廟大成樂章》，其回憶這段過程：「當年民眾對曲長三十分鐘，層次嚴謹、程序分明的《孔廟大成樂章》難有共鳴，現場的不耐、騷動甚至必須透過中斷演出，嚴詞理喻方能引導民眾正視禮儀音樂之重要性。」[110] 而後他又把管弦樂版的《孔廟大成樂章》，改編成用中國傳統樂

---

107 江文也，《孔廟大晟樂章》，收錄於《民族音樂研究——江文也研討會論文集》，第 3 輯，頁 309。

108 江文也，《孔廟大晟樂章》，收錄於《民族音樂研究——江文也研討會論文集》，第 3 輯，頁 310。

109 陳澄雄，《摯情吟詠長歌行——從江文也「孔廟大成樂章」到「臺灣舞曲」》，刊於臺北市立國樂團第 165 次定期音樂會，「江文也《臺灣舞曲》懷想」節目單，2006 年 9 月 28 日，頁 9。

110 陳澄雄，《摯情吟詠長歌行——從江文也「孔廟大成樂章」到「臺灣舞曲」》，刊於「江文也《臺灣舞曲》懷想」節目單，頁 9~10。

器演奏的國樂版，或許我們也可以思考未來祭孔音樂能將國樂版的《孔廟大成樂章》，正式地配置到祭孔儀式中，使釋奠樂有「今來」之義。

　　關於「古／今」之論，江文也對於《孔廟大成樂章》哲思性的體會，或可給我們在釋奠樂的前途上玩味與思考：「它並不是由過去開始，通過現代，而將要流入未來的音樂。寧可以說，它是由未來流到現在，而漂入過去的音樂。」[111]

---

111 江文也，《孔廟大晟樂章》，收錄於《民族音樂研究——江文也研討會論文集》，第 3 輯，頁 314。

第五章

臺灣孔廟釋奠樂
的研究與流變

　　孔廟釋奠樂是今日可見較具古代意義的音樂形式，古代祭祀音樂思想爲「大合樂」，「大合樂」主要是指一種音樂演奏的組合形式，這種形式在《周禮》〈春官宗伯下〉篇有云：「以六律、六同、五聲、八音、六舞大合樂。」[1]六律是指十二律中的六個陽律，包括有黃鍾、太簇、姑洗、蕤賓、夷則、無射等六律，六同是指十二律中的六個陰呂，包括有大呂、夾鍾、仲呂、林鍾、南呂、應鍾等六呂，兩者合稱爲十二律呂，是音樂構成的基礎。五聲是指宮、商、角、徵、羽五個正聲，五聲須搭配十二律始能作用，這是整個音樂在聲響高低構成上的靈魂。八音是指樂器按製作材料及發音特色所做的分類，總計分有金類、石類、絲類、竹類、匏類、土類、革類、木類等八類，由此八類多種樂器所合奏的音樂，被先民認爲是音樂最完整的呈現。這種最美好的音樂用在祭祀，有對崇祀者的敬意。因此，從孔廟釋奠樂的實質意義來看，樂的呈現含有尊師重道的教育意義，並非只是形式上的演奏而已。

　　今日對於文化資產的保存相當重視，孔廟的「釋奠」儀節是目前較唯一可見到古代祀典儀式的文化之一，重要性不可言喻。從民國五十七年（1968）「祭孔禮樂工作委員會」至今，已五十餘年，孔廟釋奠樂或有投入研究者，但仍爲少數，本文希望對於現今研究概況的了解有所助益，且以臺灣爲主。釋奠樂從東漢以降其歷史變遷的過程[2]，包含了釋奠樂的由來及其用樂思想，特別是在清代的孔廟釋奠樂制曾有多次變異，其變異常通令全國一體施行，然臺灣常有特異之處，其特殊性鮮少被探討；其次，今日臺灣各地的孔廟歷經一甲子的變化，許多耆老已退，新舊交替間常有斷層，在對過去不是太了解的情形下，對於未來孔廟釋奠樂應抱持的態度與

1　《周禮注疏》，卷22，〈春官宗伯下〉，載清・阮元校刻，《十三經注疏》（中華書局，1980年），頁788。

2　帝王用樂祀孔則始自東漢章帝元和二年（85），參見劉宋・范曄，《後漢書》，卷3，〈章帝紀〉（中華書局，2003年），頁150。

做法，多無所適從，本文亦希望對此流變梗概的認識有所幫助。

第一節
孔廟釋奠樂的研究文獻

—

　　自漢代以降，孔廟釋奠的禮樂著述未曾間斷，歷代皆有記載，從《史記》的「故所居堂」描述以來，歷代正史多有條記與孔廟、釋奠等相關的史料，包括帝王祀孔、諸侯或遣官致祭，此部分亦是主要的記載，其次則爲釋奠的樂章歌詞內容，另外則是以廟、學爲描述的書寫。除了正史所記載關於釋奠或孔聖之事以外，其他史冊亦有記載相關史料。宋代孔傳的《東家雜記》、南宋朱熹的《紹熙州縣釋奠儀圖》、金代孔元措的《孔氏祖庭廣記》等，明代以後撰著始豐富起來。北宋末南宋初的孔傳（生卒年不詳）是孔子第四十七代孫，其《東家雜記》屬於現存較早的孔子史志之一，[3] 其中所書寫的先聖誕辰會日、歷代崇奉頗具重要參考價值，其中記有北宋徽宗政和四年（1114），「依諸路頒降大晟新樂，許內外族人及縣學，咸使肄習，已備釋奠家祭使用。」[4] 孔子第五十一代孫金代孔元措撰有《孔氏祖庭廣記》，該書是在孔傳的《闕里祖庭記》與《東家雜記》的基礎上，加上自己所整理而得的部分，編爲十二卷，成書於金哀宗正大四年（1227），屬於考證元代之前，關於孔氏源流、闕里遺跡與崇祀典禮等重要史冊。內文中與正史所記偶略有出入，例如提到唐玄宗開元二十七年

3　宋・孔傳，《東家雜記》，愛日精廬影宋刻本，收錄於郭齊、李文澤主編，《儒藏》，〈史部・孔孟史志〉，第一冊，（成都：四川大學出版社，2005 年 5 月）。

4　《東家雜記》，卷上，頁 23。

（739），「二京之祭，牲太牢，樂宮縣，舞八佾。」[5]此在《新唐書・禮樂志》中是書寫「舞六佾」，[6]本書卷五的歷代崇重，整理了史冊從西漢元帝已降至金哀宗正大二年（1225），相關祭祀樂舞歌曲等是重要的參考。

自明代開始逐漸出現書寫釋奠的專著，或是以孔廟爲主要描述對象者，例如呂兆祥的《陋巷志》與《宗聖志》、李之藻的《頖宮禮樂疏》、黃佐的《南雍志》、陳鎬的《闕里志》、呂元善的《聖門志》、瞿九思的《孔廟禮樂考》、蔡復賞的《孔聖全書》、武位中的《文廟樂書》、郭子章的《聖門人物志》、劉天和的《仲志》等，清代則有孔尙任的《聖門樂志》、金之植與宋鉽的《文廟禮樂考》、孔繼汾的《闕里文獻考》、孔令貽的《聖門禮誌》、宋際與宋慶長的《闕里廣誌》、沈德昌的《聖門志考略》、洪若臯的《釋奠考》、黃本驥的《聖域述聞》、曾國荃的《宗聖志》、鄭曉如的《闕里述聞》、孔貞瑄的《大成樂律全書》、藍鍾瑞的《文廟丁祭譜》、李周望的《國學禮樂錄》、邱之稑的《丁祭禮樂備考》、吳祖昌的《文廟上丁禮樂備考》、閻興邦的《文廟禮樂志》、龐鍾璐的《文廟祀典考》、張行言的《聖門禮樂統》等，明清兩代對於孔廟釋奠的研究與考訂，燦然大備。

其中明神宗萬曆年間蔡復賞的《孔聖全書》，全書三十五卷，包羅萬象，凡是與孔子相關的史料都盡量收錄於本書，算是相當完備的一部書，也因不分材料來源皆收錄，因此也有優劣雜陳之情狀，須研究者自行省斷，卷三十三有國朝釋奠儀注。明代陳鎬纂修、孔胤植重修的《闕里志》，全書二十四卷，包羅事項相當多，其中卷二禮樂誌包含了位次圖、禮器圖、禮器說、陳設圖、樂器圖、樂器說、樂舞圖、奏樂位次圖、歌章

---

5 金・孔元措，《孔氏祖庭廣記》，影印元刻本，收錄於郭齊、李文澤主編，《儒藏》，〈史部・孔孟史志〉，第一冊，卷 5，頁 96。

6 宋・歐陽修、宋祁撰，《新唐書》（臺北：鼎文書局，1981 年元月），卷 15，〈禮樂志五〉，頁 376。

等史料，是重要的研究參考。[7] 還有約成書於同治十二年（1873）龐鍾璐的
《文廟祀典考》，[8] 整理了歷代對於孔廟釋奠的記載，錄有樂譜、舞譜，同
時有白描圖像及圖示，包含祀位圖、陳設圖、彝器圖、禮器圖、樂縣舞佾
圖、樂器圖、舞器圖等，除了專論清代祀典以外，對於釋奠的溯源也做了
詳盡的整理與記錄，對於研究孔廟釋奠有提綱挈領之效。然而在史料文獻
的運用上，該書並非一手史料，在考察釋奠歷史的同時，仍須翻檢更早的
文獻原書，體察前後文意，方能不失本意。上述之明清文獻，即是研究釋
奠課題必備的基礎，也是基本功，但是對於明清以前的考索，此明清文獻
仍只能參考，沿其路徑，仍須回到原時代文獻，前後參照閱讀，始能有自
己的心得。

第二節
臺灣孔廟釋奠樂的研究現況
——

　　臺灣在近代書寫的歷史中，仍以明清時期為主，較常談論的歷史時代
約略從荷蘭西班牙時代（1624~1662）開始，此時期臺灣尚未興建孔廟，
因此，並無相關記載。接續荷蘭而來的是鄭成功（1624~1662）及其家
族，鄭氏家族治理的時期（1662~1683）在諮議參軍陳永華（1634~1680）
的建議下，於明代永曆十九年（1665）開始興建臺南孔廟，成為臺灣
第一座孔廟，[9] 爾後在清領的行政區劃上又有高雄市左營舊城孔廟（康

7　明‧陳鎬，《闕里志》（濟南：山東友誼出版社，1989 年）。

8　清‧龐鍾璐撰，《文廟祀典考》（臺北：中國禮樂學會，1977 年）。

9　清‧江日昇，《臺灣外記》（臺北：臺灣銀行經濟研究室，1960 年 5 月），卷 6，頁

熙23年，1684）、嘉義孔廟（康熙45年，1706）、彰化市孔廟（雍正4年，1726），此為臺灣四座較早期的孔廟，今日舊城孔廟僅剩崇聖祠，嘉義孔廟則毀於大火，今為重建。因此，臺灣孔廟釋奠的相關記載多保存在清代文獻中，其中又以方志為主，例如蔣毓英的《臺灣府志》（1685）[10]、高拱乾《臺灣府志》（1695）、[11]周元文《重修臺灣府志》（約1718）、[12]陳文達《臺灣縣志》（1720）、[13]劉良璧《重修福建臺灣府志》（1741）、[14]范咸《重修臺灣府志》（約1745）、[15]王必昌《重修臺灣縣志》（1751）、[16]余文儀《續修臺灣府志》（約1760）、[17]王瑛曾《重修鳳山縣志》（1764刊行）、[18]周璽《彰化縣志》（約1829~1830）、[19]陳培桂《淡

233~236。

10　清・蔣毓英，《臺灣府志》（北京：中華書局，1985年5月），卷7，〈祀典〉，頁185~186。

11　清・高拱乾，《臺灣府志》（臺北：臺灣銀行經濟研究室，1960年2月），卷6，〈典秩志〉，頁175~178。

12　清・周元文，《重修臺灣府志》（臺北：臺灣銀行經濟研究室，1960年7月），卷6，〈典秩志〉，頁223~226。

13　清・陳文達，《臺灣縣志》（臺北：臺灣銀行經濟研究室，1961年6月），〈典禮志六〉，頁157~160。

14　清・劉良璧，《重修福建臺灣府志》（臺北：臺灣銀行經濟研究室，1961年3月），卷9，〈典禮〉，頁269~274。

15　清・范咸，《重修臺灣府志》（臺北：臺灣銀行經濟研究室，1961年11月），卷8，〈學校〉，頁280~285。

16　清・王必昌，《重修臺灣縣志》（臺北：臺灣銀行經濟研究室，1961年11月），卷7，〈禮儀志〉，頁220~225。

17　清・余文儀，《續修臺灣府志》（臺北：臺灣銀行經濟研究室，1962年4月），卷8，〈學校〉，頁347~352。

18　清・王瑛曾，《重修鳳山縣志》（臺北：臺灣銀行經濟研究室，1962年12月），卷6，〈學校志〉，頁159~162、169~172。

19　清・周璽，《彰化縣志》（臺北：臺灣銀行經濟研究室，1962年11月），卷4，〈學

水廳志》（約1870~1871）、[20]連橫《臺灣通史》（初刊1920~1921）[21]等書均有孔廟釋奠儀注的書寫，同時也有一些釋奠活動的記載。除此以外，清代的札記、見聞等書籍，或多或少都有孔廟活動或直接與釋奠相關的記載，然而其缺失之處在於重抄、擇抄之處甚多，屢屢重複，偶爾也有錯誤闕漏之處，因此，首先須清楚文獻的成書年代，再仔細考索作者的背景與書寫的情景、目的等，才能使相關研究有較好的心得。

臺灣孔廟釋奠樂大抵以臺南孔廟完成後爲開端，因此，清代在釋奠樂上的三變（順治、康熙、乾隆）是重要的，以此三變爲前提，則須上溯至明代洪武年間（1368~1398）所制定的《大成樂》，而《大成樂》所依據的元代樂章與元代所承續的宋代樂章，是需要有所研究的。臺灣孔廟釋奠樂全面在使用清制釋奠樂後，一八九五年臺灣爲日本所統治，日治五十年的時間，孔廟釋奠樂曾被中斷一時，時臺南孔廟仍是主要指標性的孔廟，黑澤隆朝（1895~1987）在日治晚期來臺進行民族音樂的採集，於一九四三年在臺南孔廟觀看了釋奠並記錄了活動內容。[22]事實上此時的釋奠並非常態，因爲在「七七事變」（1937）中日戰爭爆發後，臺灣的孔廟釋奠被禁止活動，臺南孔廟亦同。一九四三年的舉辦是專爲日本所組織的「臺灣民族音樂調查團」而舉行，黑澤隆朝即在此調查團中，因此，釋奠樂由原已幾乎解散的「以成社」操持，整個活動在各方支持下總算完成。黑澤隆朝爲我們記錄下的釋奠活動，雖說是今日窺見日治時期孔廟釋奠的

校志〉，頁134~139。

20　清・陳培桂《淡水廳志》（臺北：臺灣銀行經濟研究室，1963年8月），卷5，〈學校志〉，頁128~133。

21　清・連橫，《臺灣通史》（臺北：臺灣銀行經濟研究室，1962年2月），卷10，〈典禮志〉，頁244~245。

22　日・黑澤隆朝，〈臺南孔子廟的樂舞〉，收錄於東洋音樂學會編，《三十週年記念：日本東洋音樂論》（東京：音樂之友社，1969年），頁21~60。

重要材料，然因爲是在特殊狀況下所倉促舉行，其完整性仍有所不足。從黑澤隆朝的紀錄中，可見今日「以成書院」在日治時期仍是臺南孔廟釋奠樂的主要角色，在當時物力及人力的協調中，總算能勉強順利舉辦，當時關於孔廟的形制以及釋奠過程的位置紀錄，也是黑澤隆朝的貢獻。在日治時期透過日人的觀察紀錄尚有山田孝史的《臺南聖廟考》[23]、池田蘆洲的〈祭孔子記〉[24]、片岡嚴的《臺灣風俗誌》等。片岡嚴在《臺灣風俗誌》中描述了日治時期一九二〇年代臺南孔廟的概況，並記載了廟中設有「樂局」，[25]釋奠樂當時稱爲「聖樂」，「樂局」即擔任「聖樂」的演奏工作，另外該書還記載了「樂局」所使用的「十三腔」音樂，今日臺南孔廟所留存的樂局「以成書院」即是片岡嚴所提及的對象。近年日人二階堂善弘撰有〈關於民間寺廟祭孔的狀況——以ミン台地区爲主〉，[26]該文是針對閩臺地區百姓的祭拜習慣與民間寺廟孔子作爲從祀的角色探討，正統孔廟在閩臺地區皆乏人問津，而民間寺廟的文昌帝君香火又略勝於孔子，並簡述了民間書院、鸞堂等與儒家之關係，並無對祭孔「釋奠」有所著墨。

　　一九四五年臺灣光復之後逐漸恢復祭孔，大陸文革興起後，臺灣則加強推動文化復興，民國五十六年（1967）成立「中華文化復興運動推行委員會」，民國五十七年（1968）成立「祭孔禮樂工作委員會」，由當時任中山博物院院長蔣復璁先生擔任主任委員，分年設立了禮儀研究組、服裝研究組、樂舞研究組、祭器研究組等四組，其中在音樂的部分做了許多改革，釋奠樂在第一年的改進主要有兩點，其一：廢除過去所使用的清制樂

23　日・山田孝史，《臺南聖廟考》（臺南市：高昌怡三郎，1918 年），吳三連基金會。

24　日・池田蘆洲，〈祭孔子記〉，《臺灣教育會雜誌》（1907 年），第 67 期，頁 14~15。

25　日・片岡嚴著，陳金田、馮作民合譯，《臺灣風俗誌》（臺北：大立出版社，1981 年 1 月）。

26　日・二階堂善弘，〈關於民間寺廟祭孔的狀況——以ミン台地区爲主〉，《東アジア文化交涉研究》（2012 年），別冊 8，頁 61~68。

章，改採明代洪武年間的大成樂章，並參照古譜，每句間敲擊鐘鼓四拍，使各句分明；其二：鐘鼓仍用清代節奏，但省去內外鐘鼓所奏的三通鼓，並在望燎時按古禮加擊外鼓、外鐘。樂器則由莊本立師仿周制改進製作的編鐘、編磬，同時也將塤、箎、搏拊重製，琴、瑟改用絲弦，簫、笛、排簫亦校準，並且將過去演奏清代樂章無歌的狀態，改為用男生歌唱。[27]「祭孔禮樂工作委員會」在第二年又增加了一些樂器，有晉鼓、建鼓、鎛鐘、鏞鐘等，鐘上又著有「復興中華文化，發揚民族精神」，此四件大型樂器，均由莊本立師設計監製，編制上也略為擴充，如笙、笛各由四把增為六把，鳳簫、鼗鼓也都增加兩個，由於樂器的增加，樂隊編制也擴大，樂生從三十六人擴充為五十四人，今天臺北孔廟的釋奠樂生，也在五十二人至六十人之間作調配。第三年在樂器上又增加特磬及應鼓各一，亦是由莊本立師設計製造，特磬是仿商代虎紋大石磬而製，樂器增加，樂生又較前年多五人，成為五十九人的編制。樂章將亞獻、終獻之「百王宗師」改為「萬世宗師」。[28] 此釋奠樂章曾在民國六十八年（1979），由陳立夫先生修訂過，並由內政部核定，然而卻一直未用，主要仍是以明代大成樂章為藍本。

在「祭孔禮樂工作委員會」的整理推動下，今日臺灣的釋奠樂大致上具有一定的規模，四十餘年來，世界與兩岸均逐漸重視孔廟釋奠的議題，並開始投入更多的研究工作，臺灣過去的成果，也成為今日研究的基礎，同時也是再商榷的基礎，以孔廟最多的大陸，現今投入更多的人力在此領域研究，希望能有所超越。例如江帆、艾春華賢伉儷合著的《中國歷代孔廟雅樂》，江帆專注於樂的研究，艾春華則專擅於佾舞的研究，本書整理了歷代釋奠樂舞的記載，書中錄有樂譜、舞譜等，對於釋奠樂舞具

27　祭孔禮樂工作委員會編印，《祭孔禮樂之改進》（臺北：祭孔禮樂工作委員會，1970年9月），頁3。

28　《祭孔禮樂之改進》，頁4~10。

有相當大的貢獻，也屬大陸學者研究此議題的先行者，也因為議題廣大，書中對於歷代的史料釋義與解讀，筆者認為有許多錯誤之處，甚至錯置材料。文啓明的〈祭孔樂舞歷史價值的再認識〉[29]與〈祭孔樂舞的形成和對外傳播〉，[30]前文主要在八〇年代中期起，曲阜及北京逐漸恢復祭孔，由此而引發作者爬梳釋奠樂舞的歷史，該文對於釋奠樂舞在歷代的情形有概況的梳理，對於民國時期的祭孔頗不以為然，認為對於祭孔行為及其樂舞，「都足以表明這是一種嚴重脫離社會、脫離群眾，脫離生活的僵化、刻板，而又缺乏競爭活力的御用官辦藝術，無疑從思想內容到藝術形式都非常落伍。」[31]其第二篇文章則較站在肯定的面向來探討，認為祭孔樂舞能「突顯出中國古代雅樂博大精深的思想意蘊……集中展示了孔子及儒家宣導的『仁』、『和諧』、『禮讓』的人文價值，這在今天仍具有特殊的現實意義。」[32]然作者在後文中介紹韓國、日本、越南的崇孔、祭孔歷史脈絡，倒是頗值得參考，也代表今天東亞孔廟釋奠的研究開始受到重視。

　　近十餘年來大陸的碩博士論文有許多的研究，首先是以中國古代雅樂的研究為開端，例如：邱源媛的《唐宋雅樂的對比研究》（2003）、[33]遲鳳芝的《朝鮮半島對中國雅樂的接受、傳承與變衍》（2004）、[34]鄭月平的《從歷史文化學的角度解讀北宋之雅樂》（2005）、[35]孫琳的《唐宋

29　文啓明，〈祭孔樂舞歷史價值的再認識〉，《中國音樂學》（1999 年），第 2 期，頁 33~43。

30　文啓明，〈祭孔樂舞的形成和對外傳播〉，《中國音樂學》（2000 年），第 2 期，頁 71~83。

31　文啓明，〈祭孔樂舞歷史價值的再認識〉，頁 42。

32　文啓明，〈祭孔樂舞的形成和對外傳播〉，頁 81。

33　邱源媛，《唐宋雅樂的對比研究》（成都：四川大學碩士論文，2003 年）。

34　遲鳳芝，《朝鮮半島對中國雅樂的接受、傳承與變衍》（上海：上海音樂學院碩士論文，2004 年）。

35　鄭月平，《從歷史文化學的角度解讀北宋之雅樂》（西安：西北大學碩士論文，2005 年）。

宮廷雅樂之比較研究》（2006）等，[36] 開始陸續對於古代雅樂進行整理與研究，今日所能見到較接近古代的雅樂可能要以孔廟釋奠樂爲主了，因此，往後的教師帶領與研究方向也逐漸重視到釋奠樂，例如：尹君的《中國古代祭孔雅樂的發展概況及對近現代音樂的影響》（2007）、[37] 朱茹的《宋代江西孔廟研究》（2008）、[38] 柳雯的《中國文廟文化遺產價值及利用研究》（2008）、[39] 孫茜的《祭孔樂舞舞蹈的文化研究》（2008）、[40] 章瑜的《瀏陽祭孔音樂探源》（2008）、[41] 羅超的《越南國子監文廟研究》（2009）、[42] 遲鳳芝的《朝鮮文廟雅樂的傳承與變遷》（2009）、[43] 房偉的《文廟祀典及其社會功用》（2010）、[44] 劉袖瑕的《甘肅省孔廟遺存狀況研究》（2010）、[45] 賈楠的《20世紀以來祭孔樂舞研究的歷史回顧與思考》（2011）、[46] 聶叢竹的《中國雅樂在朝鮮半島的傳播與流變研究》（2011）等，[47] 上述的研究約可見到孔廟釋奠受到大陸學界的關注，但以研究的量與深度來說，相較於其他學門或課題，仍顯不足，研究的孔廟也開始關注

36　孫琳，《唐宋宮廷雅樂之比較研究》（武漢：武漢音樂學院碩士論文，2006年）。

37　尹君，《中國古代祭孔雅樂的發展概況及對近現代音樂的影響》（青島：青島大學碩士論文，2007年）。

38　朱茹，《宋代江西孔廟研究》（南昌：江西師範大學碩士論文，2008年）。

39　柳雯，《中國文廟文化遺產價值及利用研究》（濟南：山東大學博士論文，2008年）。

40　孫茜，《祭孔樂舞舞蹈的文化研究》（北京：中國藝術研究院碩士論文，2008年）。

41　章瑜，《瀏陽祭孔音樂探源》（湖南：湖南師範大學碩士論文，2008年）。

42　羅超，《越南國子監文廟研究》（南寧：廣西民族大學碩士論文，2009年）。

43　遲鳳芝，《朝鮮文廟雅樂的傳承與變遷》（上海：上海音樂學院博士論文，2009年）。

44　房偉，《文廟祀典及其社會功用》（曲阜：曲阜師範大學大學碩士論文，2010年）。

45　劉袖瑕，《甘肅省孔廟遺存狀況研究》（蘭州：蘭州大學碩士論文，2010年）。

46　賈楠，《20世紀以來祭孔樂舞研究的歷史回顧與思考》（河北：河北師範大學碩士論文，2011年）。

47　聶叢竹，《中國雅樂在朝鮮半島的傳播與流變研究》（濟南：山東大學碩士論文，2011年）。

到地方性孔廟，大陸有許多地方孔廟，且多有深遠的歷史，筆者在關注此課題時，發現許多關於孔廟修復等文章出現，顯見各地方孔廟開始在進行文化資產的保存，同時也在恢復古代釋奠的禮樂，地方孔廟與北京孔廟以及曲阜孔廟在等級上是有區別的，在互相學習中也須有相對的研究投入。另外，對於韓國、越南也都有研究者初步探索，然東亞來看的話，韓國可能要比日本更重要，韓國現今在釋奠上仍保持堂上樂與堂下樂的形式，並強調其釋奠樂是傳承自宋代而來，筆者曾多次受邀參加在首爾成均館大學內的年度祭孔大典，這也是韓國最具歷史的代表性孔廟，其釋奠禮確實相當具有傳統特色。

相對於大陸來看，臺灣研究孔廟釋奠樂可謂是先驅者，近一甲子以來，除了「祭孔禮樂工作委員會」以外的研究整理，蘇麗玉的《臺灣祭孔音樂的沿革研究》（1985）[48] 與王秀美的《韓國文廟雅樂之研究》（1985）[49] 兩論著已開始對臺灣及韓國的孔廟釋奠樂進行研究。蘇麗玉所談論的祭孔音樂，主要以臺北孔廟的明制釋奠樂為主，兼論及臺南孔廟的清制釋奠樂，主要是作為比較性研究，「祭孔禮樂工作委員會」負責音樂的莊本立師為其指導教授之一，因此論文也頗多參照莊師在釋奠樂改革的想法，文中較多是介紹性，論文的研究具有議題的先驅性與重要性，時至今日仍有許多值得再深入的探討。王秀美的孔廟釋奠樂研究主要以韓國的孔廟為主，論文中比較了韓國成均館孔廟與臺北孔廟，成均館孔廟號稱有六百年歷史，是韓國最重要的孔廟，其釋奠樂具有一定的代表性，兩位研究者皆是由莊本立師所共同指導，其論著在一九八〇年代有其歷史意義。林勇成的《臺灣地區孔子廟「釋奠佾舞」之研究》（2001）則專注於孔廟

48　蘇麗玉，《臺灣祭孔音樂的沿革研究》（臺北：臺灣師範大學碩士論文，74學年度）。

49　王秀美，《韓國文廟雅樂之研究》（臺北：臺灣師範大學碩士論文，1985年）。

佾舞的研究，[50] 劉娴娜的《儒家雅樂舞之身體思維的藝教反省》亦是；[51] 杜潔明的《臺南孔廟樂局——以成書院之研究》（2002）具有其特殊性，[52] 作者本身即是以成書院的成員，然而以成書院又是屬於臺南孔廟的「樂局」，專門負責每年春秋二仲的釋奠禮樂，其書寫有近距離觀察，對於了解臺南孔廟的釋奠樂有較大貢獻，同時以成書院又傳承了臺灣傳統音樂的「十三腔」音樂，此在臺南孔廟的祭孔音樂中也摻雜使用，此爲特殊處。另外，杜美芬的《祀孔人文暨禮儀空間之研究——以臺北孔廟爲例》（2003），[53] 作者在撰述論文期間屬於臺北孔廟實際的管理者，對於臺北孔廟有實際操辦祭孔釋奠的經驗，因此，文中非常詳實地記錄臺北孔廟的釋奠禮，同時也回顧臺灣早期的釋奠歷史，其中有一小部分爲釋奠樂的描述，其重要性在於空間與釋奠儀節的討論，因此，釋奠樂並非其論述重點。

　　孫瑞金的《祭孔音樂的回顧與前瞻》（2006），[54] 作者本身及長年負責臺北孔廟的釋奠樂並擔任樂長一職，從組織、培訓到每年的秋祭大典，由於具有實際操作經驗，因此對於臺北孔廟的描述具有重要參考價值，文中對於釋奠樂歷史的研究可能非作者所擅長，因此有許多尚待商榷之處，作者對於新創釋奠樂有一定的肯定性，文中將所創作的新式祭孔音樂放入討論，希望開創祭孔樂有新時代意義，文中並收錄許多版本的祭孔音樂，

50　林勇成，《臺灣地區孔子廟「釋奠佾舞」之研究》（中國文化大學：舞蹈研究所碩士論文，90 學年度）。

51　劉娴娜，《儒家雅樂舞之身體思維的藝教反省》（臺北：華梵大學碩士論文，2007年）。

52　杜潔明，《臺南孔廟樂局——以成書院之研究》（嘉義：南華大學碩士論文，2002年）。

53　杜美芬，《祀孔人文暨禮儀空間之研究——以臺北孔廟爲例》（中壢：中原大學建築學系碩士論文，92 學年度）。

54　孫瑞金，《祭孔音樂的回顧與前瞻》（臺北：臺灣師範大學碩士論文，2006 年）。

頗有貢獻。上述研究大多圍繞在臺北孔廟與臺南孔廟，另外還有林珮瑩的《臺南孔廟的研究》。[55] 李詩國的《桃園孔廟釋奠儀禮之研究》，[56] 開始對於臺北孔廟與臺南孔廟以外的地方孔廟進行研究，主要以桃園孔廟的釋奠禮爲主，另外對於臺灣孔廟的描述還有劉栩彣的《臺灣孔廟之敘事分析研究》；[57] 洪子舒的《九年一貫國小階段之古蹟教學——以大龍峒保安宮及臺北孔廟爲例》，[58] 雖非圍繞在釋奠樂研究上，但是也從另一個面向上探討臺北孔廟；謝怡君的《傳統祭孔音樂之特色在江文也作品中的實踐——以《孔廟大晟樂章》爲分析對象》[59] 與王婉娟的《現代音樂中儒道思想的體現——以江文也《孔廟大晟樂章》、尹伊桑《禮樂》、潘皇龍《禮運大同篇》爲例》兩文，[60] 主要都探討江文也（1910~1983）所創作的《孔廟大晟樂章》，這是江文也從日本到北京任教時期所創作的作品，江文也對孔子有極深的敬意，對儒家思想也非常嚮往，在日本時期即寫作了《孔子的樂論》一書，[61] 顯見對孔子孔廟有深切的體認，其《孔廟大晟樂章》具有莊嚴穩重且不失爲單調的音響，上述兩論文分別探討此作品在祭孔或儒家思想上的特色之處，別有一番風貌。

55　林珮瑩，《臺南孔廟的研究》（臺南：國立成功大學碩士論文，2010 年）。

56　李詩國，《桃園孔廟釋奠儀禮之研究》（桃園：銘傳大學碩士論文，2006 年）。

57　劉栩彣，《臺灣孔廟之敘事分析研究》（雲林：雲林科技大學碩士論文，2008 年）。

58　洪子舒，《九年一貫國小階段之古蹟教學——以大龍峒保安宮及臺北孔廟爲例》（臺北：臺北市立教育大學碩士論文，2006 年）。

59　謝怡君，《傳統祭孔音樂之特色在江文也作品中的實踐——以《孔廟大晟樂章》爲分析對象》（臺北：臺灣大學碩士論文，2008 年）。

60　王婉娟，《現代音樂中儒道思想的體現——以江文也《孔廟大晟樂章》、尹伊桑《禮樂》、潘皇龍《禮運大同篇》爲例》（臺北：臺北藝術大學碩士論文，2011 年）。

61　江文也著，楊儒賓譯，《孔子的樂論》（上海：華東師範大學出版社，2008 年 1 月）。

第三節
孔廟釋奠樂的流變

———

　　子曰：「禮云禮云！玉帛云乎哉？樂云樂云！鐘鼓云乎哉？」[62] 玉之貴重者爲圭璋之屬，帛爲束帛，屬於絲織品類，兩者皆爲古代行禮之物，禮之本不僅止於玉帛之物而已，主要在於「安上治民」；鐘與鼓皆爲樂器品類，樂之本也不是只有樂器所發的鏗鏘樂聲而已，其主要所貴者在於「移風易俗」，此即是孔子所闡述的「移風易俗，莫善於樂；安上治民，莫善於禮。」[63] 禮樂之本義不僅僅是行禮之物與樂器等物質而已，還需注重在行禮與奏樂的行爲與過程上，衍生而爲教化的功能，古代的祭祀典禮即蘊含孔子教化具體而微的體現。這種體現在孔子卒後，[64] 逐漸投射在其鼓吹的學術理想中，在孔子卒後幾年，其弟子及魯人，「往從冢而家者百有餘室，因命曰孔里。魯世世相傳以歲時奉祠孔子冢，而諸儒亦講禮鄉飲大射於孔子冢。孔子冢大一頃。故所居堂、弟子內，後世因廟，藏孔子衣冠琴車書，至于漢二百餘年不絕。」[65] 以孔子舊宅處所立廟紀念並奉祠，從奉祀孔子冢到舊宅奉祠，對於孔子的祭祀從此開端並延續至今，雖在行禮奏樂中迭有變化，然不改其孺慕聖人教化的祭祀本意。

62　魏・何晏集解，宋・邢昺疏，《論語注疏》，收錄於清・阮元校刻，《十三經注疏》（下），卷 17，〈陽貨〉，頁 2525。

63　唐・玄宗御注，宋・邢昺疏，《孝經注疏》，收錄於清・阮元校刻，《十三經注疏》（下），卷 6，〈廣要道〉，頁 2556。

64　「經十有六年……夏，四月，己丑，孔丘卒。」參見晉・杜預注，唐・孔穎達疏，《春秋左傳正義》，收錄於清・阮元校刻，《十三經注疏》（下），卷 60，頁 2177。

65　漢・司馬遷撰，《史記》（北京：中華書局，1982 年 11 月），卷 47，〈孔子世家〉，頁 1945。

　　專門祭祀孔子的廟在古代名爲「孔子廟」，《史記》提及以孔子舊宅故所居堂「後世因廟」，但不曾名爲「孔子廟」或「孔廟」，西晉史家陳壽（233~297）在《三國志》中書寫到「魯相上言：『漢舊立孔子廟，褒成侯歲時奉祠，辟雍行禮，必祭先師，王家出穀，春秋祭祀。』」[66] 此處所言，在漢代可能已有「孔子廟」之稱，至遲則不晚於魏晉時期。到沈約（441~513）寫《宋書》、[67] 魏收（507~572）寫《魏書》時，[68] 以「孔廟」爲正式書寫的稱名也開始出現。因之，至遲在南北朝時期已出現「孔子廟」與「孔廟」之名稱。然「文廟」之名至遲在南宋時期即已出現，[69] 此後，對於專門奉祀孔子的廟即有「孔子廟」、「孔廟」、「文廟」等名稱，明清時期的文獻則更多使用「文廟」之名。臺灣在明清文獻的書寫上，主要以「文廟」與「孔廟」來稱呼，以「文廟」爲名書寫者，其材料約有六百六十餘則，以「孔廟」爲名書寫者，約有三十一則左右，因此，臺灣對於專門奉祀孔子的廟，主要還是以「文廟」書寫爲主，[70] 但是在廟的稱呼上是以「孔廟」爲名，筆者認爲在書寫上「文廟」會多於「孔廟」，主要是因爲記載臺灣相關的文獻多爲明清著作，而明清時期則多以「文廟」爲名，因此才會有文獻記載多爲「文廟」的現象。

　　今日對於祭祀孔子的儀節多名之爲釋奠禮樂，在祭孔的禮儀上稱爲

66　晉 · 陳壽撰，《三國志》（北京：中華書局，2002 年 2 月），卷 24，〈魏書〉，頁 681。

67　「以太元十年，遣臣奉表。路經闕里，過覲孔廟。」參見梁 · 沈約撰，《宋書》（北京：中華書局，1974 年 10 月），卷 14，〈禮志一〉，頁 366。

68　「丁未，改諡宣尼曰文聖尼父，告諡孔廟。」參見北齊 · 魏收撰，《魏書》（北京：中華書局，1974 年 6 月），卷 7 下，〈高祖紀〉，頁 169。

69　「縣故堡寨，無文廟學舍，天寵以廢署建。」參見元 · 脫脫等撰，《金史》（北京：中華書局，1975 年 7 月），卷 105，〈任天寵傳〉，頁 2323。

70　蔡秉衡，〈「臺灣文獻叢刊」有關文廟釋奠樂的論述〉，《中國歷史學會史學集刊》，第 43 期（中國歷史學會，2011 年 11 月），頁 49~84。

「釋奠禮」，在祭孔音樂上則稱爲「釋奠樂」。「釋奠」一詞本非專用於祭祀孔子的專稱，其名稱可上溯自先秦，周代時，學習禮樂詩書的教化或始立學官，必先釋奠於先聖先師，「凡學，春官釋奠于其先師，秋冬亦如之。凡始立學者，必釋奠于先聖先師，及行事，必以幣。凡釋奠者，必有合也，有國故則否。」[71] 鄭玄（127~200）認爲先聖爲「周公若孔子」，[72] 孔穎達（574~648）疏文認爲：「云先聖周公若孔子者，以周公孔子皆爲先聖，近周公處祭周公，近孔子處祭孔子。故云，若若是不定之辭。」[73] 因此，對周公或孔子的祭祀皆稱爲「釋奠」。先秦時的「釋奠」除了用在對周公孔子的祭祀外，也用於他處，例如軍旅爭戰凱旋歸來，「反釋奠於學，以訊馘告」[74]，或「釋奠於先老」等。[75] 唐太宗貞觀二年（628）封孔子爲「先聖」，高宗永徽年間（650~655）封孔子爲「先師」，爾後逐漸將「釋奠」之名用於祭孔上。今日已無封建王朝的存在，在古代祭祀典禮中，較具有古代儀軌儀節的祀典，祭孔的「釋奠禮樂」可算是較具規模的代表性祭儀。

對於孔子祭祀的淵源自先秦已有之，秦代以降，天子帝王祀孔則可以漢高祖十二年（前195）以太牢親祀孔子爲濫觴，[76] 同時也開啓帝王祀孔

71　漢・鄭玄注，唐・孔穎達疏，《禮記正義》，收錄於清・阮元校刻，《十三經注疏》，卷20，〈文王世子第八〉，頁1405~1406。

72　漢・鄭玄注文，《禮記正義》，收錄於清・阮元校刻，《十三經注疏》，卷20，〈文王世子第八〉，頁1406。

73　唐・孔穎達疏文，《禮記正義》，收錄於清・阮元校刻，《十三經注疏》，卷20，〈文王世子第八〉，頁1406。

74　《禮記正義》，收錄於清・阮元校刻，《十三經注疏》，卷12，〈王制第五〉，頁1333。

75　《禮記正義》，收錄於清・阮元校刻，《十三經注疏》，卷20，〈文王世子第八〉，頁1410。

76　「十一月，行自淮南還。過魯，以大牢祠孔子。」參見漢・班固撰，《漢書》（北京：

的首例。派遣代表帝王的官員祀孔，則從後漢光武帝建武五年（29）開始，[77] 至此，對於孔子的祭祀皆僅止於曲阜的闕里，直到東漢明帝永平二年（59），開始於國學與郡縣道等地方皆祀孔子，[78] 祭祀孔子的範圍開始擴大，對日後各地「孔廟」的建立有了良好的基石。東漢章帝元和二年（85）「帝東巡狩還，過魯幸闕里，以太牢祠孔子及七十二弟子，作《六代之樂》，大會孔氏男子二十以上者六十三人，命儒者講論。」[79] 此為目前所見，帝王開始用樂舞來祭祀孔子，也是「釋奠樂」較早的淵源。這裡所指的《六代之樂》又名《六樂》、《六舞》，最早見於《周禮》：「凡六樂者，文之以五聲，播之以八音。」[80]《六舞》是指六代樂舞，「以樂舞教國子舞《雲門大卷》、《大咸》、《大韶》、《大夏》、《大濩》、《大武》。」[81] 雖然開始用樂舞來祭孔，但並非為祭孔而專門製作的「釋奠樂」。對於「釋奠」的樂舞規模與編制，在南齊武帝永明三年（485），曾依王儉（452~489）之議，開始使用軒縣之樂與六佾之舞，[82] 隋文帝時首先創制了祀先聖先師的歌辭，[83] 這也是目前所見，現存最早的「釋奠」樂

中華書局，1962 年 6 月），卷 1 下，〈高帝紀〉，頁 76。

77 「冬十月還，幸魯，使大司空（宋弘）祠孔子。」參見劉宋 · 范曄，《後漢書》，卷 1，〈光武帝紀〉，頁 40。

78 「三月，上始帥群臣躬養三老，五更于辟雍，行大射大禮，郡、縣、道行鄉飲酒于學校，皆祀聖師周公、孔子，牲以犬。」參見《後漢書》，卷 15，〈禮儀志上〉，頁 3108。

79 《後漢書》，卷 79 上，〈儒林傳〉，頁 2562。

80 漢 · 鄭玄注、唐 · 賈公彥疏，《周禮注疏》，卷 22，〈春官〉第三，收錄於清 · 阮元校刻，《十三經注疏》，頁 789。

81 《周禮注疏》，卷 22，〈春官宗伯下〉，收錄於清 · 阮元校刻，《十三經注疏》，頁 788。

82 「今金石已備，宜設軒縣之樂、六佾之舞，牲牢器用，悉依上公。」參見梁 · 蕭子顯，《南齊書》（北京：中華書局，1972 年 1 月），卷 9，〈禮志上〉，頁 144。

83 「經國立訓，學重教先。三墳肇冊，五典留篇。開鑿理著，陶鑄功宣。東膠西序，春誦

章，唐代繼之，另外創制了兩首「釋奠」樂章，分別有《迎神》及《送神》樂章，[84]在太宗貞觀四年（630），「詔州、縣學皆作孔子廟。」[85]此舉，具體化地開啟各地州縣立孔子廟的濫觴。

宋代以降，對於「釋奠」樂章的製作益發完備，歷元、明、清三朝，皆有許多「釋奠禮樂」的創制與改革，今日能追尋到較古老的「釋奠禮樂」，大抵仍是以宋代為尊。北宋仁宗景祐年間（1034~1038）創制有釋奠文宣王的《凝安》、《同安》、《明安》、《成安》、《綏安》等樂章，在北宋徽宗大觀三年（1109），又另外作了六首「釋奠」樂章，樂章名稱與仁宗朝相同，但是歌詞不同，屬於新創作的，同時又由大晟府擬撰了「釋奠」樂章十四首，[86]北宋對「釋奠禮樂」的重視與實踐，成為後世效法的傳統，今日韓國亦保存著祭孔的儀式，同時在傳統認知上，咸認其「釋奠禮樂」是傳承宋代遺風而來，是今天較具古意的「釋奠禮樂」。

元代時期，當時地方孔廟荒廢甚多，因此，在元成宗大德十年（1306）完成新的「釋奠禮樂」製作，「京師文宣王廟成，行釋奠禮，牲用太牢，樂用登歌，製法服三襲。命翰林院定樂名、樂章。」[87]同時在浙江一帶製造一批「釋奠」樂器，仍然使用宋代的樂章。[88]繼元代之後，

夏弦。芳塵載仰，祀典無騫。」參見唐‧魏徵、令狐德棻撰，《隋書》（北京：中華書局，1973 年 8 月），卷 15，〈音樂志下〉，頁 366。

84　後晉‧劉昫等撰，《舊唐書》（北京：中華書局，1975 年 5 月），卷 30，〈音樂志三〉，頁 1124。

85　《新唐書》，卷 15，〈禮樂志五〉，頁 373。

86　元‧脫脫等撰，《宋史》（北京：中華書局，1985 年 6 月），卷 137，〈樂志十二〉，頁 3234~3235。

87　明‧宋濂等撰，《元史》（北京：中華書局，1976 年 4 月），卷 21，〈成宗紀四〉，頁 471。

88　元代雖有新製的釋奠樂章，但是當時的文獻記載敘述上說未見使用，因此，元代可能仍以宋代樂章為主。

明代對於「釋奠」的重視又更甚前代，明太祖洪武四年（1371）訂定祀孔樂生六十人，舞生四十八人，後來又在孝宗弘治九年（1496），增加樂舞為七十二人的編制，「如天子之制。」[89] 世宗嘉靖九年（1530），在張璁（1475~1539）建議下，將釋奠中的樂舞改回六佾，此後成為明代祀孔的固定編制，明太祖洪武二十六年（1393）時，「頒《大成樂》於天下。」[90] 成為明代主要的「釋奠樂」。明代的「釋奠」樂章，是從北宋徽宗朝大晟府所撰寫的釋奠樂章中摘選出，總計有迎神的《咸和之曲》、奠帛的《寧和之曲》、初獻的《安和之曲》、亞獻與終獻的《景和之曲》、撤饌的《咸和之曲》、送神的《咸和之曲》等樂章，明代歌詞與大晟府的歌詞僅有幾字之差，其餘皆同。因此，一般認為明代釋奠樂譜可能是繼承宋代樂譜而來，今日臺北孔廟所使用的釋奠樂譜即是明代樂譜。此也是民國五十七年（1968）以來，莊本立師（1924~2001）在整理孔廟釋奠樂上所提出的作法。

第四節
臺灣孔廟釋奠樂的現況
——

臺灣於民國五十七年（1968）成立了「祭孔禮樂工作委員會」，當時大陸正處於文革時期，歷史文化摧毀嚴重，有鑑於此，因此，臺灣更加強對於復興中華文化的具體作為，「總統於民國五十七年二月二十二日手

89　清・張廷玉等撰，《明史》（北京：中華書局，1997 年 4 月），卷 50，〈禮志四〉，頁 1298。

90　《明史》，卷 50，〈禮志四〉，頁 1297。

論，對於孔廟雅樂，祭孔之樂器、舞蹈、服裝之製作與研究，應加以注重，以恢復我國古有禮樂之基礎。」[91]此「祭孔禮樂工作委員會」，從民國五十七年（1968）至民國五十九年（1970）期間，分年設立了禮儀研究組、服裝研究組、樂舞研究組、祭器研究組等四組，其中在音樂的部分，莊本立師（1924~2001）是主要的推手，其所考訂、研究、整理的釋奠樂，其規制與樂譜、樂器等，主要依據爲明代的釋奠樂規制，採用明代洪武六年（1373）間定祀先師孔子廟的樂章，[92]同時並仿製古樂器，翻譯明代釋奠樂譜，成爲今日臺灣孔廟釋奠樂的主體，影響相當大。

　　臺北孔廟是首都孔廟，雖不是臺灣最早的孔廟，然因其所在位置與日治時期（1895~1945）以來的沿革而有其重要性，經過「祭孔禮樂工作委員會」的改良與意見，臺北孔廟在禮器、祭器、服飾、釋奠儀節、釋奠樂、佾舞等方面均有重要變化，其中在「釋奠樂」的樂器、樂生編制、樂譜等均採用明制，此與之前所採用的清代「釋奠樂」有所不同。臺北孔廟的改制有其指標性，臺灣各地方的孔廟，在整體的「釋奠」儀節上，多學習臺北孔廟的樣式，有全採用，有學習部分，此情形或有許多複雜因素，經費問題、場地空間、禮生、樂生、佾生等組織與培訓，以及地方傳統與地方結合等，皆影響整體的「釋奠」運作。相較於臺北孔廟的首都性質，臺南孔廟是臺灣第一座建立的孔廟，始建於明代永曆十九年（清康熙四

91　《祭孔禮樂之改進》，頁 2。

92　明太祖洪武六年（1373）曾命詹同（生卒年不詳）、樂韶鳳（生年不詳 ~1380）等重新製作釋奠樂章，詹同與樂韶鳳兩人，直接從宋代大晟府擬撰釋奠樂章歌詞中，挑選出六首樂章，其中或有一、二字之差異，然大抵相同或類似，同時將樂章名改換，「迎神」演奏《咸和》之曲，樂章取自宋代《凝安》；「奠帛」演奏《寧和》之曲，樂章取自宋代奠幣《明安》；「初獻」演奏《安和》之曲，樂章取自宋代文宣王位酌獻《成安》；「亞獻」、「終獻」演奏《景和》之曲，樂章取自宋代《文安》；「徹饌」演奏《咸和》之曲，樂章取自宋代徹豆《娛安》；「送神」演奏《咸和》之曲，樂章取自宋代《凝安》。參見《明史》，卷 61，〈樂志一〉，頁 1502。

年，1665），素有「全臺首學」之稱。臺北孔廟爲官方所管理，臺南孔廟不全然屬於官方所管理，其管理者亦非由政府支薪，孔廟的收入主要靠清代流傳下來的學田爲主，目前的形態可算是半官方色彩的孔廟，[93]其「釋奠樂」並不採用臺北孔廟的明制「釋奠樂」，從過去至今仍沿襲清代制度的「釋奠樂」，其歷史傳承中「釋奠樂」的變化，主要在於康熙朝與乾隆朝之「釋奠樂章」的變化，其中在日治時期也有一些應時的作爲，綜觀今日臺南孔廟所保有的清制「釋奠樂」，也成爲臺灣最特殊的釋奠樂形式。

臺灣在鄭氏家族（1662~1683）至清代治理期間（1683~1895）始建立孔廟，首座孔廟爲臺南孔廟，屬於府學孔廟，清代治理初期將臺灣分爲一府三縣，臺灣府、臺灣縣、諸羅縣、鳳山縣，[94]臺灣府與臺灣縣均設置在今日之臺南，諸羅縣設置在今日嘉義一帶，鳳山縣設置在今日之高雄一帶，這四個行政區域形成了臺灣初期的四所孔廟。臺灣縣學原任知縣沈朝聘在康熙二十四年（1685），將前朝房屋改建爲孔廟；鳳山縣知縣楊芳聲也在同年，將前朝房屋改建爲孔廟，諸羅縣學也由原任知縣季麒光草創茅茨，[95]因此，臺灣最初孔廟的崇奉，都在康熙二十四年完成，皆分別爲府學與縣學之所在，四個地方也都在春秋二祀，舉行「釋奠」之禮。

臺灣在孔廟「釋奠」的特殊性始於清代，臺灣進入清領時期，孔廟「釋奠樂」仍採用明制，此是特殊之一；臺灣於乾隆初期，不顧康熙朝的改制，反而使用順治元年（1644）修訂的先師廟樂章，而且使用的樂譜與《頖宮禮樂疏》所載明代樂譜相同，[96]此是特殊之二；乾隆七年（1742）

---

93 臺南孔廟目前爲「臺南孔廟文化基金會」，全然地轉爲民間管理，這在臺灣孔廟的管理制度上也是很特殊的。

94 「設府一，曰：臺灣。縣三，附郭曰臺灣，外曰：鳳山、諸羅。」參見清・蔣毓英修，《臺灣府志》（北京：中華書局，1985 年 5 月），卷 1，頁 9。

95 清・蔣毓英修，《臺灣府志》，卷 6，頁 120。

96 清・劉良璧、錢洙、范昌治，《重修福建臺灣府志》（臺北：成文出版社，1983 年 3

清廷已改訂先師廟樂章，但是從臺灣的方志書來看，例如范咸的《重修臺灣府志》、王必昌總纂的《重修臺灣縣志》、王瑛曾總纂的《重修鳳山縣志》、黃佾等纂輯的《續修臺灣府志》、周璽總纂的《彰化縣志》等所記載的釋奠用樂，[97]雖然都改用新訂的樂章歌詞，但是樂章名仍沿用明代之名稱，僅將其「和」字改爲「平」字，[98]此是特殊之三。對於這些現象的探索與研究，過去並未被提出，同時亦未被關注，筆者認爲此間必有臺灣在近四百年發展史上的一段特殊性。

　　孔廟釋奠樂既有如此之意義，然今日臺灣之釋奠樂已呈現多元的面貌，臺灣崇祀孔子的廟宇相當多，筆者將之區分爲孔廟、孔子祠、聖廟與文武廟、宮閣等四種，其中建築規制較具規模的孔廟是今日臺灣孔廟的主體，每年所舉行的祭孔釋奠禮樂也以孔廟爲主，包含臺南孔廟、高雄孔廟、嘉義孔廟、彰化孔廟、澎湖孔廟、新竹孔廟、宜蘭孔廟、臺北孔廟、屏東孔廟、臺中孔廟、旗山孔廟、南投孔廟、桃園孔廟、苗栗孔廟等，這些孔廟或有舉行釋奠禮樂，其釋奠樂仍存在有傳統八音齊奏的明制版本與清制版本，樂生來源與培訓方式差異甚大，八音樂器無法具足，甚或樂器毀壞或音準失調等諸多問題，甚而使用他種樂器來替代，形成不傳統亦不現代的情形。因此，有些孔廟的「釋奠樂」就乾脆使用現代國樂來演奏，

月），卷9，〈典禮志〉，頁737~741。

97　清·范咸，《重修臺灣府志》（臺北：成文出版社，1983年3月），卷8，〈學校志〉，頁614~618。清·魯鼎梅主修、王必昌總纂，《重修臺灣縣志》（臺北：成文出版社，1983年3月），卷7，〈禮儀〉，頁589~594。清·余文儀等主修、王瑛曾總纂，《重修鳳山縣志》（臺北：成文出版社，1983年3月），卷6，〈學校志〉，頁473~476。清·余文儀主修、黃佾等纂輯，《續修臺灣府志》（臺北：成文出版社，1983年3月），卷8，〈學校志〉，頁649~652。清·李廷璧主修、周璽總纂，《彰化縣志》（臺北：成文出版社，1983年3月），卷4，〈學校志〉，頁511~514。

98　明代洪武年間樂章名爲《咸和》、《寧和》、《安和》、《景和》、《咸和》、《咸和》。

未按照規制的現象普遍存在。

結語

回顧古代記載釋奠禮樂相關的史料，多從正史而來，其後在宋金時代開始對於孔子相關的釋奠及其他史料有專書出現，然僅爲少數，例如宋代孔傳的《東家雜記》、金代孔元措的《孔氏祖庭廣記》等，進入明代後，研究的專書變得相當豐富，清代的諸家相關的著述益豐。清代記載臺灣的文獻算是相當多，與釋奠相關的史料有許多都是方志類的史冊，以此構成孔廟記載的主體材料，另一部分則從日治到臺灣光復之後，日人的研究與近人的研究成果，對於孔廟釋奠的論述亦有許多貢獻，足資參考。臺灣在孔廟釋奠研究上已有部分基礎，環顧兩岸的學術研究情況，還可鼓勵更多學者多投入此領域的研究工作。

現今臺灣所使用的釋奠樂是由莊師本立所研古再製，其各項改制大抵上是：「集鏗鏘明亮和氣勢宏偉的周制鐘磬，古雅調和的宋明服裝，和平搏大的明代樂舞，及莊嚴肅穆的清代鼓樂，融合了歷代祭孔樂舞的優點於一堂。」[99] 由此可了解其研古之思考來源爲綜合性之釋奠樂，然今日對於可蒐羅到的樂譜或佾舞等材料，對於目前的現況可再重新討論與進行研究，例如韓國所認定的宋代樂譜及儀軌，以及唐至宋代的古籍文獻，都應再重新進行省視，或可對今日之釋奠樂有一新的認識。

---

99 莊本立，〈祭孔樂舞之改進與比較〉（中國傳統音樂學會第九屆年會，1996 年 9 月），頁 1~10。

第六章

臺灣孔廟釋奠樂
的溯源研究

祀孔以釋奠名之，又有釋菜之名，都是祭祀之禮的簡備，釋奠有樂，釋菜無樂，所以釋菜之禮又比釋奠爲簡。孔廟釋奠用樂肇始於東漢章帝，歷代承襲此祀典，只是在內容上或樂章上有不同的變化，然尊孔崇孔的精神大抵一致。臺灣首座孔子廟，是肇建於明代永曆十九年（1665），即今日的臺南市孔子廟，因此，對於孔廟的釋奠也於此開始發展。臺灣從明鄭時期歷清領時期以至民國，期間修葺了許多孔廟，早期臺灣孔廟的建築規模，大小不一，大多數肇建於清代，爾後均屢次重修。今日臺灣有十三個官方所管理的孔子廟，以及少數的民辦孔廟，但是釋奠禮樂主要仍在官方所管理的孔廟舉行，而臺灣孔廟釋奠用樂的淵源，主要在於明、清兩代，因此，今日明制與清制的釋奠禮樂，尚存在臺灣的孔廟中，這是很特殊的現象，本文將從歷代孔廟釋奠用樂的沿革，探討明清時期臺灣孔廟釋奠的變遷，或可說明此一現象。

第一節
從舊宅立廟到隋唐樂章
——

孔子卒於「（魯）哀公，十有六年（前 479），夏四月，己丑。」[1] 翌年，哀公爲紀念孔子，於孔子舊宅立廟，此爲孔廟之始。而「故所居堂、弟子內，後世因廟，藏孔子衣冠琴車書，至于漢二百餘年不絕。」[2]

---

1 晉・杜預等注，《春秋三傳》（上海：上海古籍出版社，1987 年 3 月），卷 16，頁 541。

2 漢・司馬遷撰，《史記》（北京：中華書局，1982 年 11 月），卷 47，〈孔子世家〉，頁 1945。

　　帝王祀孔始自漢高祖十二年（前 195），「十一月，行自淮南還。過魯，以大牢祠孔子。」[3]大牢後亦稱太牢，指牛、羊、豕（俗稱為「豬」）三牲，如果僅有羊與豕稱為少牢，周代太牢之祭，多用於諸侯以上之等級[4]，漢高祖以太牢祀孔，可見其對孔子崇祀態度的尊榮。遣官祀孔，則始自後漢光武帝建武五年（29），「冬十月還，幸魯，使大司空（宋弘）祠孔子。」[5]國學及各地郡縣皆祀孔子，則始於東漢明帝永平二年（59），「三月，上始率群臣躬養三老，五更於辟雍，行大射之禮，郡縣道行鄉飲酒於學校，皆祀聖師周公孔子，牲以犬。」[6]明帝並於永平十五年（72），至魯祭祀東海恭王陵後，回還至孔子宅祀孔，「幸孔子宅祠仲尼及七十二弟子，親御講堂。」[7]由此開始將孔子弟子列入祭祀。

　　帝王用樂祀孔則始自東漢章帝元和二年（85），「祠孔子於闕里及七十二弟子。」[8]使用「六代之樂」祀孔，「六代之樂」包括有黃帝的《雲門大卷》、堯的《大咸》、舜的《大韶》、夏禹的《大夏》、商湯的《大濩》、周的《大武》，實際上六代之樂至秦代僅存《大韶》與《大武》兩樂[9]。「（章）帝東巡狩還，過魯幸闕里，以太牢祠孔子及七十二弟子，作六

3　漢・班固撰，《漢書》（北京：中華書局，1962 年 6 月），卷 1 下，〈高帝紀〉，頁76。

4　《禮記・王制》：「天子社稷皆太牢，諸侯社稷皆少牢。」《管子・事語》：「諸侯太牢，大夫少牢。」

5　劉宋・范曄，《後漢書》（上海：上海古籍出版社，1986 年 12 月），卷 1，〈光武帝紀〉，頁 8。宋弘於建武二年（26）代王梁為大司空，以清行致稱，參見卷 56，〈宋弘傳〉，頁 124。

6　《後漢書》，卷 15，〈禮儀志〉，頁 48。

7　《後漢書》，卷 2，〈明帝紀〉，頁 14。

8　《後漢書》，卷 3，〈章帝紀〉，頁 17。

9　梁・沈約撰，《宋書》（北京：中華書局，1974 年 10 月），卷 19，〈樂志一〉，頁533。「周存六代之樂，至秦惟餘《韶》、《武》而已。」

代之樂，大會子氏男子二十以上者六十三人，命儒者講論。」[10]

祀孔以釋奠名之，又有釋菜之名，都是祭祀之禮的簡備，釋奠有樂，釋菜無樂，所以釋菜之禮又比釋奠爲簡。周代時，學習禮樂詩書之教或始立學官，必先釋奠於孔子，「凡學，春官釋奠于其先師，秋冬亦如之。凡始立學者，必釋奠于先聖先師，及行事，必以幣。」[11]

由太常之官來祀孔，並成爲釋奠的儀節，則始自魏齊王正始七年（246），同時將顏子列爲配享地位，也由此開始，「魏齊王正始二年三月，帝講《論語》通，五年五月，講《尚書》通，七年十二月講《禮記》通，並使太常釋奠，以太牢祀孔子於辟雍，以顏淵配。」[12]

太常之名自漢代始，專掌宗廟祭祀，陵寢管理以及國家教育之官，其下有專司樂舞之官。太常職掌重要，因此常爲諸卿之首，此時由專司宗廟祭祀之官來司祀孔之職，正欲確認祀孔之隆重。爾後釋奠的層級越來越隆重，晉元帝太興三年（320），皇太子於八月親釋奠，並以太牢祀孔[13]。東晉成帝、穆帝、孝武帝等更親釋奠，帝王釋奠由此開端[14]。釋奠用樂的規格，在南朝宋文帝元嘉年間，曾由裴松之提出用六佾之舞，然而當時因郊樂及八音樂器等尚未具備，故只權奏登歌[15]，因此，元嘉二十二年（445）

---

10 《後漢書》，卷 109 上，〈儒林傳〉，頁 266。

11 漢·鄭玄注，唐·孔穎達疏，《禮記正義》，收於清·阮元校刻《十三經注疏》（北京：中華書局，1980 年 9 月），卷 20，〈文王世子第八〉，頁 1405~1406。

12 《宋書》，卷 17，〈禮志四〉，頁 485。

13 《宋書》，卷 17，〈禮志四〉，頁 485。原《晉書·禮志上》：「元帝太興二年，皇太子講《論語》通，太子並親釋奠。」核對《晉書·元帝紀》：「（太興）三年……八月戊午，……皇太子釋奠於太學。」故此處太子釋奠應是太興三年八月。

14 《宋書》，卷 17，〈禮志四〉，頁 485。

15 梁·蕭子顯，《南齊書》（北京：中華書局，1972 年 1 月），卷 9，〈禮志上〉，頁 144。

皇太子釋奠國子學時，尚未有完備之軒懸六佾之樂[16]。軒懸規制的落實，則在南齊武帝永明三年（485），依王儉之議：「今金石已備，宜設軒縣之樂、六佾之舞，牲牢器用，悉依上公。」[17]

　　昔周禮皆於仲春之月，上丁之日入學之時，命樂師習舞釋菜[18]，以示對先師的崇敬，此禮的規制已失甚久，雖西晉武帝泰始三年（267），曾「詔太學及魯國，四時備三牲以祀孔子。」[19]然而其主要仍在釋奠之禮，而釋菜之禮廢弛已久，即如南齊武帝永明三年（485），尚書令王儉所云：「《周禮》：『春入學，舍菜合舞。』……又云：『始入學，必祭先聖先師。』中朝以來，釋菜禮廢，今之所行，釋奠而已。」[20]

　　北魏道武帝天興四年（401），「二月丁亥，命樂師入學習舞，釋菜於先聖先師。」[21]重新再按周禮之意祀孔，別具意義。北齊文宣帝天保元年（550）除奉祀孔子外，並遣使致祭孔父[22]，北齊的規制，「新立學，必釋奠禮先聖先師，每歲春秋二仲，常行其禮。」[23]釋奠禮中，列軒懸樂，舞六佾，並行三獻禮[24]，祀孔用三獻禮也成為規制，祀期也明確定為仲春

16　《宋書》，卷17，〈禮志四〉，頁485。

17　《南齊書》，卷9，〈禮志上〉，頁144。

18　《禮記正義》，收於清・阮元校刻《十三經注疏》，卷15，〈月令第六〉，頁1362。

19　唐・房玄齡，《晉書》（北京：中華書局，1974年11月），卷19，〈禮志上〉，頁599。

20　《南齊書》，卷9，〈禮志上〉，頁145。

21　北齊・魏收，《魏書》（北京：中華書局，1974年6月），卷2，〈太祖紀〉，頁38。

22　唐・李百藥，《北齊書》（北京：中華書局，1972年11月），卷4，〈文宣帝紀〉，頁51。

23　唐・魏徵、令狐德棻撰，《隋書》（北京：中華書局，1973年8月），卷9，〈禮儀志〉，頁181。

24　《隋書》，卷9，〈禮儀志〉，頁180。

和仲秋舉行。隋代更明定國子學以及州郡縣學的祀孔日期,「隋制,國子寺,每歲以四仲月上丁,釋奠於先聖先師。年別一行鄉飲酒禮,州郡縣則以春秋仲月釋奠。州郡縣亦每年於學一行鄉飲酒禮。」[25]

隋文帝於開皇年間所定下的祀期規制,也開後世州縣二仲釋奠的先河。文帝仁壽元年時(601)皇太子(煬帝)從饗於太廟,發現清廟歌辭,多浮華不合聲律,於是上言曰:「清廟歌辭,文多浮麗,不足以述宣功德,請更議定。」[26]文帝因而召集牛弘、柳顧言、許善心、虞世基、蔡徵等人創制雅樂歌辭,其中創製了祀先聖先師的歌辭:

> 經國立訓,學重教先。三墳肇冊,五典留篇。
> 開鑿理著,陶鑄功宣。東膠西序,春誦夏弦。
> 芳塵載仰,祀典無騫。[27]

此歌辭並配以《誠夏》之樂,此樂本用在薦獻郊廟,樂名則仿《周禮》,隨事立名,因此另有《昭夏》、《皇夏》、《需夏》、《肆夏》等樂名。此祀孔歌章,亦是現存最早的釋奠樂章。

唐代對於祀孔又較前朝隆重,太宗貞觀四年(630),「詔州、縣學皆作孔子廟。」[28]開啓州縣立孔子廟的濫觴。貞觀二十一年(647)二月,皇太子釋菜於太學,「自爲初獻,以祭酒張後胤亞獻,光州刺使攝司業趙弘智終獻。」[29]此唐初之三獻禮,爾後按許敬宗之議:

---

25 《隋書》,卷9,〈禮儀志〉,頁181~182。

26 《隋書》,卷15,〈音樂志下〉,頁360。

27 《隋書》,卷15,〈音樂志下〉,頁366。

28 宋・歐陽修、宋祁撰,《新唐書》(臺北:鼎文書局,1976年),卷15,〈禮樂志五〉,頁373。

29 《新唐書》,卷15,〈禮樂志五〉,頁374。原志爲「會皇太子釋奠。」今查卷2,〈太宗紀〉爲「二月丁丑,皇太子釋菜于太學。」另《舊唐書》,卷3,〈太宗紀下〉,「丁

秦、漢釋奠無文，魏則以太常行事，晉、宋以學官主祭。且國學樂以軒縣，尊、俎須於官，非臣下所可專也。請國學釋奠以祭酒、司業、博士爲三獻，辭稱「皇帝僅遣」。州學以刺使、上佐、博士三獻，縣學以令、丞、主簿若尉三獻。[30]

釋奠改爲遣官，由國學之官致祭，同時州、縣釋奠也由刺使及令分層主祭，開後世地方官祀孔之規制。

唐代曾於貞觀二年（628），受命祖孝孫製大唐雅樂「十二和」之樂，其中有「皇太子軒懸出入，奏《承和》。」[31] 另外又有皇太子親釋奠之樂章五首，以及享孔廟之樂章二首，分別有迎神及送神之樂章：

【表6-1】　唐代享孔廟樂章二首一覽表[32]

儀式	樂章	宮調	歌詞
迎神	無	無記載	通吳表聖，問老探貞。三千弟子，五百賢人。億齡規法，萬載祠禋。潔誠以祭，奏樂迎神。
送神	無	無記載	醴溢犧象，羞陳俎豆。魯壁類聞，泗川如覩。里校覃福，冑筵承祐。雅樂清音，送神其奏。

高宗顯慶三年（658）命國子博士范頵等撰，「釋奠樂章入文宣王廟奏《宣和》之舞」，玄宗開元中，又造了《誠和》、《豐和》、《宣和》三和，因此，「十二和」成爲「十五和」之雅樂，《宣和》仍是祀孔宣父廟所奏

丑，皇太子於國學釋菜。」故此處撰爲釋菜。

30　《新唐書》，卷15，〈禮樂志五〉，頁374。

31　後晉・劉昫等撰，《舊唐書》（北京：中華書局，1975年5月），卷28，〈音樂志一〉，頁1040~1041。

32　「太樂舊有此詞，不詳所起。」參見《舊唐書》，卷30，〈音樂志三〉，頁1124。

之樂[33]。

　　唐玄宗開元二十七年（739），擴大祀孔用樂的規格，特別在「二京之祭，牲太牢，樂宮縣，舞六佾矣。」[34]二京則是指長安、洛陽，除二京之外，其餘仍用軒懸之樂，唐代「樂縣之制，……軒縣三面，皇太子用之。若釋奠于文宣王、武成王，亦用之。」[35]此爲唐代之定制。

第二節
宋元時期對釋奠樂章的創制
——

　　從隋唐時期對於孔子的崇祀更擴大也更重視，五代時期繼續延續此尊崇，五代後漢高祖時改「十二和」爲「十二成」，並將祭孔宣父之《宣和》改爲《師雅之樂》[36]。後周太祖廣順元年（951），改「十二成」雅樂爲「十二順」雅樂，又將祭孔宣父之《師雅》改爲《禮順之樂》[37]。五代時期的朝廷及宗廟用樂，大抵仍沿唐代之遺緒，只是將樂名更改。

　　宋代於太祖建隆元年（960），從竇儼之議，將後周的「十二順」樂章改爲「十二安」樂章，取「治世之音安以樂」之義，祭孔宣父用《永安》

33　元‧馬端臨，《文獻通考》（北京：中華書局，1986 年 9 月），卷 129，〈樂二〉，頁 1154。

34　《新唐書》，卷 15，〈禮樂志五〉，頁 376。

35　《新唐書》，卷 21，〈禮樂志十一〉，頁 462~463。

36　宋‧薛居正等撰，《舊五代史》（北京：中華書局，1976 年 5 月），卷 144，〈樂志上〉，頁 1932。

37　《舊五代史》，卷 145，〈樂志下〉，頁 1935~1936。

之樂[38]，今《永安》樂章未存。宋仁宗景祐年間，另作有釋奠文宣王的《凝安》樂章，哲宗朝時又增加兗國公配位酌獻《成安》一首，樂章皆有歌詞留傳，見【表6-2】：

【表6-2】　北宋仁宗景祐年間祭文宣王廟六首一覽表[39]

儀式	樂章	宮調	歌詞
迎神	《凝安》	無記載	大哉至聖，文教之宗。紀綱王化，丕變民風。常祀有秩，備物有容。神其格思，是仰是崇。
初獻升降	《同安》	無記載	右文興化，憲古師今。明祀有典，吉日惟丁。豐犧在俎，雅奏來庭。周旋陟降，福祉是膺。
奠幣	《明安》	無記載	一王垂法，千古作程。有儀可仰，無德而名。齊以滌志，幣以達誠。禮容合度，黍稷非馨。
酌獻	《成安》	無記載	自天生聖，垂範百王。恪恭明祀，陟降上庠。酌彼醇旨，薦此令芳。三獻成禮，率由舊章。
飲福	《綏安》	無記載	犧象在前，豆籩在列。以享以薦，既芬既潔。禮成樂備，人和神悅。祭則受福，率遵無越。
兗國公配位酌獻（此哲宗朝所增）	《成安》	無記載	無疆之祀，配侑可宗。事舉以類，與享其從。嘉栗旨酒，登薦惟恭。降此遐福，令儀肅雍。
送神	《凝安》	無記載	肅肅庠序，祀事惟明。大哉宣父，將聖多能。歆馨胖饗，迴馭凌競。祭容斯畢，百福是膺。

　　北宋徽宗大觀三年（1109），又另外作了六首釋奠樂章，樂章名稱與仁宗朝相同，歌詞則是新作的，見【表6-3】，並由大晟府擬撰釋奠樂章十四首[40]，見【表6-4】，北宋對於祀孔的隆重可見一斑。

38　元・脫脫等撰，《宋史》（北京：中華書局，1985年6月），卷126，〈樂志一〉，頁2939~2940。

39　《宋史》，卷137，〈樂志十二〉，頁3234~3235。

40　《宋史》，卷137，〈樂志十二〉，頁3234~3235。

【表6-3】 北宋徽宗大觀三年釋奠六首一覽表[41]

儀式	樂章	宮調	歌詞
迎神	《凝安》	無記載	仰之彌高，鑽之彌堅。於昭斯文，被于萬年。峨峨膠庠，神其來止。思欵無窮，敢忘于始。
升降	《同安》	無記載	生民以來，道莫與京。溫良恭儉，惟神惟明。我潔尊罍，陳茲芹藻。言升言旋，式崇斯教。
奠幣	《明安》	無記載	於論鼓鍾，于茲西雍。粢盛肥碩，有顯其容。其容洋洋，咸瞻像設。幣以達誠，歆我明潔。
酌獻	《成安》	無記載	道德淵源，斯文之宗。功名糠粃，素王之風。碩兮斯牲，芬兮斯酒。綏我無疆，與天爲久。
配位酌獻	《成安》	無記載	儼然冠縷，崇然廟庭。百王承祀，涓辰惟丁。于牲于醑，其從予享。與聖爲徒，其德不爽。
送神	《凝安》	無記載	肅莊紳綏，吉蠲牲犧。於皇明祀，薦登爲時。神之來兮，胖蠁之隨。神之去兮，休嘉之貽。

【表6-4】北宋徽宗大晟府擬撰釋奠十四首一覽表[42]

儀式	樂章	宮調	歌詞
迎神	《凝安》	黃鍾爲宮	大哉宣聖，道德尊崇！維持王化，斯民是宗。典祀有常，精純並隆。神其來格，於昭盛容。
		大呂爲角	生而知之，有教無私。成均之祀，威儀孔時。維茲初丁，潔我盛粢。永適其道，萬世之師。
		太簇爲徵	巍巍堂堂，其道如天。清明之象，應物而然。時維上丁，備物薦誠。維新禮典，樂諧中聲。
		應鍾爲羽	聖王生知，闡迺儒規。詩書文教，萬世昭垂。良日惟丁，靈承不爽。揭此精虔，神其來饗。
初獻盥洗	《同安》	無記載	右文興化，憲古師經。明祀有典，吉日惟丁。豐犧在俎，雅奏在庭。周旋陟降，福祉是膺。

41 《宋史》，卷137，〈樂志十二〉，頁3235~3236。

42 《宋史》，卷137，〈樂志十二〉，頁3236~3238。

儀式	樂章	宮調	歌詞
升殿	《同安》	無記載	誕興斯文，經天緯地。功加于民，實千萬世。笙鏞和鳴，粢盛豐備。肅肅降登，歆茲秩祀。
奠幣	《明安》	無記載	自生民來，誰底其盛！惟王神明，度越前聖。粢幣具成，禮容斯稱。黍稷非馨，惟神之聽。
奉俎	《豐安》	無記載	道同乎天，人倫之至。有饗無窮，其興萬世。既潔斯牲，粢明醑旨。不懈以忱，神之來暨。
文宣王位酌獻	《成安》	無記載	大哉聖王，實天生德。作樂以崇，時祀無斁。清酤惟馨，嘉牲孔碩。薦羞神明，庶幾昭格。
兗國公位酌獻	《成安》	無記載	庶幾屢空，淵源深矣。亞聖宣猷，百世宜祀。吉蠲斯辰，昭尊陳簋。旨酒欣欣，神其來止。
鄒國公位酌獻	《成安》	無記載	道之由興，於皇宣聖。惟公之傳，人知趨正。與饗在堂，情文實稱。萬年承休，假哉天命。
亞獻、終獻	《文安》	無記載	百王宗師，生民物軌。瞻之洋洋，神其寧止。酌彼金罍，惟清且旨。登獻惟三，於嘻成禮。
徹豆	《娛安》	無記載	犧象在前，豆籩在列。以饗以薦，既芬既潔。禮成樂備，人和神悅。祭則受福，率遵無越。
送神	《凝安》	無記載	有嚴學宮，四方來宗。恪恭祀事，威儀雍雍。歆茲惟馨，飆馭旋復。明禋斯畢，咸膺百福。

　　大晟府是宋徽宗於崇寧四年（1105）以後所設立的機構，專門掌管雅樂及部分的鼓吹樂，之前宋代的禮樂由太常掌理，崇寧四年另製宮廷雅樂，樂成，命名爲「大晟樂」，此後另設大晟府掌樂，太常則專司禮，禮、樂由此分開，「崇寧初，置局議大樂，樂成，置府建官以司之，禮、樂始分爲二。」然而大晟府於「宣和二年（1120），詔以大晟府近歲添置冗濫習倖，並罷，不復再置。」[43] 雖然大晟府於徽宗時只存在十五年左右，然而其所擬撰的釋奠樂章，卻爲後世釋奠樂章所承襲，例如元代的宣聖樂章全部採用此樂章，明代洪武六年定祀孔子的樂章，也由此十四首中，選

---

43 《宋史》，卷 164，〈職官志四〉，頁 3886。

取六首使用，臺灣於清康熙年間所使用的釋奠樂章，即承襲於此，可見其重要性。南宋於高宗紹興十年（1140），更重視儒風文教，「定釋奠爲大祀，用《凝安》九成之樂。」[44] 其大祀之禮同享太廟之禮，皆用九成之樂，可見宋代的祭孔規制已超越唐代，而更臻成熟。

金代的釋奠儀節多遵唐代禮制，「禮官參酌唐《開元禮》，定擬釋奠儀數。」「其諸州釋奠並遵唐儀。」[45] 其儀節雖承襲唐代，然樂章卻另改其名，全部用「寧」來命名，並創作九個樂章，見【表6-5】。

【表6-5】 金代釋奠樂章一覽表 [46]

儀式	樂章	宮調	歌詞
迎神	《來寧之曲》	姑洗宮（三奏）	上都隆化，廟堂作新。神之來格，威儀具陳。穆穆凝旒，巍然聖眞。斯文伊始，臺方所視。
初獻盥洗	《靜寧之曲》	姑洗宮	偉矣素王，風猷至粹。垂二千年，斯文不墜。涓辰維良，爰修祀事。沃盥于庭，嚴禋禮備。
升階	《肅寧之曲》	南呂宮	巍乎聖師，道全德隆。修明五常，垂教無窮。增崇儒宮，遹追遺風。嚴祀申虔，登降有容。
奠幣	《和寧之曲》	姑洗宮	天生聖人，賢於堯舜。仰之彌高，磨而不磷。薪廟告成，宮牆數仞。遣使陳祠，斯文復振。
降階	《安寧之曲》	姑洗宮	稟靈尼丘，垂芳闕里。生民以來，孰如夫子。新祠巋然，四方所視。酹觴告成，祇循典禮。
兗國公酌獻	《輯寧之曲》	姑洗宮	聖師之門，顏惟居上。其殆庶幾，是宜配饗。桓圭袞衣，有嚴儀象。載之神祠，增光吾黨。
鄒國公酌獻	《泰寧之曲》	姑洗宮	有周之衰，王綱既墜。是生眞儒，宏才命世。言而爲經，醇乎仁義。力扶聖功，同垂萬祀。

---

44 《宋史》，卷130，〈樂志五〉，頁3036。卷29，〈高宗紀〉，頁546。

45 元·脫脫等撰，《金史》（北京：中華書局，1975年7月），卷35，〈禮志八〉，頁816~817。

46 《金史》，卷35，〈禮志八〉，頁816~817。

儀式	樂章	宮調	歌詞
亞、終獻	《咸寧之曲》	姑洗宮	於昭聖能，與天立極。有承其流，皇仁帝德。豈伊立言，訓經王國。煥我文明，典祀千億。
送神	《來寧之曲》	姑洗宮	吉蠲爲饎，孔惠孔時。正辭嘉言，神之格思。是饗是宜，神保聿歸。惟時肇祀，太平極致。

元代初起，禮樂未備，孔廟荒廢甚多，這可從劉秉忠上書給元世祖之言得知：

> 孔子爲百王師，立萬世法，今廟堂雖廢，存者尚多，宜令州郡祭
> 祀，釋奠如舊儀。近代禮樂器具靡散，宜令刷會，徵太常舊人教
> 引後學，使器備人存，漸以修之，實太平之基，王道之本。今天
> 下廣遠，雖成吉思皇帝威福之致，亦天地神明陰所祐也。宜訪名
> 儒，循舊禮，尊祭上下神祇，和天地之氣，順時序之行，使神享
> 民依，德極於幽明，天下賴一人之慶。[47]

因而在成宗甫即未之初，元貞元年（1295），閣復上疏言：「京師宜首建宣聖廟，定用釋奠雅樂。」[48]京師的文宣王廟在成宗大德十年（1306）完成，「丁巳，京師文宣王廟成，行釋奠禮，牲用太牢，樂用登歌，製法服三襲。命翰林院定樂名、樂章。」[49]此年由浙江一帶的行省製造一批祭孔的樂器，並以宋代遺民樂工施德仲審校音律後，將此批樂器運到京師，在秋八月丁日，使用於釋奠，所用的樂章，仍沿襲宋代之舊：

> 降送神曰《凝安之曲》，初獻、盥洗、升殿、降殿、望瘞皆《同

47　明・宋濂等撰，《元史》（北京：中華書局，1976 年 4 月），卷 157，〈劉秉忠傳〉，頁 3691。

48　《元史》，卷 160，〈閣復傳〉，頁 3773。

49　《元史》，卷 21，〈成宗紀四〉，頁 471。

安之曲》，奠幣曰《明安之曲》，奉俎曰《豐安之曲》，酌獻曰
《成安之曲》，亞、終獻曰《文安之曲》，徹豆曰《娛安之曲》。
蓋舊曲也，新樂章不果用。[50]

元代所用的釋奠樂章仍然採用宋代之樂，見【表6-6】，然而元代此時已
有新制的釋奠樂章，見【表6-7】，《元史・禮樂志》中未見新制樂章
的年代，上述之材料，或可推斷在大德十年重新製造祭孔樂器時，可能也
同時製作新的樂章，於是有「新樂章不果用」之描述。

　　元代京師的祭孔樂器大抵完備，然而闕里祖廟反倒不全，在武宗至大
三年（1310），應宣聖五十四代孫孔思逮之議，由江浙行省製造登歌樂器
及祭服，待樂器製成後，運至闕里使用，於此，也完成闕里釋奠之窘況。

【表6-6】　元代宣聖樂章一覽表[51]

儀式	樂章	宮調	歌詞	備註
迎神	《凝安之曲》	黃鍾宮 （三成）	大哉宣聖，道德尊崇！維持王化，斯文是宗。典祀有常，精純並隆。神其來格，於昭盛容。	採北宋徽宗大晟府擬撰釋奠樂章
		大呂角 （二成）	生而知之，有教無私。成均之祀，威儀孔時。維茲初丁，潔我盛粢。永言其道，萬世之師。	採北宋徽宗大晟府擬撰釋奠樂章
		太簇徵 （二成）	巍巍堂堂，其道如天。清明之象，應物而然。時維上丁，備物薦誠。維新禮典，樂諧中聲。	採北宋徽宗大晟府擬撰釋奠樂章
		應鍾羽 （二成）	聖王生知，闡乃儒規。詩書文教，萬世昭垂。良日惟丁，靈承丕爽。揭此精虔，神其來享。	採北宋徽宗大晟府擬撰釋奠樂章

---

50 《元史》，卷68，〈禮樂志二〉，頁1697。

51 《元史》，卷69，〈禮樂志三〉，頁1738~1742。

儀式	樂章	宮調	歌詞	備註
初獻盥洗	《同安之曲》	姑洗宮	右文興化，憲古師經。明祀有典，吉日惟丁。豐犧在俎，雅奏在庭。周迴（旋）陟降，福祉是膺。	採北宋徽宗大晟府擬撰釋奠樂章
初獻升殿	《同安之曲》	南呂宮	誕興斯文，經天緯地。功加于民，實千萬世。笙鏞和鳴，粢盛豐備。肅肅降登，歆茲秩祀。	採北宋徽宗大晟府擬撰釋奠樂章
奠幣	《明安之曲》	南呂宮	自生民來，誰底其盛！惟王神明，度越前聖。粢幣具成，禮容斯稱。黍稷惟（非）馨，惟神之聽。	採北宋徽宗大晟府擬撰釋奠樂章
捧俎	《豐安之曲》	姑洗宮	道同乎天，人倫之至。有享無窮，其興萬世。既潔斯牲，粢明醑旨。不懈以忱，神之來墍（暨）。	採北宋徽宗大晟府擬撰釋奠樂章
大成至聖文宣王位酌獻	《成安之曲》	南呂宮	大哉聖王，實天生德。作樂以崇，時祀無斁。清酤惟馨，嘉牲孔碩。薦羞神明，庶幾昭格。	採北宋徽宗大晟府擬撰釋奠樂章
兗國復聖公位酌獻	《成安之曲》	南呂宮	庶幾屢空，淵源深矣。亞聖宣猷，百世宜祀。吉蠲斯辰，昭陳尊簋。旨酒欣欣，神其來止。	採北宋徽宗大晟府擬撰釋奠樂章
郕國宗聖公酌獻	《成安之曲》	南呂宮	心傳忠恕，一以貫之。爰述大學，萬世訓彝。惠我光明，尊聞行知。繼聖迪後，是享是宜。	
沂國述聖公酌獻	《成安之曲》	南呂宮	公傳自曾，孟傳自公。有嫡緒承，允得其宗。提綱開蘊，乃作中庸。侔于元聖，億載是崇。	
鄒國亞聖公酌獻	《成安之曲》	南呂宮	道之由興，於皇宣聖。維（惟）公之傳，人知趨正。與饗在堂，情文斯（實）稱。萬年承休，假哉天命。	採北宋徽宗大晟府擬撰釋奠樂章
亞獻（終獻同）	《文安之曲》	姑洗宮	百王宗師，生民物軌。瞻之洋洋，神其寧止。酌彼金罍，惟清且旨。登獻惟三，於嘻成禮。	採北宋徽宗大晟府擬撰釋奠樂章
飲福受胙	《同安之曲》	姑洗宮	（與盥洗同）	惟國學釋奠親祀用之，攝事則不用，外路州縣並皆用之。

儀式	樂章	宮調	歌詞	備註
徹豆	《娛安之曲》	南呂宮	犧象在前，豆籩在列。以享（饗）以薦，既芬既潔。禮成樂備，人和神悅。祭則受福，率尊（遵）無越。	採北宋徽宗大晟府擬撰釋奠樂章
送神	《凝安之曲》	黃鍾宮	有嚴學宮，四方來崇（宗）。恪恭祀事，威儀雍雍。歆茲惟馨，飆馭回（旋）復。明禋斯畢，咸膺百福。	採北宋徽宗大晟府擬撰釋奠樂章

【表 6-7】　元朝嘗擬譔易之宣聖樂章一覽表[52]

儀式	樂章	宮調	歌詞	備註
迎神	《文明之曲》	無記載	天縱之聖，集厥大成。立言垂教，萬世準程。廟庭孔碩，尊俎既盈。神之格思，景福來并。	
盥洗	《昭明之曲》	無記載	神既寧止，有孚顒若。疊洗在庭，載盥載濯。匪惟潔修，亦新厥德。對越在茲，敬恭惟則。	
升殿（降同）	《景明之曲》	無記載	大哉聖功，薄海內外。禮隆秩宗，光垂昭代。陟降在庭，攝齊委佩。莫不肅雝，洋洋如在。	
奠幣	《德明之曲》	無記載	圭袞尊崇，佩紳列侑。籩豆有楚，樂具和奏。式陳量幣，駿奔左右。天晫斯文，緊神之祐。	
文宣王酌獻	《誠明之曲》	無記載	惟聖堅格，享于克誠。有樂在縣，有碩斯牲。奉醴以告，嘉薦惟馨。綏以多福，永底隆平。	
兗國公酌獻	《誠明之曲》	無記載	潛心好學，不違如愚。用舍行藏，乃與聖俱。千載景行，企厥步趨。廟食作配，祀典弗渝。	
郕國公酌獻	（闕）	無記載	（闕）	
沂國公酌獻	（闕）	無記載	（闕）	

---

52 《元史》，卷 69，〈禮樂志三〉，頁 1743~1744。

儀式	樂章	宮調	歌詞	備註
鄒國公酌獻	《誠明之曲》	無記載	洙泗之傳，學窮性命。力距楊墨，以承三聖。遭時之季，孰識其正。高風仰止，莫不肅敬。	
亞獻 （終獻同）	《靈明之曲》	無記載	廟成奕奕，祭祀孔時。三爵具舉，是饗是宜。於昭聖訓，示我民彝。紀德報功，配于兩儀。	
送神	《慶明之曲》	無記載	禮成樂備，靈馭其旋。濟濟多士，不懈益虔。文教茲首，儒風是宣。祐我（皇家，億載萬年。）	括弧處原闕，今按《元文類》卷二〈釋奠樂章・送神〉補

第三節
明代《大成樂》到清代改制
——

　　明代開國之君太祖，特別重視禮樂，「明太祖初定天下，他務未遑，首開禮、樂二局，廣徵耆儒，分曹究討。」[53] 洪武元年（1368）即以太牢祀孔子於國學，洪武四年（1371）定祀孔樂生六十人、舞生四十八人，原本禮部欲選「京民之秀者，充樂、舞生。」太祖則認爲不妥，「宜擇國子生及公卿子弟在學者」來擔任[54]，此根據禮部的建議，舞用六佾，其採用八列，每列六人的規制，可見其重視如此。明代更於憲宗成化十二年（1476），根據周洪謨的建言，將樂舞增爲八佾，又於孝宗弘治九年

53　清・張廷玉等撰，《明史》（北京：中華書局，2012 年 8 月），卷 47，〈禮志一〉，頁 1223。

54　《明史》，卷 50，〈禮志四〉，頁 1296。

（1496），增樂舞爲七十二人，「如天子之制」[55]，此是歷代未有之規格，獨見明代帝王對孔子的尊崇。明世宗嘉靖九年（1530），張璁建議將先師祀典中的樂舞改爲六佾，此後成爲明代祀孔的定制。

　　明初釋奠孔子，最初用《大成》登歌樂章，洪武六年（1373）時，由詹同、樂韶鳳等另製樂章，「迎神奏《咸和》，奠帛奏《寧和》，初獻奏《安和》，亞、終獻奏《景和》，徹饌、送神奏《咸和》。」[56]共六個樂章，見【表6-8】，將釋奠樂從元代的複雜，回歸爲簡明，有唐、宋之精神。洪武十五年（1382）京師的太學落成，太祖親詣釋奠，「又詔天下通祀孔子，并頒釋奠儀注。」洪武二十六年（1393），「頒《大成樂》於天下。」[57]至此，天下祀孔皆用。

　　明代此樂章，從歌詞來看，顯然是採取了北宋徽宗朝，由大晟府所撰寫的釋奠樂章，其中的一部分組合而成。宋代樂譜不傳，今傳明代樂譜，有可能是宋代遺音，然未有證據，目前尚不敢斷言是與宋代相同。今日臺北孔廟的祭孔樂章，主要是莊本立師根據此一樂譜及歌章而譯定。

【表6-8】　明太祖洪武六年定祀先師孔子樂章一覽表 [58]

儀式	樂章	宮調	歌詞	備註
迎神	《咸和之曲》	無記載	大哉宣聖，道德尊崇。維持王化，斯民是宗。典祀有常，精純益（並）隆。神其來格，於昭聖（盛）容。	括弧之字爲宋代大晟府歌詞
奠帛	《寧和之曲》	無記載	自生民來，誰底其盛。惟王神明，度越前聖。粢帛（幣）具成，禮容斯稱。黍稷非馨，惟神之聽。	惟王後改曰惟師 括弧之字爲宋代大晟府歌詞

55 《明史》，卷50，〈禮志四〉，頁1298。

56 《明史》，卷61，〈樂志一〉，頁1502。

57 《明史》，卷50，〈禮志四〉，頁1297。

58 《明史》，卷62，〈樂志二〉，頁1552~1553。

儀式	樂章	宮調	歌詞	備註
初獻	《安和之曲》	無記載	大哉聖王，實天生德。作樂以崇，時祀無斁。清酤惟馨，嘉牲孔碩。薦羞神明，庶幾昭格。	
亞、終獻	《景和之曲》	無記載	百王宗師，生民物軌。瞻之洋洋，神其寧止。酌彼金罍，惟清且旨。登獻惟三，於戲（嘻）成禮。	括弧之字爲宋代大晟府歌詞
徹饌	《咸和之曲》	無記載	犧象在前，豆籩在列。以享（饗）以薦，既芬既潔。禮成樂備，人和神悅。祭則受福，率遵無越。	括弧之字爲宋代大晟府歌詞
送神	《咸和之曲》	無記載	有嚴學宮，四方來宗。恪恭祀事，威儀雍雍。歆格（茲）惟馨，神（飆）馭旋復。明禋斯畢，咸膺百福。	括弧之字爲宋代大晟府歌詞

（採北宋徽宗大晟府擬撰釋奠樂章）

　　清代樂制，自世祖順治元年（1644），樂章都以「平」爲名：

> 順治元年，攝政睿親王多爾袞，既定燕都，將於十月，告祭天地宗廟社稷，大學士馮銓、洪承疇等，言郊廟及社稷樂章，前代各取嘉名，以昭一代之制，梁用「雅」，北齊及隋用「夏」，唐用「和」，宋用「安」，金用「寧」，元宗廟用「寧」、郊社用「咸」，前明用「和」，我朝削平寇亂，以有天下，宜改用「平」。郊社九奏，宗廟六奏，社稷七奏，從之。[59]

因此，清代的釋奠樂章，也都是以「平」來命名。

　　清代釋奠先師的樂章，大抵有三變，首先是世祖順治二年（1645），

---

59 民國・趙爾巽等撰，《清史稿》（北京：中華書局，1977 年 8 月），卷 94，〈樂志一〉，頁 2733。

在春秋上丁之日舉行釋奠先師之禮，「樂六奏，迎神奏《咸平》，奠帛、初獻奏《寧平》，亞獻奏《安平》，終獻奏《景平》，徹饌、送神奏《咸平》。」[60]此樂章在順治元年制定[61]，見【表6-9】，此爲清代早期釋奠先師的樂章。

【表6-9】清順治元年定先師廟六章一覽表[62]

儀式	樂章	宮調	歌詞	備註
迎神	《咸平之曲》	無記載	大哉至聖，峻德宏功。敷文衍化，百王是崇。典則有常，昭茲辟雍。有虔簠簋，有嚴鼓鐘。	
初獻	《寧平之曲》	無記載	覺我生民，陶鑄前聖。巍巍泰山，實予景行。禮備樂和，豆籩惟靜。既述六經，爰斟三正。	
亞獻	《安平之曲》	無記載	至哉聖師，天授明德。木鐸萬世，式是羣辟。清酒惟酌，言觀秉翟。太和常流，英材斯植。	
終獻	《景平之曲》	無記載	猗歟素王，示予物軌。瞻之在前，神其寧止。酌彼金罍，惟清且旨。登獻既終，弗遑有喜。	
徹饌	《咸平之曲》	無記載	璧水淵淵，崇牙業業。既歆宣聖，亦儀十哲。聲金振玉，告茲將徹。黂假有成，奚牆靡愒。	
送神	《咸平之曲》	無記載	煌煌學宮，四方來宗。甄陶冑子，暨予微躬。思皇多士，膚奏厥功。佐予永清，三五是隆。	

---

60 《清史稿》，卷94，〈樂志一〉，頁2735。

61 清·龐鍾璐撰，《文廟祀典考》，將此樂章定爲國學舊樂章，於順治十三年（1656）頒，今據《清史稿》順治二年已用此樂章，故在順治元年擬撰樂章應爲合理，故此從《清史稿》之論。

62 《清史稿》，卷96，〈樂志三〉，頁2824~2825。

　　康熙六年（1667），「頒太學《中和韶樂》」[63]，樂章仍然沿用順治時期的六奏。高宗乾隆七年（1742），又將順治時期的樂章，將舊詞重改，參見【表6-10】，另外又於此時新制了直省先師廟的樂章，參見【表6-11】，此樂章也是臺灣的臺南孔廟，至今仍使用的釋奠樂章。

【表6-10】　清高宗乾隆七年以順治元年之舊詞重改一覽表[64]

儀式	樂章	宮調	歌詞	備註
迎神	《昭平》	無記載	大哉至聖，德盛道隆。生民未有，百王是崇。典則昭垂，式茲辟雍。載虔簠簋，載嚴鼓鐘。	
奠帛初獻	《宣平》	無記載	覺我生民，陶鑄賢聖。巍巍泰山，實予景行。禮備樂和，豆籩嘉靜。既述六經，爰斟三正。	
亞獻	《秩平》	無記載	至哉聖師，克明明德。木鐸萬年，維民之則。清酒既醑，言觀秉翟。太和常流，英材斯植。	
終獻	《敘平》	無記載	猗歟素王，示予物軌。瞻之在前，師表萬祀。酌彼金罍，我酒惟旨。登獻雖終，弗遑有喜。	
徹饌	《懿平》	無記載	璧水淵淵，芹芳藻潔。既歆宣聖，亦儀十哲。聲金振玉，告茲將徹。黁假有成，日月昭揭。	
送神	《德平》	無記載	煌煌辟雍，四方來宗。甄陶樂育，多士景從。如土斯埴，如金在鎔。佐予敷治，俗美時雍。	

---

63 《清史稿》，卷84，〈禮志三〉，頁2534。

64 《清史稿》，卷96，〈樂志三〉，頁2824~2825。

【表6-11】 清高宗乾隆七年重訂直省先師廟樂章一覽表[65]

儀式	樂章	宮調	歌詞	備註
迎神	《昭平》	無記載	大哉孔子，先覺先知。與天地參，萬世之師。祥徵麟紱，韻答金絲。日月既揭，乾坤清夷。	
奠帛初獻	《宣平》	無記載	予懷明德，玉振金聲。生民未有，展也大成。俎豆千古，春秋上丁。清酒既載，其香始升。	
亞獻	《秩平》	無記載	式禮莫愆，升堂再獻。響協鼖鏞，誠孚罍甒。肅肅雍雍，譽髦斯彥。禮陶樂淑，相觀而善。	
終獻	《敘平》	無記載	自古在昔，先民有作。皮弁祭菜，於論思樂。惟天牖民，惟聖時若。彝倫攸敘，至今木鐸。	
徹饌	《懿平》	無記載	先師有言，祭則受福。四海黌宮，疇敢不肅。禮成告徹，毋疏毋瀆。樂所自生，中原有菽。	
送神	《德平》	無記載	鳧繹峨峨，洙泗洋洋。景行行止，流澤無疆。聿昭祀事，祀事孔明。化我蒸民，育我膠庠。	

第四節
臺灣釋奠樂對明清的繼承

———

　　臺灣孔子廟的設置要晚至明鄭時期，首座規模粗具的孔子廟，是肇建於明代永曆十九年（1665），即今日的臺南市孔子廟。臺灣孔子廟的建

築規模，大小不一，大多數肇建於清代，爾後均屢次重修。今日孔子廟的管理，主要有官方與民間財團法人兩種形式。民國三十八年（1949）政府遷臺後，以孔子七十七代孫孔德成先生爲奉祀官，內政部並成立了「大成至聖先師奉祀官府」，以孔德成先生之宅第爲奉祀官府。民國五十五年（1966）大陸文化大革命興起，翌年，臺灣成立了「中華文化復興運動推行委員會」，今日臺灣官設的孔子廟，由於此會的催化，尊孔崇儒，促進了官方對各地孔子廟的重視，並給予修葺與興建。

目前臺灣有十三個官方所管理的孔子廟，包括有臺南市孔子廟、嘉義孔子廟、彰化孔子廟、高雄市孔子廟、臺北市孔子廟、臺中市孔子廟、新竹孔子廟、宜蘭市孔子廟、澎湖縣孔子廟、高雄縣旗山孔子廟、屏東市孔子廟、桃園孔子廟、高雄市左營舊城孔子廟。其中年代最久的是臺南市孔子廟，官方所興建的最後一間孔子廟是桃園孔子廟。然而因爲建築不良，高雄市旗山孔廟成爲最後才完工的孔廟。這些孔廟每年的釋奠禮，屬於規模較大且完備的，而位於高雄市左營舊城孔子廟，是官方孔子廟規模最小且不完備的。

屬於民間財團法人的孔子廟，主要有宜蘭羅東孔子廟、臺南歸仁敦源聖廟，還有前身屬於玉衡宮的苗栗象山孔子廟。南投縣境內有三座孔子廟，一座爲日月潭文武廟，民國八十八年（1999）「九二一大地震」曾受重創，今已重修完成；一座位於埔里，本來只是奉祀武聖關公，後建孔廟另主祀孔子；另一座爲南投孔子廟，其前身爲藍田書院，南投縣的釋奠禮，由各處輪流舉辦。除此之外，據林衡道所編《臺灣寺廟概覽》，另有二十三座奉祀孔子的廟宇，不過都與道教的鸞堂相混。

臺灣於康熙二十二年（1683），鄭克塽降清，正式結束明鄭時期，進入清領時期，並將臺灣的行政區域重置，「設府一，曰：臺灣。縣三，

附郭曰臺灣，外曰：鳳山、諸羅。」[66]形成一府下轄三縣的建置。臺灣府、臺灣縣在今臺南，鳳山縣即今高雄一帶，諸羅縣即今嘉義一帶。孔廟的崇奉，有肇建於明代永曆十九年（1665）的孔廟，「臺灣府學在府治西南，寧南坊」[67]，即今日的臺南孔子廟。另外臺灣縣學有康熙 24 年（1685），原任知縣沈朝聘，將前朝房屋改建爲孔廟，鳳山縣學也在同年，由知縣楊芳聲，將前朝房屋改建爲孔廟，諸羅縣學也由原任知縣季麒光草創茅茨[68]，臺灣最初孔廟的崇奉，都在康熙二十四年完成，四個地方也都在春秋二祀，舉行釋奠之禮。

臺灣早期的釋奠禮，是按康熙二十六年（1687）頒定實施的，

> 康熙二十六年，頒行天下聖道，正際昌隆等事。內開：奉旨：丁祭國子監十籩、十豆，舞用六佾；各府、州、縣八籩、八豆，舞亦六佾。并樂器各項，據照《會典》原定遵行。[69]

其中所採用的樂章，乃爲明代洪武六年定祀先師孔子的樂章，參見【表6-12】，另康熙五十一年（1712）周元文修《重修臺灣府志》卷六〈典秩志〉，以及康熙五十九年（1720）陳文達修《臺灣縣志》卷六〈典禮志〉所刊孔廟釋奠樂章，皆與高拱乾《臺灣府志》相同。因此康熙年間，臺灣所用釋奠樂，仍爲明制，然而清代順治年間已有修訂先師廟樂章六首，且康熙二十六年已頒定各府、州、縣用樂規定，惟獨臺灣府仍用明制樂章釋奠，倒是非常獨特。

---

66 清・蔣毓英修，《臺灣府志》（北京：中華書局，1985 年 5 月），卷 1，頁 9。

67 清・蔣毓英修，《臺灣府志》，卷 6，頁 119。

68 清・蔣毓英修，《臺灣府志》，卷 6，頁 120。

69 清・高拱乾等修，《臺灣府志》（北京：中華書局，1985 年 5 月），卷 6，〈典秩志〉，頁 821。

【表 6-12】　臺灣於清聖祖康熙年間釋奠孔廟樂章一覽表[70]

儀式	樂章	宮調	歌詞	備註
迎神	《咸和之曲》	無記載	大哉孔（宣）聖，道德尊崇。維持王化，斯民是宗。典祀有常，精純並（益）隆。神其來格，於昭聖容。	括弧爲明代洪武六年之原詞
奠帛	《寧和之曲》	無記載	自生民來，誰底其盛。惟師神明，度越前聖。粢帛具聖（成），禮容斯稱。黍稷非馨，惟神之聽。	括弧爲明代洪武六年之原詞
初獻	《安和之曲》	無記載	大哉聖師（王），實天生德。作樂以崇，時祀無斁。清酤惟馨，嘉牲孔碩。薦羞神明，庶幾昭格。	括弧爲明代洪武六年之原詞
亞、終獻	《景和之曲》	無記載	百王宗師，生民物軌。瞻之洋洋，神其寧止。酌彼金罍，惟清且旨。登獻惟三，於嘻（戲）成禮。	括弧爲明代洪武六年之原詞
徹饌	《咸和之曲》	無記載	犧象在前，籩豆（豆籩）在列。以饗（享）以薦，既芬既潔。禮成樂備，人和神悅。祭則受福，率籩（遵）無越。	括弧爲明代洪武六年之原詞
送神	《咸和之曲》	無記載	有嚴學宮，四方來宗。恪恭祀事，威儀雝雝（雍雍）。歆茲（格）惟馨，神馭還（旋）復。明禋斯畢，咸膺百福。	括弧爲明代洪武六年之原詞
詣望瘞位	《咸和之曲》	無記載	（樂章與送神同）	

　　乾隆七年（1742）清廷已改訂先師廟樂章，臺灣於乾隆初期，釋奠用樂，又將順治元年（1644）修訂的先師廟樂章，拿來使用，其樂章名與歌詞皆同，從其律呂與工尺譜來看，六首樂章只用二律，與《頖宮禮樂疏》所載明代樂譜相同[71]，參見【圖6-1】、【圖6-2】、【圖6-3】、【圖6-4】。

70　清・高拱乾修《臺灣府志》，卷6，〈典秩志〉，頁175~178。

71　清・劉良璧、錢洙、范昌治，《重修福建臺灣府志》（臺北：成文出版社，1983年3月），卷9，〈典禮志〉，頁737~741。

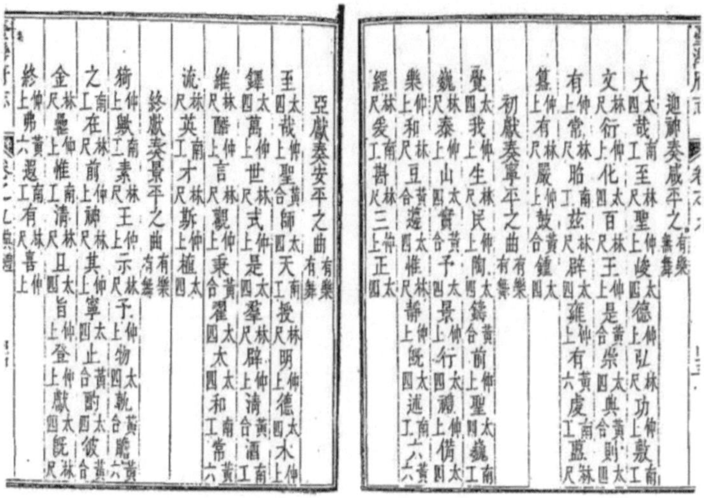

【圖 6-1】 清代乾隆初期臺灣釋奠樂譜之一 [72]

【圖 6-2】 清代乾隆初期臺灣釋奠樂譜之二

---

72 清・劉良璧、錢洙、范昌治，《重修福建臺灣府志》，卷9，〈典禮志〉，頁737~741。

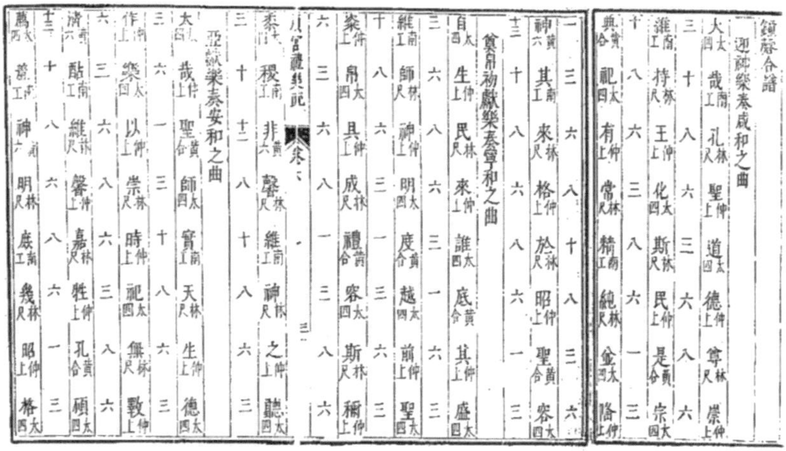

【圖 6-3】　明代洪武年間所傳釋奠樂譜之一 [73]

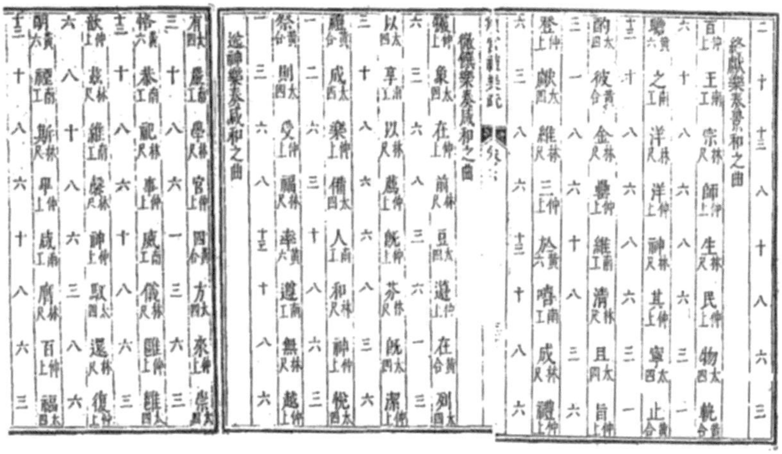

【圖 6-4】　明代洪武年間所傳釋奠樂譜之二

　　此後臺灣方志書，例如范咸《重修臺灣府志》、王必昌總纂《重修臺灣縣志》、王瑛曾總纂《重修鳳山縣志》、黃佾等纂輯《續修臺灣府

73　明・李之藻，《頖宮禮樂疏》，卷 6，頁 716~721。

志》、周璽總纂《彰化縣志》等 [74] 所記載的釋奠用樂，都改用新訂的樂章歌詞，但是樂章名仍沿用明代之名稱，僅將其「和」字改為「平」字，故其名稱為《咸平》、《寧平》、《安平》、《景平》、《咸平》、《咸平》[75]，及順治元年所用的樂名，參見【表6-13】。另王必昌總纂《重修臺灣縣志》及王瑛曾總纂《重修鳳山縣志》兩志中，皆附有乾隆八年奉文新定的樂譜，兩譜皆同，調分春秋兩調，因此，樂譜也用工尺譜分別記錄了兩條旋律，今將兩譜著於【圖6-5】、【圖6-6】、【圖6-7】與【圖6-8】，以供參考。

【表6-13】　臺灣於清高宗乾隆年間釋奠孔廟樂章一覽表 [76]

儀式	樂章	宮調	歌詞	備註
迎神	《咸平》	無記載	大哉孔子，先覺先知。與天地參，萬世之師。祥徵麟紱，韻答金絲。日月既揭，乾坤清夷。	乾隆樂章名為《昭平》
奠帛初獻	《寧平》	無記載	予懷明德，玉振金聲。生民未有，展也大成。俎豆千古，春秋上丁。清酒既載，其香始升。	乾隆樂章名為《宣平》
亞獻	《安平》	無記載	式禮莫愆，升堂再獻。響協鼖鏞，誠孚罍甒。肅肅雍雍，譽麾斯彥。禮陶樂淑，相觀而善。	乾隆樂章名為《秩平》

74　清・范咸，《重修臺灣府志》（臺北：成文出版社，1983 年 3 月），卷 8，〈學校志〉，頁 614~618。清・魯鼎梅主修、王必昌總纂，《重修臺灣縣志》（臺北：成文出版社，1983 年 3 月），卷 7，〈禮儀〉，頁 589~594。清・余文儀等主修、王瑛曾總纂，《重修鳳山縣志》（臺北：成文出版社，1983 年 3 月），卷 6，〈學校志〉，頁 473~476。清・余文儀主修、黃佾等纂輯，《續修臺灣府志》（臺北：成文出版社，1983 年 3 月），卷 8，〈學校志〉，頁 649~652。清・李廷璧主修、周璽總纂，《彰化縣志》（臺北：成文出版社，1983 年 3 月），卷 4，〈學校志〉，頁 511~514。

75　明代洪武年間樂章名為《咸和》、《寧和》、《安和》、《景和》、《咸和》、《咸和》。

76　清・龐鍾璐撰，《文廟祀典考》，卷 6，〈昭代樂制〉，頁 387~388。

儀式	樂章	宮調	歌詞	備註
終獻	《景平》	無記載	自古在昔，先民有作。皮弁祭菜，於論思樂。惟天牖民，惟聖時若。彝倫攸敘，至今木鐸。	乾隆樂章名爲《敘平》
徹饌	《咸平》	無記載	先師有言，祭則受福。四海黌宮，疇敢不肅。禮成告徹，毋疏毋瀆。樂所自生，中原有菽。	乾隆樂章名爲《懿平》
送神	《咸平》	無記載	鳧繹峨峨，洙泗洋洋。景行行止，流澤無疆。聿昭祀事，祀事孔明。化我蒸民，育我膠庠。	乾隆樂章名爲《德平》

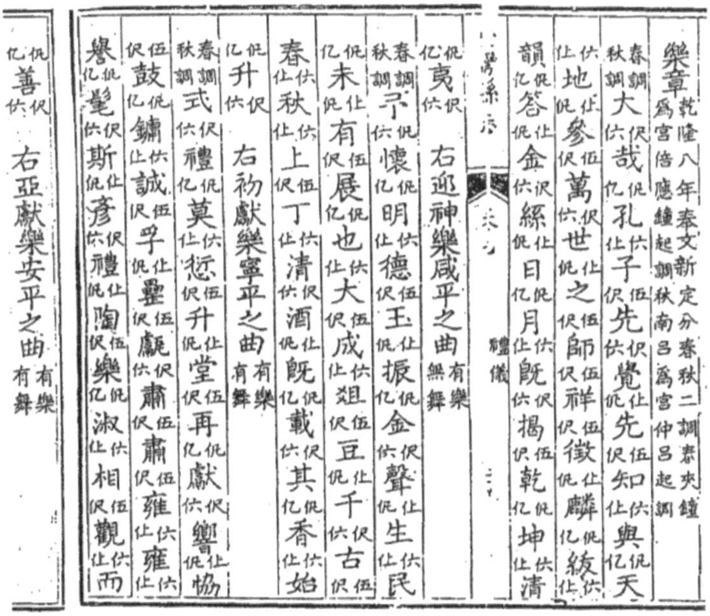

【圖6-5】　《重修臺灣縣志》所記乾隆八年奉文新定的樂譜之一[77]

77　清‧魯鼎梅主修、王必昌總纂，《重修臺灣縣志》，卷7，〈禮儀志〉，頁595~597。

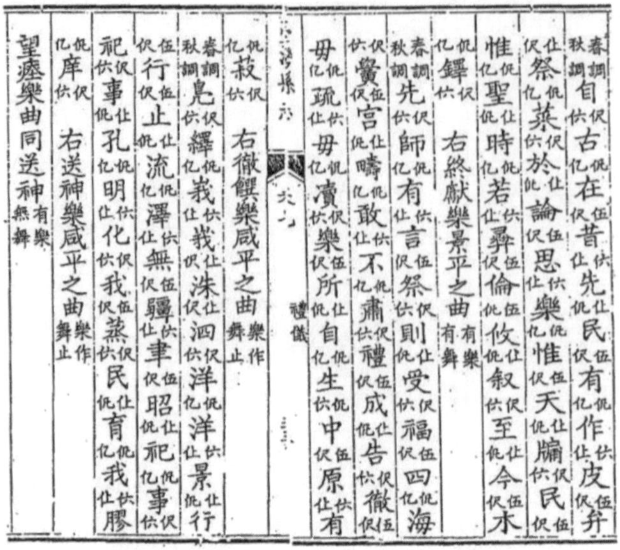

【圖 6-6】 《重修臺灣縣志》所記乾隆八年奉文新定的樂譜之二

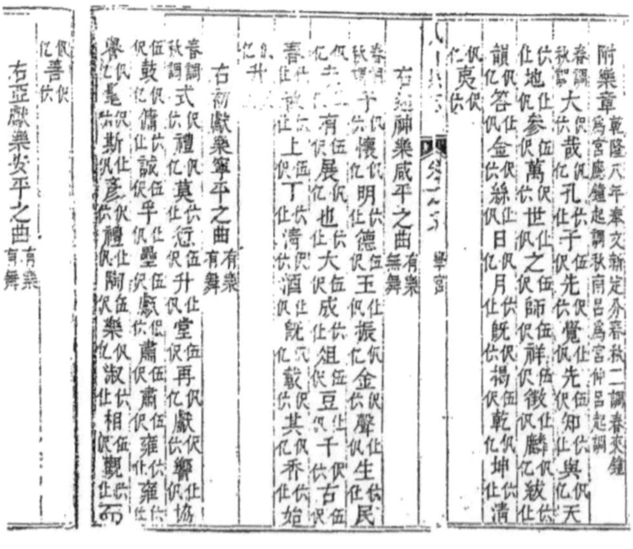

【圖 6-7】 《重修鳳山縣志》所記乾隆八年奉文新定的樂譜之一 [78]

---

78 清・余文儀等主修、王瑛曾總纂，《重修鳳山縣志》，卷 6，〈學校志〉，頁 473~475。

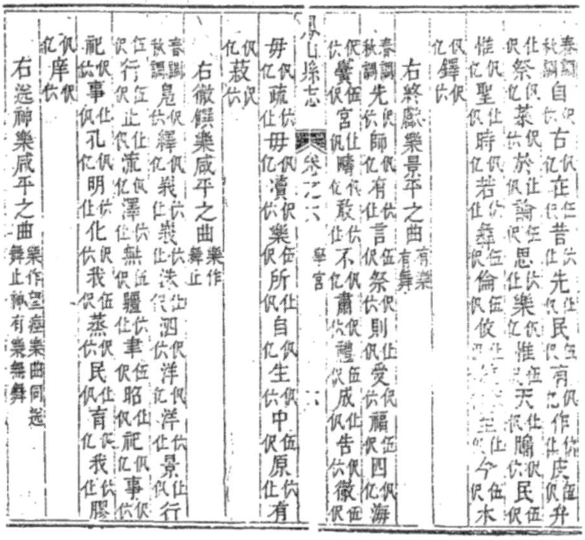

【圖6-8】　《重修鳳山縣志》所記乾隆八年奉文新定的樂譜之二

　　臺灣各地孔廟，使用乾隆年間新頒定的釋奠樂，至遲約在同治年間，新頒之樂章，皆用《昭平》、《宣平》、《秩平》、《敘平》、《懿平》、《德平》[79]。

　　目前臺灣的祀孔音樂，有近於明制與近於清制兩種。以臺北孔廟為主，各地方的官設孔廟多以明制為本，清制則只有臺南孔廟使用，明制的用樂要晚至民國五十九年（1970）經「祭孔禮樂改進委員會」後才使用，而要追尋臺灣早期用樂的實際情況，並於今日仍可見的，可能要從臺南孔廟的用樂談起。

79　清・陳培桂主修、楊浚纂輯，《淡水廳志》（臺北：成文出版社，1983年3月），卷5，〈學校志〉，頁333~336。

（一）臺南孔廟釋奠用樂

臺南孔廟自肇建以來，曾經過十九次重要的修繕，孔廟釋奠樂器的修補，最早可見的記載是在乾隆十四年（1749），由當時欽命巡視臺灣兼提督學政河南道監察御史楊開鼎主持，其「奉命巡臺，慨然於府、縣學之日就傾圮，樂器、祭器簡陋已甚，有志新之。」[80] 然而因絀於財力，而後有廩生願輸金維修，於是在乾隆十四年：

> 郡諸生侯世輝等捐貲大修，於是改六德齋為典籍庫，改六行齋為禮器庫、樂器庫，崇聖殿下統為廊，達於東西廡。又新建泮宮坊，鑄祭器、樂器。[81]

這是目前所見的第一次修繕樂器紀錄，此次修繕完成於乾隆十六年（1751），當時也在大成門內左壁立碑致記[82]。乾隆四十二年（1777）臺灣府知府蔣元樞，因釋奠的禮樂器闕如，「復遠求吳市，製造彝器。」[83] 此時又從江蘇一帶，更新了一批禮樂器物，這是第二次修繕樂器紀錄。

道光十五年（1835），福建分巡臺澎等處兵備道兼提督學政劉鴻翱，重修夫子廟，並修祭器、樂器，翌年三月完成：

> 翱復與府守謀樂器，員外郎吳尚新、生員劉衣紹、六品職員蔡植楠請任修鐘、鏞、匏、鼓、琴、瑟、簫、管、斆、磬、祝、敔皆

80　范咸，《重修臺灣府志》，卷 8，〈學校志〉，頁 614~618。

81　清·陳壽棋總纂，《福建通志臺灣府》（臺北：臺灣大通書局，2000 年 3 月），〈學校〉，頁 239。

82　何培夫主編，《臺灣地區現存碑碣圖誌》（臺北：國立中央圖書館臺灣分館，1992 年 6月），臺南市（上）篇，〈重脩府學碑記〉，頁 19。

83　《臺灣地區現存碑碣圖誌》，臺南市（上）篇，〈重脩臺灣府孔子廟學碑記〉，頁 24。

具。舞六佾六六三十六人，聘海內樂工，以時教童子習。[84]

這是第三次較重要的樂器修繕。臺南孔廟設立樂局的時間，至遲在道光十五年（1835）冬，姚瑩曾在道光十八年（1838）中秋參與釋奠，其描述道：「先是三年冬，中丞劉公觀察臺灣，與郡人士修府、縣學宮，設局舉蔡生植楠教習樂舞，頗備聲容矣。」[85]此處兩條材料相比對，約可建構出當時樂局之形成。

臺南孔廟的樂局，現已易名爲「以成書院」，附屬於孔廟的民間社團，有獨立的管理及運作系統，今日仍是釋奠禮樂的主角。目前可追尋其易名爲書院的時間，大約在光緒十七年（1891），當時的工部郎中職員陳鳴鏘，慨歎雅樂將淪，於是獨立出資，禮聘王縣令少君，通稱王老五爲樂師，並以林協台公子林二舍爲顧問，邀集地方文士，開局研練，並推許南英進士爲社長，成立「以成書院」[86]。

以成書院繼承了樂局，舊時樂局有田佃、塭租等收入，而後由以成書院來承接，現今這些田佃等，已歸政府接管。以成書院主要仍在民間音樂的演習，稱爲「雅樂十三音」：

> 至於十三音之設，以十三種樂器編成之故，稱曰「十三音」。專
> 集庠序秀才爲之，流傳寖盛各界人士之長音律者，亦別樹一幟，
> 各立社名。蓋前清之時，每十二年一回恭送聖蹟（字紙灰），
> 敬請孔子神輿巡繞府城內外，及節孝旌表恭迎晉祠。於是時，

---

84 《臺灣地區現存碑碣圖誌》，臺南市（上）篇，〈臺灣府學重修夫子廟並祭器樂器記〉，頁39。

85 清・姚瑩，《中復堂選集》（臺北：臺灣銀行，1960年9月），東溟文後集，卷13，〈臺灣府學聖廟祭品碑〉，頁175。

86 林開登，《大成至聖先師孔子二五三四週年誕辰釋奠暨以成書院一五週年特刊》（臺南：臺南市孔廟管理委員會編印，1984年9月），頁4。

「十三音」編隊隨神輿前，或聖旨亭前奏樂燦行，或逢武聖及祀
典廟宇祭祀，舉行神輿繞境時，亦酌用之。[87]

以成書院「十三音」的演習者，皆爲秀才始可參與，早期用於孔廟及武廟
祀典，雖爲民間音樂形式，然而當時皆認爲此樂，「其吹奏音律，金聲玉
振，雅韻悠揚，聽者精神爲之一爽，是爲文教之雅樂，亦則文人之韻事，
實爲雅頌昇平之一美風，不可與俗樂同日而語也。」[88] 因此，「十三音」
始終被認爲是雅樂之音，因而在釋奠中，由其扮演用樂聲韻，是代表對孔
子的尊崇，今日的釋奠用樂，仍然是由其擔任樂生的角色，除了使用傳統
八音樂器，另外再加上「十三音」的樂器，參見【圖 6-9】，這也是臺南
孔廟釋奠用樂最與眾不同之處。

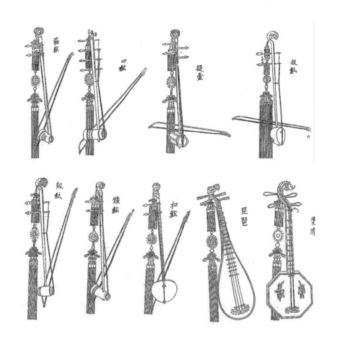

87　林海籌編，《同聲集》（臺南：臺南樂局以成書院，昭和 8 年 10 月），〈雅樂十三音
　　之由緒〉，頁 1。

88　《同聲集》，〈雅樂十三音之由緒〉，頁 1~2。

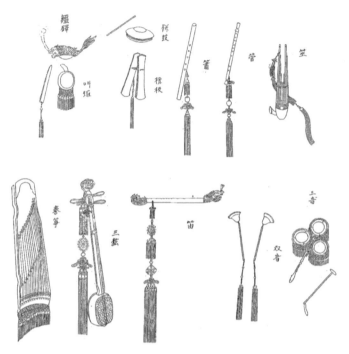

【圖 6-9】　臺南孔廟以成書院「十三音」樂器[89]

　　釋奠樂用「十三音」是逐漸演變而來的，依以成書院內部的書刊《聖廟釋奠儀節》，文本所載，早期釋奠用樂仍以傳統八音樂器為主，此形式經過日治時期，臺灣光復（1945）後仍使用，直到民國六十四年（1975）開始使用「十三音」樂器，爾後傳統八音樂器，因毀損而不堪使用，或傳承無人等因素，逐漸以「十三音」音樂為主要釋奠用樂，而後又加上了現代國樂的部分樂器，主要是為了擴充音量[90]，今制與古制已大相逕庭。

89　林海籌編，《同聲集》，〈雅樂十三音之由緒〉，圖頁 1~19。

90　杜潔明，《臺南孔廟樂局──以成書院之研究》（嘉義：南華大學美學與藝術管理研究所碩士論文，2003 年 6 月），頁 52~58。作者為以成書院成員，曾多次參與釋奠禮樂，其描述為其親身參與情況。

　　釋奠樂章最早是按康熙二十六年（1687）頒定實施的，採用明代洪武六年定祀先師孔子的樂章，因此，康熙年間，臺南孔廟所用釋奠樂，仍為明制，乾隆初期，釋奠用樂，又將順治元年（1644）修訂的先師廟樂章，拿來使用，其樂章名與歌詞皆同，至遲約在同治年間，已使用乾隆年間新頒定的釋奠樂，其樂章，皆用《昭平》、《宣平》、《秩平》、《敘平》、《懿平》、《德平》，此清制釋奠樂一直沿用至今，其樂譜是按照闕里孔廟樂章演奏，參見【圖 6-10】。

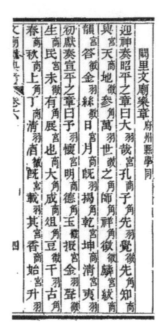

【圖 6-10】　乾隆年間闕里孔廟釋奠樂章之一（府、州、縣學同）[91]

91　清‧龐鍾璐撰，《文廟祀典考》，卷 6，〈昭代樂制〉，頁 387~388。

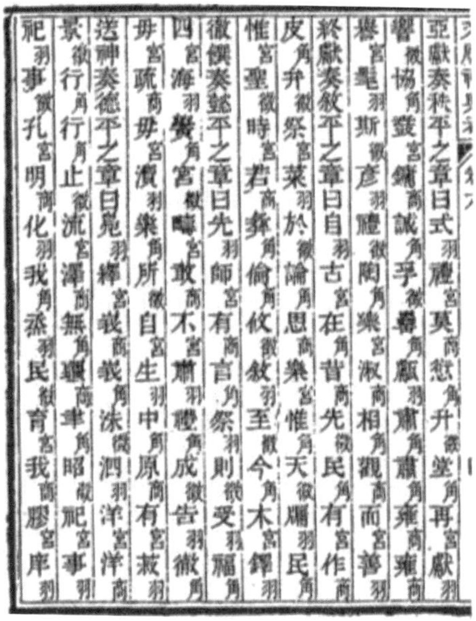
亞獻奏秩平之章曰式羽禮宮其商愆角升徵堂角再宮獻羽
嚮徵協角聲宮鏞商誠角孚徵罍角甗羽肅角肅角雍商雍商
譽宮髦羽斯徵彥羽體徵陶角樂宮淑商相角觀商而宮善羽
終獻奏敘平之章曰自羽古宮在角昔商先徵民角有宮作商
皮角弁徵祭宮菜羽於徵論角思商樂宮惟角天徵牖羽民角
惟宮聖徵時宮若商彝角倫角攸徵敘羽至徵今角木宮鐸羽
徹饌奏懿平之章曰先羽師宮有商言角祭羽則徵受羽福角
四宮海羽饗角宮徵疇宮敢商不宮肅羽禮角成徵告羽徹角
毋宮疏商毋宮瀆羽樂角所徵自宮生羽中角原商有宮菽羽
送神奏德平之章曰鳧羽繹宮峩商峩角洙徵泗羽洋宮洋商
景徵行角行角止徵流宮澤商無角疆商聿角昭徵祀宮事羽
祀羽事徵孔宮明商化羽我角烝羽民徵育宮我商膠宮庠羽

【圖 6-11】　乾隆年間闕里孔廟釋奠樂章之二（府、州、縣學同）

（二）臺北孔廟釋奠用樂

清領時期，由沈葆楨「請設臺北府、縣，以固北路。」[92]於是在光緒元年（1875）臺北設府，領淡水、新竹、宜蘭等三縣，以及基隆廳[93]。臺北府儒學的建立約在光緒六年（1880）「建臺北府儒學、考棚及登瀛書院」[94]，這是目前臺北孔廟前身較早的年代記載。

臺北孔廟釋奠用樂，初爲清制，日治時期或承襲、或改變，甚至進而廢除傳統釋奠樂，民國三十四年（1945）臺灣光復後，釋奠樂恢復清制舊

92 《清史稿》，卷 71，〈地理志十八〉，頁 315。

93 清・薛紹元，《臺灣通志》（臺北：臺灣大通書局，2000 年 3 月），〈建革〉，頁 30。

94 許南英，《窺園留草》（臺北：臺灣銀行，1962 年 9 月），頁 222。

典，使用乾隆年間新頒定的釋奠樂，樂章皆用《昭平》、《宣平》、《秩平》、《敘平》、《懿平》、《德平》，而樂譜也是按照闕里孔廟樂章演奏。

臺北孔廟釋奠用樂重大的改變，是在民國五十七年（1968）至民國五十九年（1970）期間，「總統於民國五十七年二月二十二日手諭，對於孔廟雅樂，祭孔之樂器、舞蹈、服裝之製作與研究，應加以注重，以恢復我國古有禮樂之基礎。」[95]於是於當年成立了「祭孔禮樂工作委員會」，由當時任中山博物院院長蔣復璁先生擔任主任委員，分年設立了禮儀研究組、服裝研究組、樂舞研究組、祭器研究組等四組，其中在音樂的部分，莊本立師貢獻良多，釋奠樂在第一年的改進主要有兩點，其一：廢除過去所使用的清制樂章，改採明代洪武年間的大成樂章，並參照古譜，每句間敲擊鐘鼓四拍，使各句分明；其二：鐘鼓仍用清代節奏，但省去內外鐘鼓所奏的三通鼓，並在望燎時按古禮加擊外鼓、外鐘。樂器則由莊本立師按周制改進製作的編鐘、編磬，同時也將塤、篪、搏拊重製，琴、瑟改用絲弦，簫、笛、排簫亦校準，並且將過去奏清代樂章無歌，改為用男生歌唱[96]。

「祭孔禮樂工作委員會」在第二年又增加了一些樂器，有晉鼓、建鼓、鎛鐘、鏞鐘等，鐘上又著有「復興中華文化，發揚民族精神」，此四件大型樂器，均由莊本立師設計監製，編制上也略為擴充，如笙、笛各由四把增為六把，鳳簫、鼗鼓也都增加兩個，由於樂器的增加，樂隊編制也擴大，樂生從三十六人擴充為五十四人，今天臺北孔廟的釋奠樂生，也在五十二人至六十人之間作調配。第三年在樂器上又增加特磬及應鼓各一，

95　祭孔禮樂工作委員會編印，《祭孔禮樂之改進》（臺北：祭孔禮樂工作委員會，1970年9月），頁2。

96　《祭孔禮樂之改進》，頁3。

亦是由莊本立師設計製造，特磬是仿商代虎紋大石磬而製，樂器增加，樂生又較前年多五人，成為五十九人的編制。樂章將亞獻、終獻之「百王宗師」改為「萬世宗師」[97]，今用樂章參見【表6-14】，樂譜參見【圖6-12】。此釋奠樂章曾在民國六十八年（1979），由陳立夫先生修訂過，並由內政部核定，然而卻一直未用，主要仍是以明代大成樂章為藍本，其樂章參見【表6-15】。

【表6-14】　今臺北孔廟所用明代大成樂章一覽表[98]

儀式	樂章	宮調	歌詞	備註
迎神	《咸和之曲》	G調	大哉孔（宣）聖，道德尊崇。維持王化，斯民是宗。典祀有常，精純並（益）隆。神其來格，於昭聖容。	括弧之字為明代歌詞
奠帛	《寧和之曲》	G調	自生民來，誰底其盛。惟師（王）神明，度越前聖。粢帛具成，禮容斯稱。黍稷非馨，惟神之聽。	括弧之字為明代歌詞
初獻	《安和之曲》	G調	大哉聖師（王），實天生德。作樂以崇，時祀無斁。清酤惟馨，嘉牲孔碩。薦羞神明，庶幾昭格。	括弧之字為明代歌詞
亞、終獻	《景和之曲》	G調	萬世（百王）宗師，生民物軌。瞻之洋洋，神其寧止。酌彼金罍，惟清且旨。登獻惟三，於嘻成禮。	括弧之字為明代歌詞
徹饌	《咸和之曲》	G調	犧象在前，豆籩在列。以享以薦，既芬既潔。禮成樂備，人和神悅。祭則受福，率遵無越。	－
送神	《咸和之曲》	G調	有嚴學宮，四方來宗。恪恭祀事，威儀雝雝（雍雍）。歆茲（格）惟馨，神馭還（旋）復。明禋斯畢，咸膺百福。	括弧之字為明代歌詞

（原為明太祖洪武六年定祀先師孔子樂章，明代又採自北宋徽宗大晟府擬撰釋奠樂章。）

---

97 《祭孔禮樂之改進》，頁4~10。

98 《祭孔禮樂之改進》，頁12~14。

【表 6-15】 陳立夫先生以明代大成樂章爲藍本所修訂之樂章一覽表

儀式	樂章	歌詞
迎神	《咸和之曲》	大哉孔子，道德尊崇。繼往開來，誠仁行中。極其高明，道乎中庸。千秋祀典，於穆聖功。
初獻	《寧和之曲》	自生民來，底誰其盛。惟我夫子，度越前聖。粢帛具成，禮容斯稱。黍稷非馨，明德惟馨。
亞獻	《安和之曲》	大哉宣聖，實天生德。訂禮正樂，彝倫無數。清酤惟馨，嘉牲孔碩。薦羞神明，庶幾昭格。
終獻	《景和之曲》	萬世師表，蒸民物則。瞻之洋洋，臨鑒赫赫。酌彼金罍，惟清且旨。登獻惟三，於戲成禮。
徹饌	《咸和之曲》	犧象在前，豆籩在列。以享以薦，既芬既潔。禮成樂備，人和神悅。祭則受福，率遵無越。
送神	《咸和之曲》	鳧繹峨峨，洙泗洋洋。景行行止，流澤無疆。聿昭祀事，祀事孔明。中山奉化，一脈相承。

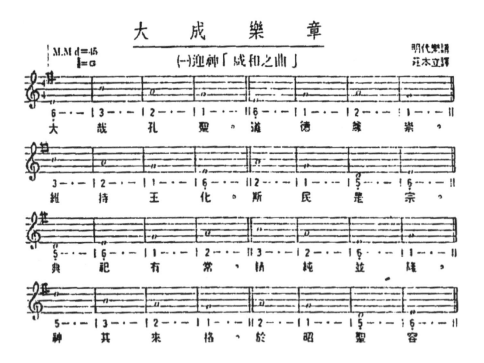

㈣終獻「景和之曲」

1──3──｜2─‧‧｜2──1‧｜6─‧5──‖

萬　世　宗　師。生　民　物　軌

5──3──｜2─‧‧｜2──1‧｜6─‧5──‖

猷　之　洋　洋。神　其　寧　止。

6──5──｜2─‧‧｜1──3‧｜2─‧6──1──‖

酌　彼　金　罍。惟　清　且　旨。

1──6──｜2─‧‧｜1──｜5─‧3──｜2─‧1──‖

登　獻　惟　三。於　嘻　成　禮。

㈤撤饌「咸和之曲」

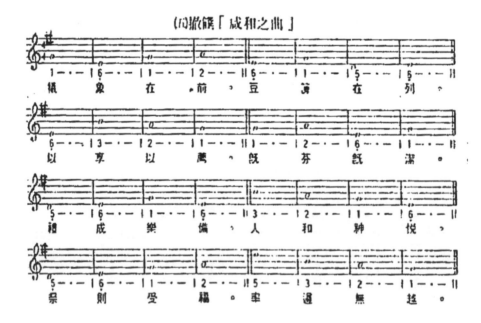

1─‧6─‧｜1─‧‧｜2─‧6‧｜1─‧‧5─‧6──‖

犧　象　在　前。豆　籩　在　列。

6──3──｜2──1‧｜1──｜3──6─‧｜1──‖

以　享　以　薦。既　芬　既　潔。

5─‧6─‧｜1─‧6‧｜3──1‧｜1──6──‖

禮　成　樂　備，人　和　神　悅，

5─‧6─‧｜1─‧‧｜2─‧‧5─‧｜3─‧2─‧1──‖

宗　則　受　福。率　遵　無　越。

【圖 6-12】　臺北孔廟現用樂譜 [99]

結語

　　帝王用樂祀孔始自東漢章帝元和二年（85），使用「六代之樂」祀孔。釋奠用樂的規格，在南朝宋文帝元嘉年間，曾由裴松之提出用六佾之舞。而軒懸規制的落實，則在南齊武帝永明三年（485），北齊的規制，釋奠禮中，列軒懸樂，舞六佾，並行三獻禮，祀孔用三獻禮也成為規制，祀期也明確定為仲春和仲秋舉行。隋文帝時，首先創制了祀先聖先師的樂章，爾後，各代均創制釋奠樂章。北宋徽宗大晟府擬撰釋奠樂章十四首，元代的宣聖樂章全部採用此樂章，明代洪武六年定祀孔子的樂章，也由此十四首中，選取六首使用，臺灣於清康熙年間所使用的釋奠樂章，即遵此

99　董金裕，《至聖先師孔子釋奠解說》，〈大成樂章〉。

明制。今日，臺灣大多數的孔廟釋奠用樂，即承襲於此。

　　臺灣首座規模初具的孔子廟，是肇建於明代永曆十九年（1665），即今日的臺南市孔子廟。臺灣孔子廟的建築規模，大小不一，大多數肇建於清代，爾後均屢次重修。今日孔子廟的管理，主要有官方與民間財團法人兩種形式。民國五十五年（1966）大陸文化大革命興起，翌年，臺灣成立了「中華文化復興運動推行委員會」，今日臺灣官設的孔子廟，由於此會的催化，尊孔崇儒，促進了官方對各地孔子廟的重視，並給予修葺與興建。目前臺灣有十三個官方所管理的孔子廟，而屬於民間財團法人的孔子廟，主要有宜蘭羅東孔子廟、臺南歸仁敦源聖廟、苗栗象山孔子廟，南投縣境內，一座為日月潭文武廟，一座位於埔里，本來只是奉祀武聖關公，後建孔廟另主祀孔子，另一座為南投孔子廟，其前身為藍田書院。此外，也有約二十三座奉祀孔子的廟宇，不過都與道教的鸞堂相混。

　　臺灣於明鄭時期初建孔廟後，其釋奠樂用明制，清領初期的釋奠樂，是按康熙二十六年（1687）頒定實施的，其中所採用的樂章，乃為明代洪武六年定祀先師孔子的樂章。臺灣各地孔廟，使用乾隆年間新頒定的釋奠樂，至遲約在同治年間。目前臺灣的祀孔音樂，有近於明制與近於清制兩種。以臺北孔廟為主，各地方的官設孔廟多以明制為本，清制則只有臺南孔廟使用，明制的用樂要晚至民國五十九年（1970）經「祭孔禮樂改進委員會」後才使用，其樂器多遵古式新製，清制的用樂，則自清末沿用至今，其樂器除傳統的祭孔樂器外，另外增加了民間音樂的「雅樂十三音」。

第七章

「臺灣文獻叢刊」有關
文廟釋奠樂的論述

　　「臺灣文獻叢刊」（以下簡稱「叢刊」）是研究臺灣史學者不可或缺的重要史料，「叢刊」蒐集、整理、出版的重要推手為周憲文先生，其原任臺灣大學法學院院長，後轉任臺灣銀行工作並創設了金融研究室（後改名為經濟研究室），主要是以臺灣經濟發展為研究宗旨，基於此研究之需求必須廣蒐文獻史料，因而促成了此「叢刊」的出版。「叢刊」從民國四十六年（1957）八月出版第一本書，至民國六十一年（1972）十二月止，總計十五年的時間，出版了三百零九種、五百九十五冊書籍。[1]「叢刊」蒐集的書目上自唐代，下歷宋、元、明、清，以至於日治時期，內容包含臺灣方志、南明史集與明鄭文獻、清代檔案、私家著述與詩文集等，文獻內容集合了臺灣淵源之歷史、政治、經濟、社會文化、地理與風俗民情等，包羅甚廣。

　　「叢刊」中對於專門奉祀孔子（前552~前479）[2]的廟多主要以「文廟」與「孔廟」來稱呼，以「文廟」為名書寫者，其相關的紀錄約有六百六十餘則，以「孔廟」為名書寫者，其相關的紀錄約有三十一則，顯見「文廟」仍是文獻書寫主要的用詞，主要是因為明清文獻多喜用「文廟」一詞，本文依此在全文論述中概皆以「文廟」稱述為主。「叢刊」中記載到文廟的書籍約有一百四十七種之多，以「文廟」來書寫的有一百四十二種；以「孔廟」來書寫的有三十六種，除了《臺灣割據志》、《臺灣鄭氏紀事》、《劍花室詩集》、《甲申傳信錄》、《弘光實錄鈔》等五書所書

1　有關本「叢刊」之出版始末請參閱吳幅員，〈刊印「臺灣文獻叢刊提要」贅言〉，見於《臺灣文獻叢刊提要》（臺北：大通書局，2000年10月），頁1~4。

2　有關孔子的生卒年問題，史料文獻及學者研究仍有多項不同之結論，《史記》：「魯襄公二十二年（前551）而孔子生。」（北京：中華書局，2003年7月），卷47，〈孔子世家〉，頁1905。另宋濂曾作《孔子生卒歲月辯》，對孔子的生年採用《公羊傳》與《穀梁傳》二傳的說法，即魯襄公二十一年（前552），卒年在魯哀公十六年（前479）則採用《左傳》的說法，今採此看法。參見明·宋濂撰，《文憲集》收錄於《景印文淵閣四庫全書》，第1224冊（臺北：臺灣商務印書館，1986年3月），別集類，集部163，卷27，頁406~408。

寫皆只用「孔廟」，其餘的三十一種將「文廟」與「孔廟」兩者並呈，參
見【表 7-1】。

【表 7-1】　「臺灣文獻叢刊」中「文廟」與「孔廟」書寫對照表

以「文廟」書寫者		以「孔廟」書寫者	
叢刊種號	書名	叢刊種號	書名
—	無	1	《臺灣割據志》
2	《東瀛識略》	—	無
4	《臺海使槎錄》	—	無
—	無	5	《臺灣鄭氏紀事》
8	《東瀛紀事》	8	《東瀛紀事》
13	《靖海紀事》	—	無
14	《平臺紀略》	—	無
17	《治臺必告錄》	—	無
18	《臺灣志略》	—	無
25	《賜姓始末》	25	《賜姓始末》
27	《劉壯肅公奏議》	—	無
30	《臺陽見聞錄》	—	無
42	《海南雜著》	—	無
47	《戴施兩案紀略》	—	無
48	《苑裏志》	—	無
52	《安平縣雜記》	—	無
54	《臺灣教育碑記》條目較多	54	《臺灣教育碑記》
55	《臺灣采訪冊》	—	無
61	《新竹縣志初稿》	—	無
62	《楊勇愨公奏議》	—	無
63	《樹杞林志》	—	無
64	《臺灣詩乘》	—	無
65	《臺灣府志》	—	無

以「文廟」書寫者		以「孔廟」書寫者	
叢刊種號	書名	叢刊種號	書名
66	《重修臺灣府志》	—	無
67	《鄭成功傳》	—	無
69	《鄭氏關係文書》	69	《鄭氏關係文書附海外異傳》
71	《臺灣日記與稟啓》	—	無
73	《鳳山縣采訪冊》	—	無
74	《重修福建臺灣府志》	—	無
75	《恆春縣志》	—	無
76	《南天痕》	76	《南天痕》
80	《金門志》	—	無
83	《中復堂選集》	—	無
84	《福建通志臺灣府》	—	無
85	《南明野史》	85	《南明野史》
86	《所知錄》	—	無
89	《臺灣遊記》	89	《臺灣遊記》
92	《噶瑪蘭志略》	—	無
—	無	94	《劍花室詩集》
95	《廈門志》	—	無
96	《東南紀事》	—	無
99	《海東逸史》	—	無
101	《新竹縣制度考》	—	無
102	《欽定平定臺灣紀略》	—	無
103	《臺灣縣志》	103	《臺灣縣志》
104	《澎湖臺灣紀略》	—	無
105	《重修臺灣府志》	—	無
106	《明季三朝野史》	—	無
107	《臺風雜記》	107	《臺風雜記》
109	《澎湖紀略》	—	無

以「文廟」書寫者		以「孔廟」書寫者	
叢刊種號	書名	叢刊種號	書名
111	《思文大紀》	—	無
112	《明季遺聞》	—	無
113	《重修臺灣縣志》	113	《重修臺灣縣志》
114	《續補明紀編年》	—	無
116	《陳清端公文選》	—	無
117	《臺灣私法人事編》	—	無
118	《魯春秋》	—	無
121	《續修臺灣府志》	—	無
122	《使署閒情》	—	無
124	《鳳山縣志》	—	無
127	《鹿樵紀聞》	—	無
128	《臺灣通史》	—	無
130	《臺灣通志》	—	無
132	《南疆繹史》	132	《南疆繹史》
133	《續明紀事本末》	—	無
134	《小腆紀年》	134	《小腆紀年》
135	《海外慟哭記》	—	無
136	《罪惟錄選輯》	—	無
138	《小腆紀傳》	138	《小腆紀傳》
139	《臺灣府賦役冊》	—	無
140	《續修臺灣縣志》	—	無
141	《諸羅縣志》	—	無
142	《張蒼水詩文集》	—	無
143	《六亭文選》	—	無
145	《新竹縣采訪冊》	—	無
146	《重修鳳山縣志》	—	無
148	《明季南略》	148	《明季南略》

以「文廟」書寫者		以「孔廟」書寫者	
叢刊種號	書名	叢刊種號	書名
149	《三藩紀事本末》	—	無
150	《臺灣私法物權編》	—	無
151	《臺灣中部碑文集成》	151	《臺灣中部碑文集成》
152	《清代臺灣大租調查書》	—	無
153	《荷牐叢談》	—	無
155	《清初海疆圖說》	—	無
156	《彰化縣志》	156	《彰化縣志》
159	《苗栗縣志》	—	無
160	《噶瑪蘭廳志》	—	無
163	《東山國語》	—	無
164	《澎湖廳志》	—	無
166	《雅言》	—	無
172	《淡水廳志》	—	無
176	《臺案彙錄丙集》	—	無
177	《爝火錄》	177	《爝火錄》
181	《臺灣府輿圖纂要》	—	無
182	《朱舜水文選》	—	無
186	《清高宗實錄選輯》	—	無
188	《清宣宗實錄選輯》	—	無
194	《清先正事略選》	—	無
195	《福建通志列傳選》	195	《福建通志列傳選》
200	《臺案彙錄庚集》	—	無
201	《半崧集簡編》	—	無
205	《臺案彙錄辛集》	—	無
206	《戴案紀略》	—	無
207	《陳清端公年譜》	—	無
208	《雅堂文集》	—	無

以「文廟」書寫者		以「孔廟」書寫者	
叢刊種號	書名	叢刊種號	書名
209	《野史無文》	—	無
211	《臺灣旅行記》	—	無
213	《海濱大事記》	—	無
217	《鮎埼亭集選輯》	—	無
218	《臺灣南部碑文集成》	218	《臺灣南部碑文集成》
220	《碑傳選集》	220	《碑傳選集》
223	《續碑傳選集》	—	無
224	《臺灣詩薈雜文鈔》	224	《臺灣詩薈雜文鈔》
226	《清會典臺灣事例》	—	無
230	《清耆獻類徵選編》	—	無
232	《漳州府志選錄》	—	無
233	《泉州府志選錄》	—	無
239	《閩事紀略》	—	無
242	《江南聞見錄》	—	無
243	《清史稿臺灣資料集輯》	243	《清史稿臺灣資料集輯》
246	《江陰城守紀》	—	無
247	《清季申報臺灣紀事輯錄》	—	無
258	《江上孤忠錄》	—	無
—	無	264	《甲申傳信錄》
—	無	266	《弘光實錄鈔》
267	《西南紀事》	—	無
268	《浙東紀略》	—	無
272	《崇禎記聞錄》	272	《崇禎記聞錄》
273	《東華續錄選輯》	—	無
274	《清史烈傳選》	—	無
275	《明季北略》	—	無
276	《劉銘傳撫臺前後檔案》	—	無

以「文廟」書寫者		以「孔廟」書寫者	
叢刊種號	書名	叢刊種號	書名
279	《甲乙日曆》	—	無
280	《臺灣詩鈔》	—	無
281	《通鑑輯覽明季編年》	281	《通鑑輯覽明季編年》
282	《石匱書後集》	—	無
283	《重修臺郡各建築圖說》	283	《重修臺郡各建築圖說》
284	《平定三逆方略》	—	無
286	《雪交亭正氣錄》	—	無
291	《欽定勝朝殉節諸臣錄》	291	《欽定勝朝殉節諸臣錄》
292	《清代琉球紀錄集輯》	292	《清代琉球紀錄集輯》
293	《琉球國志略》	293	《琉球國志略》
294	《崇禎實錄》	—	無
295	《淡新檔案選錄行政編初集》	—	無
299	《清代琉球紀錄續輯》	—	無
304	《寄鶴齋選集》	304	《寄鶴齋選集》
—	無	306	《中山傳信錄》
307	《明史選輯》	307	《明史選輯》

　　「叢刊」中對於「文廟」的史料記載包含多方面：一為文廟的修葺情形與建築規制；二為文廟釋奠禮樂。關於文廟的修葺，此部分占「叢刊」的文獻篇幅較多，其中包括文廟的花費、預算、學田等資財，以及建築規模、建造的歷程、與文廟有關的地點描述等。文廟的修葺情形在「叢刊」中經常被提及，從官府到民間自發性的捐資營造，可看到各地文廟的肇建歷程、動盪中的衰頹傾倒與重修，由此可見到臺灣對於文廟的孺慕之情，從而冀望文廟能長期經營，學田則是文廟經費的另一項重大來源。「叢刊」中不僅僅記載臺灣的文廟，也曾提到其他地方的文廟或與文廟相關之

事項，例如清代藍理（1648~1720）在浙江定海鎮任官時曾修定海文廟，[3] 清康熙時福建泉州同安人許盛（生卒年不詳）曾捐貲三千八百金，修同安文廟，[4] 清康熙平定臺灣時，康熙正駐蹕熱河，因此將平定臺灣的事蹟，於熱河文廟大成門廡內嵌石刊刻，[5] 此事在「叢刊」中亦有許多書籍載記。[6] 另外還有書寫到長安孔廟、[7] 琉球的孔廟、[8] 福建德化縣文廟、[9] 福建安溪縣文

---

3 參見清・陳衍纂輯，《福建通志列傳選》「叢刊」種號 195（臺北：臺灣銀行經濟研究室，1964 年），卷 3，頁 188。另外在諸家，《碑傳選集》「叢刊」種號 220（臺北：臺灣銀行經濟研究室，1966 年 3 月），頁 279，有重複記載。

4 參見《泉州府志選錄》「叢刊」種號 233（臺北：臺灣銀行經濟研究室，1967 年 8 月），頁 97。

5 參見《欽定平定臺灣紀略》「叢刊」種號 102（臺北：臺灣銀行經濟研究室，1961 年 6 月），頁 81~82、987。

6 參見清・周凱，《廈門志》「叢刊」種號 95（臺北：臺灣銀行經濟研究室，1961 年 1 月），卷 1，頁 5。清・連橫，《臺灣通史》「叢刊」種號 128（臺北：臺灣銀行經濟研究室，1962 年 2 月），卷 31，〈福康安傳〉，頁 833。清・周璽，《彰化縣志》「叢刊」種號 156（臺北：臺灣銀行經濟研究室，1962 年 11 月），頁 11。清・連橫，《雅言》「叢刊」種號 166（臺北：臺灣銀行經濟研究室，1963 年 2 月），頁 127。《清高宗實錄選輯》「叢刊」種號 186（臺北：臺灣銀行經濟研究室，1964 年 6 月），頁 612、624~625。《臺案彙錄庚集》「叢刊」種號 200（臺北：臺灣銀行經濟研究室，1964 年 8 月），頁 380、827。清・連橫，《雅堂文集》「叢刊」種號 208（臺北：臺灣銀行經濟研究室，1964 年），頁 213。《臺灣南部碑文集成》「叢刊」種號 218（臺北：臺灣銀行經濟研究室，1966 年 3 月），頁 138~139。《東華續錄選集》「叢刊」種號 273（臺北：臺灣銀行經濟研究室，1968 年），頁 133。

7 清・連橫，《劍花室詩集》「叢刊」種號 94（臺北：臺灣銀行經濟研究室，1960 年），頁 148、150。

8 諸家，《清代琉球紀錄集輯》「叢刊」種號 292（臺北：臺灣銀行經濟研究室，1971 年），頁 36、54、267。另外在《中山傳信錄》「叢刊」種號 306（臺北：臺灣銀行經濟研究室，1971 年），頁 136。等兩者爲重複。

9 《福建通志臺灣府》「叢刊」種號 84（臺北：臺灣銀行經濟研究室，1960 年），頁 923。清・鄭兼才，《六亭文選》「叢刊」種號 143（臺北：臺灣銀行經濟研究室，1962 年），頁 15。

廟、[10]歸化縣文廟、[11]元代文廟[12]等不一而足，然多是片言隻字與文廟牽涉，
「叢刊」中對於文廟的記載仍是以建廟於臺灣者為主。「叢刊」中對於文
廟另一方面的史料記載則在於釋奠禮樂的儀注，其中包含禮儀程序、祭品
種類、祭器與樂器項目等，本文主要探討「叢刊」在不同時期對於先師釋
奠樂儀注的書寫，與樂生、樂器重修、陳設等文本紀錄的描述，藉此文獻
的爬梳，進一步認識臺灣文廟釋奠樂的演變歷程。

第一節
先師釋奠的禮樂儀注

———

　　關於文廟釋奠儀注的記載，「叢刊」中只有在高拱乾《臺灣府志》
（1695）、[13]周元文《重修臺灣府志》（約1718）、[14]陳文達《臺灣縣志》
（1720）、[15]劉良璧《重修福建臺灣府志》（1741）、[16]范咸《重修臺灣府

---

10 《六亭文選》，頁 1~4。

11 清・李天根，《爝火錄》「叢刊」種號 177（臺北：臺灣銀行經濟研究室，1963 年 10
月），頁 735。

12 《雅堂文集》，頁 95。

13 清・高拱乾，《臺灣府志》「叢刊」種號 65（臺北：臺灣銀行經濟研究室，1960 年 2
月），卷 6，〈典秩志〉，頁 175~178。

14 清・周元文，《重修臺灣府志》「叢刊」種號 66（臺北：臺灣銀行經濟研究室，1960
年 7 月），卷 6，〈典秩志〉，頁 223~226。

15 清・陳文達，《臺灣縣志》「叢刊」種號 103（臺北：臺灣銀行經濟研究室，1961 年 6
月），〈典禮志六〉，頁 157~160。

16 清・劉良璧，《重修福建臺灣府志》「叢刊」種號 74（臺北：臺灣銀行經濟研究室，
1961 年 3 月），卷 9，〈典禮〉，頁 269~274。

志》（約1745）、[17]王必昌《重修臺灣縣志》（1751）、[18]余文儀《續修臺灣府志》（約1760）、[19]王瑛曾《重修鳳山縣志》（1764刊行）、[20]周璽《彰化縣志》（約1829~1830）、[21]陳培桂《淡水廳志》（約1870~1871）、[22]連橫《臺灣通史》（初刊1920~1921）[23]等十一書有釋奠儀注的書寫，然所記之事，重複性極高，其中《臺灣府志》、周元文《重修臺灣府志》、《臺灣縣志》三書皆只記載祭祀先師的儀式次第，而且其儀注皆相同，對於崇聖祠的祭祀皆只書寫：「凡春秋二、八月上丁日四鼓，先祭啓聖祠；五鼓，致祭文廟。」[24]因而未詳述崇聖祠的釋奠儀注，《臺灣縣志》在啓聖祠儀注上記載：「教官主祭，儀節與先師廟同；但無奏樂，止用鼓吹。」[25]此處所稱的啓聖祠即是崇聖祠的舊稱。孔子父親齊國公叔梁紇（生卒年不詳）在元文宗（r.1328~1332）至順元年（1330）被追封爲啓聖王、母顏氏爲啓聖王夫人，此議乃是孔子五十四代孫孔思晦（1267~1333）所陳

17　清・范咸，《重修臺灣府志》「叢刊」種號105（臺北：臺灣銀行經濟研究室，1961年11月），卷8，〈學校〉，頁280~285。

18　清・王必昌，《重修臺灣縣志》「叢刊」種號113（臺北：臺灣銀行經濟研究室，1961年11月），卷7，〈禮儀志〉，頁220~225。

19　清・余文儀，《續修臺灣府志》「叢刊」種號121（臺北：臺灣銀行經濟研究室，1962年4月），卷8，〈學校〉，頁347~352。

20　清・王瑛曾，《重修鳳山縣志》「叢刊」種號146（臺北：臺灣銀行經濟研究室，1962年12月），卷6，〈學校志〉，頁159~162、169~172。

21　清・周璽，《彰化縣志》，卷4，〈學校志〉，頁134~139。

22　清・陳培桂，《淡水廳志》「叢刊」種號172（臺北：臺灣銀行經濟研究室，1963年8月），卷5，〈學校志〉，頁128~133。

23　清・連橫，《臺灣通史》，卷10，〈典禮志〉，頁244~245。

24　清・高拱乾，《臺灣府志》，卷6，〈典秩志〉，頁175。清・周元文，《重修臺灣府志》，卷6，〈典秩志〉，頁223。清・陳文達，《臺灣縣志》，〈典禮志六〉，頁157。

25　《臺灣縣志》，〈典禮志六〉，頁160。

奏，[26]元文宗同意所請，[27]這是孔子父親獲封爲「啓聖王」之始，因此，後世乃有啓聖祠之名，清朝雍正元年（1723）又將啓聖祠更名爲崇聖祠。

「叢刊」所書寫的先師儀注，雖然在這十一書中皆有記載，其中除了《臺灣通史》外其餘均爲地方志書，其後繼重修或續修者，常擇抄前書，因此文中有許多內容是不斷重複前揭書，在先師釋奠上這十一書所呈現的儀注主要有三種形式：一是高拱乾《臺灣府志》的「高志」本儀注；二是劉良璧《重修福建臺灣府志》的「劉志」本儀注；三是王必昌《重修臺灣縣志》的「王必昌」本儀注，參見【表7-2】。

【表7-2】 《臺灣府志》、《重修福建臺灣府志》與《重修臺灣縣志》至聖先師釋奠儀注對照表

書 儀注	高拱乾 《臺灣府志》 儀節與內容	劉良璧 《重修福建臺灣府志》 儀節與內容	王必昌 《重修臺灣縣志》 儀節與內容	樂舞 使用	
鼓初嚴	遍燃庭燎、香燭。	殿上、兩廡諸執事者各燃燭焚香，丹墀及露臺上皆明炬，各官俱朝服。	—	—	—
鼓再嚴	贊禮、樂生、舞生及執事者各序立於丹墀兩旁。	歌生、樂舞生各序立丹墀兩邊。	—	—	—

---

26 「聖父舊封齊國公，思晦言于朝曰：『宣聖封王，而父爵猶公，願加褒崇。』乃詔加封聖父啓聖王，聖母王夫人。」參見明・宋濂等撰，《元史》（北京：中華書局，1976年4月），卷180，〈孔思晦傳〉，頁1297。

27 《元史》，卷34，〈文宗紀〉，頁763。另見卷76，〈祭祀志五〉，頁1893。

書 儀注	高拱乾 《臺灣府志》 儀節與內容	劉良璧 《重修福建臺灣府志》 儀節與內容	王必昌 《重修臺灣縣志》 儀節與內容	樂舞使用	
鼓三嚴	引贊各引獻官至丹墀下立。	各執事者薦羹;及啓牲匣蓋,以湯澆牲體,使氣上升。各引贊引各獻官至戟門下,北面立。	文武各官朝服、分左右進兩旁門,序立。各贊引生導各獻官至盥洗處盥手畢,引至臺階下,立。	─	─
─	通贊唱:「贊禮、樂生、舞生就位」。	通贊唱:「樂舞生各就位」。	通贊生唱:「樂、舞生就位,執事者各司其事」。		
	─	樂生隨司麾者入殿內,各就所執樂位;舞生各隨司節者上露臺,分東西班立,司節者就西立。	(舞生執羽籥引進)。	─	─
	唱:「執事者各司其事」。	通贊唱:「執事者各司其事」。	─		
		司盥洗者各執盥洗、司瘞毛血者俟瘞毛血,凡有司者各司其事。		─	─
	唱:「陪祭官就位」。	通贊唱:「陪祭官各就位」。	贊引生贊:「就位」。		
	─	各照官銜品級就拜位康熙四十九年,詔天下武員把總以上皆得入廟陪祭)。	正獻官就拜位,立;分獻官隨後立;文武陪祀各官分左右俱朝上立。		
	唱:「分獻官就位」。	「分獻官各就位」。	─		
	唱:「獻官就位」。	「正獻官就位」。	─		
	─	隨引贊(就拜位)。			
	唱:「瘞毛血」。	唱:「瘞毛血」。	─		

書　儀注	高拱乾《臺灣府志》儀節與內容	劉良璧《重修福建臺灣府志》儀節與內容	王必昌《重修臺灣縣志》儀節與內容	樂舞使用	
	執事者捧毛血，正祀由中門出、四配東西哲由左右門出、兩廡隨之，瘞於坎。	執事者捧毛血，正祀由中門，四配、東西哲由左右門出，兩廡隨之，瘞於坎。	—	—	—
迎神	通贊唱：「迎神」。	通贊唱：「迎神」。	通贊生唱：「迎神」。		
	舞生橫執其籥，無舞。麾生舉麾。	麾生舉麾。	—	—	—
	唱曰：「樂奏《咸和》之曲」。	唱：「樂奏《咸平》之章」（《淡水廳志》樂奏《昭平》之章）。	司麾生唱：「舉迎神樂，奏《咸平》之章」。	用樂	無舞
	遂擊柷作樂。	樂作，舞生執籥，未舞。	樂作（舞生執籥未舞）。		
	通贊亦隨唱：「鞠躬，拜，興」。	通贊唱：「跪，叩首，……」。	贊引生贊：「跪，叩，興」。	用樂	無舞
	（詳在後）樂生唱曰：「大哉孔聖（每歌一句，擊鼓三聲）！道德尊崇；維持王化，斯民是宗。典祀有常，精純並隆。神其來格，於昭聖容」。	正獻、分獻、陪祭俱行三跪九叩禮。	正獻官、陪祀官、分獻官俱行三跪九叩禮。		
	通贊唱：「鞠躬，拜；興，拜；興，拜；興，拜；興，平身」。	「興、平身」。	興。	用樂樂止	無舞
	麾在偃麾擽敔，樂止。	麾生偃麾，擽敔止樂。	樂止。		

書	高拱乾《臺灣府志》	劉良璧《重修福建臺灣府志》	王必昌《重修臺灣縣志》	樂舞使用	
儀注	儀節與內容	儀節與內容	儀節與內容		
一	通贊唱：「奠帛」。 麾生舉麾。 唱曰：「樂奏《寧和》之曲」。 擊柷作樂，諸舞生按節而舞（諸在舞儀圖）。執事者各捧帛（詳在後）。樂生歌曰：「自生民來（擊柷同前。以後倣此），誰底其盛？惟師神明，度越前聖！粢帛具聖，禮容斯稱；黍稷非馨，惟神之聽！」捧帛者正祀由中門入、四配十哲俱由左門入、兩廡隨左右入，詣各神位前之左，朝上立。麾生偃麾擽敔，樂止。	通贊唱：「捧帛」。 執事者捧帛盤，正祀由中門進，配、哲由左門進，兩廡分東西進，詣各神位之左，鞠躬，旁立。	通贊生唱：「奠帛」。 捧帛生捧帛匣、執爵生注酒於爵，詣各神案之左，鞠躬旁立。	《臺灣府志》有用樂樂止	一
初獻	通贊唱：「行初獻禮」。	唱：「行初獻禮」。	通贊生唱：「行初獻禮」。	一	一
		引贊二人導正獻官行。	一		
	引贊唱：「詣盥洗所」。	贊：「詣盥洗所」。	司麾生唱：「舉初獻樂，奏《寧平》之章」。	志《重修臺灣縣	
	導至盥洗所，盥手帨手畢。	獻官盥手。畢。	樂作（舞生按節而舞）。	》用樂有舞	
	引贊唱：「詣酒尊所」。	贊：「詣酒尊所，司尊者舉冪酌酒」。	贊引生贊：「陞壇」。	一	一
	導至酒尊所。	執事者注酒於爵，捧爵者在獻官前行，正祀由中門入、餘由左門入，詣各神位前，鞠躬，旁立。	導正獻官由東上，進殿左門。		
	所贊唱：「司尊者舉冪酌酒」。				

書	高拱乾《臺灣府志》	劉良璧《重修福建臺灣府志》	王必昌《重修臺灣縣志》	樂舞使用	
儀注	儀節與內容	儀節與內容	儀節與內容		
初獻	執事者以勺盛酒，一勺傾於爵內；捧爵者在獻官前行，正祀由中門入、餘俱左門入，詣各神位前之左，朝上立。引贊導獻官從東角門入。	—	—	—	—
	唱：「詣至聖先師孔子神位前」。	引贊贊：「詣至聖先師孔子神位前」。	贊引生贊：「詣至聖先師孔子位前」。	—	—
	麾生舉麾。	獻官隨引贊由左偏門入，至神位前朝上立。麾生舉麾。	正獻官至案前，立。		
	唱曰：「樂奏《安和》之曲」。	唱：「樂奏《寧平》之章」（《淡水廳志》樂奏《宜平》之章）。	—	用樂	有舞
	擊柷作樂，諸舞生按節而舞。樂生歌曰：「大哉聖師！實天生德。作樂以崇，時祀無斁。清酤惟馨，嘉牲孔碩；薦羞神明，庶幾昭格」。引贊於麾生舉麾時，即導獻官至神位前。	擊柷作樂，舞生按節而舞。	—		
	唱：「跪」。	引贊贊：「跪，……」。	贊引生贊：「跪，叩，興」。	用樂	有舞
	捧帛者轉身向西跪，進帛於獻官右；獻官接帛。	隨作樂、隨行禮。	正獻官行一跪一叩禮，興。		
	引贊唱：「奠帛」。	贊：「奠帛」。	贊引生贊：「奠帛」。	用樂	有舞
	獻官奠帛，西旁執事者跪接帛，進於神前案上。司爵者轉身向西跪，進爵於獻官右，獻官接爵。	捧帛者西跪進帛，獻官拱舉，執事者接置神案上。	捧帛生捧帛跪進；正獻官受帛拱舉立獻案上，畢。		

書 儀注	高拱乾 《臺灣府志》 儀節與內容	劉良璧 《重修福建臺灣府志》 儀節與內容	王必昌 《重修臺灣縣志》 儀節與內容	樂舞 使用	
初獻	引贊唱：「獻爵」。	贊：「獻爵」。	贊引生贊：「獻爵」。	用樂	有舞
	獻官獻爵，西旁執事者跪接爵，進於神前案上。	司爵者西跪進爵，獻官拱舉，執事者接置神案上。	執爵生捧爵跪進；正獻官受爵拱舉立獻案上，畢；行一跪一叩禮，興（不贊）。		
	引贊唱：「俯伏」。	贊：「叩首，興、平身」。	—	用樂	有舞
	獻官俯首至地。				
	引贊唱：「興，平身」。	—			
	獻官揖。				
	引贊唱：「詣讀祝位」。	贊：「詣讀祝位」。	贊引生贊：「詣讀祝位」。	用樂	有舞
	（位在廟中香案前）。讀祝者跪取祝文，立祝位兩旁。	獻官至香案前。	正獻官詣讀祝位，立。讀祝生至案前，一跪三叩，捧祝版立於案左；樂暫止。		
	引贊唱：「跪」。	唱：「跪」。	贊引生贊：「跪」。	用樂	有舞
	獻官并讀祝者皆跪。	—			
	通贊隨唱：「眾官皆跪」。	通贊唱：「眾官皆跪」。	通贊生唱：「眾官俱跪」。	用樂	有舞
			正獻官、讀祝生、分獻官、陪祀各官俱跪。		
	引贊唱：「讀祝文」。	唱：「讀祝文」。	贊引生贊：「讀祝」。	初讀祝時樂暫止，祝文讀畢	—
	麾生偃麾，樂暫止。讀祝者讀畢，將祝文跪置於祝案上；退堂西，朝上立。	讀祝者取祝版跪讀。祝曰：「維乾隆某年，歲次某干支，二（八）月某干支朔，越某日某干支，正獻官某、分獻官某敢昭告於至聖先師孔子之神曰：維師道冠古今、德配天地，刪述六	讀祝生讀，畢，捧祝版至正位前跪安案上帛匣內，三叩首，退。樂作（接奏未終之曲）。		

書 儀注	高拱乾《臺灣府志》儀節與內容	劉良璧《重修福建臺灣府志》儀節與內容	王必昌《重修臺灣縣志》儀節與內容	樂舞使用	
初獻	—	經，垂憲萬世。今茲仲春（秋），謹以牲帛、醴粢、祗奉舊章，式陳明薦；以復聖顏子、宗聖曾子、述聖子思子、亞聖孟子配。尚饗」！讀畢，麾生舉麾，樂續作（初讀祝時，麾生偃麾，樂暫止。至是，接奏未終之曲），讀祝者將祝版復置神案上。	—	時，接奏音樂	—
	通贊、引贊同唱：「俯伏；興，平身」。	通贊唱：「叩首，……」。	通贊生唱：「叩，興」。	用樂	
	麾生舉麾，不唱；樂生接奏在先未終之樂。	獻官行三叩禮。	正獻官及各官行三叩禮。		—
		「興、平身」。	興。	用樂	—
	引贊唱：「詣復聖顏子神位前」。	引贊唱：「詣復聖顏子神位前」。	贊引生贊：「詣復聖顏子位前」。	用樂	
			分獻官至案前，立。		—
	唱：「跪」。	贊：「跪」。	贊引生贊：「跪，叩，興」。	用樂	
			分獻官一跪一叩，興。		—
	唱：「奠帛」。	贊：「奠帛」。	贊引生贊：「奠帛」。	用樂	
			捧帛生跪進於案左；分獻官受帛拱舉立獻案上，畢。		—
	唱：「獻爵」。	贊：「獻爵」。	贊：「獻爵」。	用樂	
	（俱如正祀儀）。	俱如正祀儀。	執爵生跪進於案左；分獻官受爵拱舉立獻案上，畢；行一跪一叩禮（不贊）。		—

書	高拱乾《臺灣府志》	劉良璧《重修福建臺灣府志》	王必昌《重修臺灣縣志》	樂舞使用	
儀注	儀節與內容	儀節與內容	儀節與內容		
初獻	「俯伏；興，平身」。	唱：「叩首，興、平身」。		用樂	一
	唱：「詣宗聖曾子神位前」。	贊：「詣宗聖曾子神位前」。贊：「跪，……」。	贊：「詣宗聖曾子位前」。	用樂	一
	（如前儀）。	如前儀。	奠帛、獻爵如前儀。		
	唱：「詣述聖子思子神位前」。	贊：「詣述聖子思子神位前」。贊：「跪，……」。	贊：「詣述聖子思子位前」。	用樂	一
	（如前儀）。	如前儀。	奠帛、獻爵如前儀。		
	通贊唱：「行分獻禮」。	通贊唱：「行分獻禮」。	通贊生唱：「行分獻禮」。	用樂	
	引贊引分獻官各至十哲、兩廡行禮（俱如正祀儀。惟捧西配、西哲、西廡帛爵者，須轉身跪於獻官、分獻官之左；餘如前儀）。	另引贊各引分獻官、十二哲、兩廡俱如正祀儀。	（另贊引生各引）分獻官陞壇，進殿左門，詣十二哲前，奠帛、獻爵，俱照正獻官行禮。兩廡，分獻官亦照正獻官行禮。		一
	引贊唱：「詣亞聖孟子神位前」。	引贊贊：「詣亞聖孟子神位前」。贊：「跪，……」。	贊引生贊：「詣亞聖孟子位前」。	用樂	一
	（如前儀）。	如前儀。	奠帛、獻爵如前儀，畢。		
	引贊唱：「復位」。	贊：「復位」。	贊引生贊：「復位」。	用樂樂止	
	麾生偃麾捧敔，樂止。引贊引獻官從西角門出，獻官、分獻官一時同復原位。	麾生偃麾，櫟敔止樂。引贊引獻官及分獻官由西角門出，復於原位朝上立。	正獻官及殿上分獻官俱從殿右門出兩廡，隨班各復原拜位，立。樂止。		一

書	高拱乾《臺灣府志》	劉良璧《重修福建臺灣府志》	王必昌《重修臺灣縣志》	樂舞使用	
儀注	儀節與內容	儀節與內容	儀節與內容		
亞獻	通贊唱：「行亞獻禮」。	通贊唱：「行亞獻禮」。	通贊生唱：「行亞獻禮」。		
	（惟不詣盥洗所；其詣酒尊所，俱如前儀）。	俱如前儀，惟不盥洗、不奠帛、不讀祝文。麾生舉麾。		—	—
	唱：「詣至聖先師孔子神位前」。				
	麾生舉麾。				
	唱曰：「樂奏《景和》之曲」。	唱：「樂奏《安平》之章」（《淡水廳志》樂奏《秩平》之章）。	司麾生唱：「舉亞獻樂，奏《安平》之章」。	用樂	有舞
	枧作樂，諸舞生按節而舞。樂生歌曰：「百王宗師，生民物軌。瞻之洋洋，神其寧止。酌彼金罍，惟清且旨；登獻惟三，於嘻！成禮」（獻爵同初獻儀。惟無奠帛、無讀祝文。次及四配位，儀同初獻）。	擊枧作樂，舞生按節而舞。獻畢。	樂作（舞生按節而舞）。		
			贊引生贊：「陞壇」。		
			獻爵於左，如初獻儀。		
	引贊唱：「復位」。	唱：「復位」。	贊引生贊：「復位」。	用樂樂止	—
	麾生偃麾戛敔，樂止。	麾生偃麾，如前儀。	正獻官、分獻官各復位，立。樂止。		
終獻	通贊唱：「行終獻禮」。	通贊唱：「行終獻禮」。	通贊生唱：「行終獻禮」。		
	（終獻酌酒、獻爵、作樂、樂章、舞節次及四配位儀俱同亞獻）。	如亞獻儀。麾生舉麾。		—	—
	—	唱：「樂奏《景平》之章」（《淡水廳志》樂奏《敘平》之章）。	司麾生唱：「舉終獻樂，奏景平之章」。	用樂	有舞
	—	擊枧作樂，舞生按節而舞。獻畢。	樂作（舞生按節而舞）。		
			贊引生贊：「陞壇」。		
			獻爵於右，如亞獻儀。		

書／儀注	高拱乾《臺灣府志》儀節與內容	劉良璧《重修福建臺灣府志》儀節與內容	王必昌《重修臺灣縣志》儀節與內容	樂舞使用	
終獻	—	唱:「復位」。	贊引生贊:「復位」。	用樂樂止	—
	—	麾生偃麾,如前儀。	正獻官、分獻官各復位,立。樂止(舞生叩頭,退)。		
	通贊唱:「飲福受胙」。引贊唱:「詣飲福受胙位」。	通贊唱:「飲福受胙」。	通贊生唱:「飲福受胙」贊引生贊:「詣受福胙位」。		
	(位在讀祝所)。進福酒者捧爵、進胙者捧盤,立於讀祝案之東,又二執事立於案西。		正獻官至殿內,立。捧酒胙生(二人)捧酒胙至正位案前拱舉至受福胙位右旁,跪。接福胙生(二人)在左旁跪。	—	—
	引贊唱:「跪」。唱:「飲福酒」。	引贊贊:「跪,飲福酒」。	贊引生贊:「跪」。		
		—	正獻官跪。		
	東執事者捧福酒跪進於獻官,飲訖,西執事者跪接爵。	東執事進爵,獻官飲訖,西執事接置神案上。	贊:「飲福酒」。	—	—
		—	正獻官受爵,拱舉授接爵生。		
	唱:「受胙」。	贊:「受胙」。	贊:「受胙」。		
	東執事者取正壇羊肩胙置於盤,跪進於獻官;獻官接胙訖、西執事者跪接胙,由中門捧出。	東執事進胙,獻官受訖,西執事接胙由中門出。	正獻官受胙,拱舉授接胙生,各退。	—	—
	唱:「俯伏;興,平身,復位」。	贊:「叩首,興、平身,復位」。	贊引生贊:「叩,興」。		
			正獻官三叩首,興。		
			贊:「復位」。	—	—
			正獻官復原拜位,立。次行謝福胙禮(不唱)。		

書 儀注	高拱乾《臺灣府志》 儀節與內容	劉良璧《重修福建臺灣府志》 儀節與內容	王必昌《重修臺灣縣志》 儀節與內容	樂舞使用	
一	通贊唱：「鞠躬，拜；興，拜；興，拜；興，拜；興，平身」。	通贊唱：「跪，叩首，……」。	贊引生贊：「跪，叩，興」。	—	—
	眾官俱四拜訖。	正獻、分獻、陪祭各官俱行三跪九叩禮。	正獻官、分獻官及陪祀各官俱行三跪九叩禮。		
		「興、平身」。	興。		
徹饌	通贊唱：「徹饌」。	通贊唱：「徹饌」。	通贊生唱：「徹饌」。	—	—
	麾生舉麾。	麾生舉麾。	—		
	唱曰：「樂奏《咸和》之曲」。	唱：「樂奏《咸平》之章」（《淡水廳志》樂奏《懿平》之章）。	司麾生唱：「舉徹饌樂，奏《咸平》之章」。	用樂樂止	有舞舞止
	擊柷作樂，諸舞生直執其籥，無舞；樂生歌曰：「犧象在前，籩豆在列；以饗以薦，既芬既潔。禮成樂備，人和神悅。祭則受福，率遵無越」。執事者，各於神位案上將籩豆稍移動；執事者回原位，麾生偃麾擽敔，樂止。	樂作、舞止。徹訖（將神案上品物略移動）。	樂作（以後具有樂無舞）。徹訖（執事者將神案上品物略移動），樂止。		
送神	通贊唱：「送神」。	通贊唱：「送神」。	通贊生唱：「送神」。	—	—
	麾生舉麾。	麾生舉麾。	—		
	唱曰：「樂奏《咸和》之曲」。	唱：「樂奏《咸平》之章」（《淡水廳志》無記載）。	司麾生唱：「舉送神樂，奏《咸平》之章」。	用樂	無舞
	擊柷作樂，無舞；樂生歌曰：「自嚴學宮，四方來宗。恪恭祀事，威儀雝雝。歆茲惟馨，神馭還復；明禋斯畢，咸膺百福」。	樂作、舞止。	樂作。		

書 儀注	高拱乾 《臺灣府志》 儀節與內容	劉良璧 《重修福建臺灣府志》 儀節與內容	王必昌 《重修臺灣縣志》 儀節與內容	樂舞 使用	
送神	通贊唱：「鞠躬，拜；興，拜；興，拜；興，拜；興，平身」。	引贊贊：「跪，叩首，……」。	贊引生贊：「跪，叩，興」。	用樂樂止	
	眾官俱四拜訖。麾生偃麾擲敔，樂止。	正獻、分獻、陪祭各官俱行三跪九叩禮。	正獻官、分獻官及陪祝各官俱行三跪九叩禮，興。樂止。		—
		「興、平身」。	—		
		麾生偃麾，如前儀。	—		
	通贊唱：「讀祝者捧祝、司帛者捧帛，各詣瘞所」。	通贊唱：「讀祝者捧祝、司帛者捧帛，各詣瘞所」。	通贊生唱：「捧祝帛饌」。		
	讀祝者先跪取祝文、司帛者跪取帛，轉身向外立；正祀者由中門捧出、左配左哲由左門出、右配右哲由右門出、兩廡如前儀。隨班俱往瘞所。	正祝由中門，左右配、哲由左右門，兩廡各隨班，俱詣瘞所。	各恭詣燎位。捧祝生、捧帛生至各位前一跪三叩，捧起。捧饌生跪（不叩），捧起。祝在前，次帛，次饌，由扇中門出，送詣燎位。正獻官退至西旁，東向立。分獻官退至兩旁，立。候祝帛饌過，正獻官復位，立。兩廡帛香饌，亦依次捧送燎位。	—	—
	通贊唱：「詣望瘞位」。	唱：「詣望瘞位」。	—		
	麾生舉麾。	各獻官詣瘞位。麾生舉麾。	—	—	—
	唱曰：「樂奏《咸和》之曲」。	唱：「樂奉《咸平》之章」（《淡水廳志》樂奏《德平》之章）。	—	用樂	無舞
	擊柷作樂，無舞；樂章與送神同。引贊引獻官、眾官俱詣望瘞位。	有樂無舞，樂章同送神。	—		

書\儀注	高拱乾《臺灣府志》 儀節與內容	劉良璧《重修福建臺灣府志》 儀節與內容	王必昌《重修臺灣縣志》 儀節與內容	樂舞使用	
	唱：「望瘞」。	唱：「望瘞」。	通贊生唱：「望瘞」。	用樂	
			司瘞生唱：「舉望瘞樂」。		
			（咸平後闋）。樂作。		—
			贊引生贊：「詣望瘞位」。		
			導正獻官至瘞位，立。祝帛焚半。		
—	唱：「焚祝文」。 唱：「帛一端……」。	唱：「焚祝帛」。	—	用樂	
	（唱至九端）。待焚畢。	—			
	引贊唱：「復位」。	唱：「復位」。	—	用樂樂止	—
	瘞生偃麾戛敔，樂止。	瘞生偃麾，樂止。	—		
	通贊引贊同唱：「禮畢」。	通贊、引贊同唱：「禮畢」。	贊禮生贊：「禮畢」。		—
	各官俱朝上一揖。	各官俱朝上一揖。	樂止，各退。		

※ 本表係筆者根據高拱乾《臺灣府志・典秩志》、劉良璧《重修福建臺灣府志・典禮志》與王必昌《重修臺灣縣志・禮儀志》三書所整理。

　　高拱乾的《臺灣府志》是「叢刊」中較早記載臺灣的方志書。有關臺灣的府志文獻主要有六種，依照成書的先後分別有蔣毓英的《臺灣府志》，約成書於康熙二十七年（1688），通稱為「蔣志」；高拱乾的《臺灣府志》約成書於康熙三十五年（1696），通稱為「高志」；周元文的《重修臺灣府志》約成書於康熙四十九年（1710），通稱為「周志」；劉良璧的《重修福建臺灣府志》約成書於乾隆五年至六年（1740~1741），通

稱爲「劉志」；范咸的《重修臺灣府志》約成書於乾隆十一年（1746），通稱爲「范志」；余文儀的《續修臺灣府志》約成書於乾隆二十五年（1760），通稱爲「余志」。這六本府志在「叢刊」中除「蔣志」之外其餘均有收錄，「蔣志」是一九七九年大陸地方志大普查時在上海圖書館發現，就臺灣府志來說是最早書寫的方志書，本文此處僅討論「叢刊」所收錄的文本。

　　「叢刊」中先師釋奠儀注的十一書從【表 7-2】可看出第一種儀注爲「高志」本：此形式是以「高志」爲藍本，「周志」與陳文達的《臺灣縣志》（成書約在 1720 年）均襲自「高志」；第二種儀注爲「劉志」本：此形式是以「劉志」爲藍本，「范志」、「余志」、王瑛曾的《重修鳳山縣志》（約在 1764 年刊行）、周璽的《彰化縣志》（成書約在 1829~1830 年）以及陳培桂的《淡水廳志》（成書約在 1870~1871 年）都襲自「劉志」；第三種儀注爲「王必昌」本：此形式則是王必昌的《重修臺灣縣志》（成書約在 1751 年）。三種釋奠儀注在細節的記載上，「高志」本儀注與「劉志」本儀注可謂不分軒輊，然「高志」本儀注在儀節中同時將演唱的樂章歌詞刊錄，「劉志」本儀注則無，相較之下「王必昌」本儀注則較簡略一些。

　　三種形式在釋奠樂章的使用上又有不同，「高志」本儀注的釋奠樂章爲：迎神奏《咸和》與《寧和》之曲、初獻奏《安和》之曲、亞獻奏《景和》之曲、終獻奏《景和》之曲、徹饌奏《咸和》之曲、送神奏《咸和》之曲，此較趨近於明代的樂章；「劉志」本儀注與「王必昌」本儀注的釋奠樂章爲：迎神奏《咸平》之章、初獻奏《寧平》之章、亞獻奏《安平》之章、終獻奏《景平》之章、徹饌奏《咸平》之章、送神奏《咸平》之章，另外「劉志」本儀注中的《淡水廳志》所書寫的釋奠樂章爲另一種形式，即迎神奏《昭平》之章、初獻奏《宣平》之章、亞獻奏《秩平》之章、終獻奏《敘平》之章、徹饌奏《懿平》之章、送神奏《德平》之章，此皆爲清代

修訂的樂章，三者所用的樂章不同。明代的釋奠樂章皆以「和」來命名，清代則以「平」來命名。[28]「高志」本儀注所包含的三本方志以康熙五十九年（1720）陳文達的《臺灣縣志》為最晚，「高志」本儀注的釋奠樂章仍是採用「和」來命名，非常特殊，這也說明臺灣在清康熙時期，釋奠樂章可能仍採用趨近於明代的樂章。

清代釋奠先師的樂章首先在順治元年（1644）制定，[29]順治二年（1645）舉行釋奠先師之禮，六個樂章分別為：「迎神奏《咸平》，奠帛、初獻奏《寧平》，亞獻奏《安平》，終獻奏《景平》，徹饌、送神奏《咸平》。」[30]迎神與徹饌、送神雖然皆為《咸平》樂章，但是歌詞不同。[31]「高志」本儀注所記載的先師釋奠樂章，很明顯地使用明代的釋奠樂章，但是在歌詞上仍略有變動，其變動甚少，多為刪改一些字而已，例如迎神的《咸和》樂章，明代為「大哉宣聖，道德尊崇」[32]，清代為「大哉孔聖，道德尊崇」，明代的歌詞大抵上是明太祖洪武六年所制定的樂章，此又是根據北宋徽宗大晟府擬撰的釋奠樂章，算是較古雅的樂章了。臺灣最早的文廟是建於明代永曆十九年（1665）的臺南孔廟，有「全臺首學」之稱。清康熙二十二年（1683）臺灣進入清領時期，康熙二十六年（1687）即

---

28 「順治元年，攝政睿親王多爾袞既定燕都，將於十月告祭天地宗廟社稷，大學士馮銓、洪承疇等言：『郊廟及社稷樂章，前代各取嘉名，以昭一代之制，梁用「雅」，北齊及隋用「夏」，唐用「和」，宋用「安」，金用「寧」，元宗廟用「寧」、郊社用「咸」，前明用「和」，我朝削平寇亂，以有天下，宜改用「平」。』」參見民國 · 趙爾巽等撰，《清史稿》（北京：中華書局，1996 年 5 月），卷 94，〈樂志一〉，頁 2733。

29 清 · 龐鍾璐撰，《文廟祀典考》，將此樂章定為國學舊樂章，於順治十三年（1656）頒，今據《清史稿》順治二年已用此樂章，故在順治元年擬撰樂章應為合理，故此從《清史稿》之論。

30 《清史稿》，卷 94，〈樂志一〉，頁 2735。

31 《清史稿》，卷 96，〈樂志三〉，頁 2825。有樂章歌詞的記載。

32 清 · 張廷玉等撰，《明史》（北京：中華書局，2003 年 2 月），卷 62，〈樂志二〉，頁 1552。

頒定釋奠禮的實施，[33] 然從「高志」本儀注的記載來看，幾近康熙執政的末年，臺灣在先師的釋奠樂章上仍使用明代樂章。

「劉志」本儀注所使用的先師釋奠樂章已改成清代的樂章，然其中包含的「范志」、「余志」、王瑛曾的《重修鳳山縣志》等三書在儀注的亞獻樂章上均書寫爲《和平》之章，[34] 顯與「劉志」的亞獻奏《安平》之章不合，查考明清兩代釋奠樂章均無《和平》之樂章名，筆者認爲此可能是抄寫時的誤筆，除此之外，這三本書均一致性地缺少終獻的儀式記載，這些錯誤及缺漏應是從「范志」而來，因爲在「范志」時開始出現此問題，而「余志」與《重修鳳山縣志》的纂修者未查，逕直接抄錄「范志」，因而錯誤乃一直延續，直到周璽的《彰化縣志》才將此錯誤及缺漏改正補上。[35]

「劉志」本儀注所書寫的釋奠樂章，其樂章名爲順治時期的名稱，其歌詞則爲乾隆時期所製。「劉志」本儀注成書的時間約在乾隆十一年（1746）至同治十年（1871）間，其所記載的釋奠樂章已經改成清代的樂章，此《咸平》樂章爲順治年間所制定，高宗乾隆七年（1742）曾將順治元年之舊詞重改，而後又重訂直省先師廟樂章，迎神奏《昭平》之章、初獻奏《宣平》之章、亞獻奏《秩平》之章、終獻奏《敍平》之章、徹饌奏《懿平》之章、送神奏《德平》之章，[36] 因此，乾隆七年（1742）之後清代並沒有以《咸平》等爲名稱的釋奠樂章，這是「劉志」本儀注很特殊的地方，如從歌詞來考察，「劉志」本儀注除了周璽的《彰化縣志》有歌

---

33 「康熙二十六年，頒行天下聖道，正際昌隆等事。內開：奉旨：丁祭國子監十邊、十豆，舞用六佾；各府、州、縣八邊、八豆，舞亦六佾。並樂器各項，據照《會典》原定遵行。」參見清・高拱乾，《臺灣府志》，卷6，〈典秩志〉，頁174。

34 范咸，《重修臺灣府志》，卷8，〈學校志〉，頁285。余文儀，《續修臺灣府志》，卷8，〈學校志〉，頁351。王瑛曾，《重修鳳山縣志》，卷6，〈學校志〉，頁161。

35 周璽，《彰化縣志》，卷4，〈學校志〉，頁138。

36 《清史稿》，卷96，〈樂志三〉，頁2825。

詞記載，其餘的書籍均無歌詞記載。《彰化縣志》在〈學校志〉中記載：
迎神奏《咸平》之章（無舞）、初獻奏《寧平》之章（有舞）、亞獻奏《安
平》之章（有舞）、終獻奏《景平》之章（有舞）、徹饌奏《咸平》之章
（無舞）、送神奏《咸平》之章（無舞），舉其《咸平》之章的歌詞爲例：
「大哉孔子，先覺先知，與天地參，萬世之師。祥徵麟紱，韻答金絲。日
月既揭，乾坤清夷。」[37] 此歌詞與乾隆七年（1742）《昭平》之章的歌詞相
同，[38] 因此，「劉志」本儀注的特別之處即在以乾隆朝的歌詞，冠以順治
朝的樂章名行之。

　　另外一本非屬於方志類的書籍爲連橫的《臺灣通史》，此書初刊於
1920~1921 年左右，其在〈典禮志〉書寫的祭孔子之儀式只是簡化版，參
見【表 7-3】，其書寫的釋奠樂章爲迎神奏《咸平》之章、初獻奏《寧平》
之章、亞獻奏《和平》之章、終獻奏《永平》之章、徹饌奏《咸平》之章、
送神未記載樂章名，這裡在樂章上有兩個問題：一是亞獻奏《和平》之
章；二是終獻奏《永平》之章，查考明清兩代釋奠樂章，既無《和平》亦
無《永平》，《和平》樂章之名稱，前已述及，在「劉志」本儀注中的「范
志」、「余志」、《重修鳳山縣志》等三書於亞獻樂章上均錯誤地書寫爲
《和平》之章，此錯誤可以明證的爲《重修鳳山縣志》，此書罕見地附有
釋奠樂章的樂譜，其在亞獻樂的樂譜上標明爲「亞獻樂安平之曲」，[39] 由
此可知其誤筆之處。此處連橫不察，仍書寫爲《和平》，另外《永平》樂
章，在全部的「叢刊」當中，也僅有此處有此一說，不知連橫所據何來，
參見【表 7-4】。

---

37 《彰化縣志》，卷 4，〈學校志〉，頁 139。

38 「大哉孔子，先覺先知。與天地參，萬世之師。祥徵麟紱，韻答金絲。日月既揭，乾坤
　　清夷。」參見《清史稿》，卷 96，〈樂志三〉，頁 2825。

39 《重修鳳山縣志》，卷 6，〈學校志〉，頁 163。

【表 7-3】《臺灣通史》書寫之先師釋奠儀注表

儀注	儀節與內容	樂舞使用	
無	祭孔子，祀以太牢，舞六佾，以復聖顏子、宗聖曾子、述聖子思子、亞望孟子配。	—	—
	祭官各就位，啓扉。	—	—
迎神	舞佾，樂奏《咸平》之章。	用樂	佾舞
	行三跪九叩禮，興，樂止。		
初獻	行初獻禮。	—	—
	主祭官詣盥洗所。	—	—
	次詣酒尊所。	—	—
	至神位前，樂奏《寧平》之章。	用樂	佾舞未記
	主祭官跪。		
	皆跪。	用樂	—
	奠帛。	用樂	—
	獻爵。	用樂	—
	叩首，興。	用樂	—
	跪。	用樂	—
	讀祝。	用樂樂止	—
	樂止，行三叩禮。		
	復位。	—	—
亞獻	行亞獻禮。	用樂	佾舞未記
	樂奏《和平》之章，畢。		
	復位。	—	—
三獻	行三獻禮。	用樂	佾舞未記
	樂奏《永平》之章，畢。		
	復位。	—	—
	飲福受胙。	—	—

儀注	儀節與內容	樂舞使用	
	叩首，興，復位。	—	—
	各官皆行三跪九叩禮。		
	興。	—	—
徹饌	徹饌。	用樂	佾舞未記
	樂奏《咸平》之章。		
送神	送神。	—	—
	各官俱行三跪九叩禮。		
	興。	—	—
	讀祝者捧祝，司帛者捧帛，各詣燎所。		
	望燎。	—	—
	偃佾，止樂，以次退。		

※ 本表係筆者根據連橫《臺灣通史·典禮志》所整理。

【表 7-4】 文廟釋奠樂章對照表

	文獻／釋奠儀式	迎神	初獻	亞獻	終獻	徹饌	送神
「高志」本儀注	《臺灣府志》《重修臺灣府志》《臺灣縣志》	咸和寧和	安和	景和	景和	咸和	咸和咸和
「劉志」本儀注	《重修福建臺灣府志》	咸平	寧平	安平	景平	咸平	咸平咸平
	「范志」《重修臺灣府志》	咸平	寧平	和平	闕漏	咸平	咸平咸平
	「余志」《續修臺灣府志》	咸平	寧平	和平	闕漏	咸平	咸平咸平
	《重修鳳山縣志》	咸平	寧平	和平	闕漏	咸平	咸平咸平
	《彰化縣志》	咸平	寧平	安平	景平	咸平	咸平咸平
	《淡水廳志》	昭平	宣平	秩平	敘平	懿平	德平

	文獻／釋奠儀式	迎神	初獻	亞獻	終獻	徹饌	送神
「王必昌」本儀注	《重修臺灣縣志》	咸平	寧平	安平	景平	咸平	咸平咸平
	《重修臺郡各建築圖說》	昭平	宜平	秩平	敘平	懿平	德平
	《臺灣通史》	咸平	寧平	和平	永平	咸平	未記

　　「叢刊」中有三本書籍記載釋奠樂章的樂譜，分別是《重修福建臺灣府志》、《重修臺灣縣志》、《重修鳳山縣志》三書，《重修福建臺灣府志》的樂譜使用律呂譜與工尺譜並呈的方式，其黃鍾律對應著「合」字，歌詞則是清順治元年（1644）所改定的先師廟釋奠樂章，[40] 這份樂譜與明代李之藻《頖宮禮樂疏》所載的樂譜相同，皆是律呂譜與工尺譜並呈，黃鍾為「合」字，但是樂章名與歌詞不同。《重修臺灣縣志》與《重修鳳山縣志》兩書所記載的樂譜相同，皆分春秋兩調，這是配合文廟釋奠有春秋兩祭，在樂調使用上有不同的變化，春祭是以夾鍾為宮、倍應鍾起調，秋祭是以南呂為宮、仲呂起調。[41]

　　由「叢刊」中對於釋奠儀注的記載書寫來看，臺灣在清領時期文廟釋奠樂章的使用自成一格，康熙時期為明代樂章，乾隆時期有兩款：一為順治朝樂名、乾隆朝歌詞；一為乾隆朝樂名與歌詞。再從文獻書寫上的錯誤與缺漏，或許書寫者對於文廟釋奠禮樂一事並不熟悉，似有人云亦云的現象。另一個面向，即是越後者的書寫與記載，常會有省略或簡述的情形，這對於期望能較完整地見到先民釋奠儀注細節的後人來說，總帶著些許遺憾，由此或可看出，釋奠文化的傳承，在書寫的第一線工作，應不辭繁瑣地記錄，以供後世參照時能有所依循。

---

40 《重修福建臺灣府志》，卷9，〈典禮〉，頁286~287。

41 《重修臺灣縣志》，卷7，〈禮儀志〉，頁225~227。《重修鳳山縣志》，卷6，〈學校志〉，頁162~164。

第二節
釋奠樂器的記載
——

　　「叢刊」中對於文廟釋奠的樂器也有許多記載，其中尤以清代蔣元樞《重修臺郡各建築圖說》至爲重要，蔣元樞（1738~1781）爲江蘇常熟人，曾於乾隆四十年（1775）三月任臺灣府知府，直至繼任知府萬綿前（生卒年不詳）乾隆四十三年（1778）六月到任，蔣氏在臺任期約三年餘，[42]其間還曾兼任臺灣道憲四個月。[43]《重修臺郡各建築圖說》有圖三十九幅、圖說四十幅，爲紙本彩繪，原爲國家圖書館所藏，目前原件典藏於國立臺北故宮博物院，書中特別繪製了文廟禮樂器圖與佾舞圖，分成〈孔廟禮器圖說（圖八）〉、〈文廟樂器圖說（圖九）〉、〈佾舞圖說（圖十）〉等三圖與圖說，[44]蔣元樞「查臺郡孔廟禮器皆用鉛錫，已屬質陋；而豆、籩、簠、簋既非合度，且多未備。元樞謹按闕里制度，自吳中選匠設局、購銅鼓鑄，備造禮、樂各器——計用銅萬餘斤，運載來臺，敬陳於廟，以昭明備而彰鉅典。」[45]另外在樂器上認爲「舊器半多臆造，殊失虔昭禋祀之道。茲謹按闕里樂制，自吳中製運來臺，陳於文廟，命工肄習春秋丁祀，庶幾以昭明備。」[46]蔣氏有鑑於臺灣在文廟禮器與樂器皆至爲簡陋，甚或不合

42　諸家，《臺灣采訪冊》「叢刊」種號 55（臺北：臺灣銀行經濟研究室，1959 年），頁83。

43　《臺灣采訪冊》，頁 79。

44　清・蔣元樞，《重修臺郡各建築圖說》「叢刊」種號 283（臺北：臺灣銀行經濟研究室，1970 年），頁 15~20。

45　《重修臺郡各建築圖說》，頁 15。

46　《重修臺郡各建築圖說》，頁 17。

法度，因此在乾隆四十二年（1777）時，從江蘇一帶重新製作了一批禮樂器，此事另有碑文銘記，[47] 這裡所記主要爲臺南文廟的禮樂器，這也是臺南文廟第二次修繕樂器的記載，觀此，「叢刊」文獻對於文廟釋奠樂的記載仍是非常重要。

當時文廟的釋奠樂器有哪些品項，我們可從〈文廟樂器圖〉一窺堂奧，此圖總計繪有編鐘、編磬、笙、鏞、琴、瑟、排簫、洞簫、壎、篪、龍篴、鼗鼓、楹鼓、足鼓、搏拊、相鼓、鼖鼓、柷、敔、籥、翟、手版、麾、節等諸器。其樂隊編制概況，蔣氏悉依康熙五十八年（1719）曾頒「中和韶樂」於闕里，「其器用柷一、敔一、編鐘十六、編磬十六、琴六、瑟四、笙六、簫六、壎二、篪四、排簫二。」[48] 此處的編制有三十四人，假使加上上述樂器項目各一人擔任，由此計算，樂隊人數不少於四十七人。在〈佾舞圖〉上繪有九十六人的佾舞圖，〈圖說〉上說明爲：「今圖分四列而繪九十六人者，照『饗祀備考』之十二圖，備舞容而非佾數也。」[49] 在佾舞的舞姿上，總計籥、翟之勢共有二十一勢，[50] 並且記有釋奠儀式的樂章名稱：「迎神，奏《昭平》之章；初獻奠，奏《宣平》之章；亞獻，奏《秩平》之章；終獻，奏《敘平》之章；徹饌，奏《懿平》之章；送神望燎，奏《德平》之章。」[51]

《重修臺郡各建築圖說》在「孔廟」與「文廟」的稱呼上即是兩名

---

47 「復遠求吳市，製造彝器。」參見《臺灣南部碑文集成》，〈重修臺灣府孔子廟學碑記（乾隆四十二年）〉，頁 108。

48 《重修臺郡各建築圖說》，頁 17。

49 《重修臺郡各建築圖說》，頁 19。

50 原文爲「考籥、翟之勢有十（？）。」原文的原意可能是指有十多勢，又不知數量爲何，因此用「十（？）」來表示。原文用「？」確實少見，因此這裡的表述恐有誤。參見《重修臺郡各建築圖說》，頁 19。

51 《重修臺郡各建築圖說》，頁 19。

稱並用，在禮器上使用「孔廟」，在樂器上使用「文廟」，此處未知作者如此劃分是何用意，然看其他圖說的名稱情形，或可看出也同樣有混用之處，例如各廳縣的〈望樓圖說〉多寫成臺邑、鳳邑、諸邑，然彰化不寫「彰邑」而寫成「彰化縣」，雖然兩者同義，但也書不同文。全書名稱雖未統一，然對於臺灣文廟釋奠禮樂來說，仍是不可忽略的文獻。

〈文廟樂器圖〉只呈現樂器的圖樣與名稱，在《重修福建臺灣府志》一書中，撰者按照八音的分類法，分別詳細地描述釋奠樂器的尺寸、樣式、裝飾等，其在祀先師樂的樂器上寫有：「康熙五十五年，臺廈道陳璸置。雍正七年，知府倪象愷修。乾隆六年，巡道劉良璧重修。」[52] 其大成樂器所包括的八音樂器有金部類的大鐘、鎛鐘、編鐘、歌鐘；石部類有特磬、編磬、歌磬；絲部類有琴、瑟；竹部類有鳳簫、洞簫、龍笛、雙管、篴；匏部類有笙；土部類有塤；革部類有鼗鼓、懸鼓、楹鼓、足鼓、鞉鼓、搏拊、田鼓、相鼓；木部類有柷、敔、木鐸等。此大成樂器名目，在《重修臺灣縣志》中也有相同的記載，[53] 只是沒有再詳細描述樂器的尺寸裝飾等，應是襲自前書而來。

《彰化縣志》中有楊桂森（生卒年不詳）所寫的〈制聖廟禮樂器記〉，[54] 這裡所稱的聖廟即是文廟，彰化在雍正元年（1723）設縣，雍正四年（1726）由知縣張鎬（生卒年不詳）始建文廟，[55] 楊桂森曾於嘉慶十五年（1810）時任彰化知縣，翌年夏天：「商之諸生王有慶、洪鏞、劉開基、楊奎等，倡捐以樂其成。凡治禮器：籩之器百，豆之器百，簠、簋之器四十，鉶、登之器十，爵之器二十有七，篚之器十有四，罇之器

---

52 《重修福建臺灣府志》，卷9，〈典禮〉，頁276。

53 《重修臺灣縣志》，卷5，〈學校志〉，頁156。

54 《彰化縣志》，卷12，〈藝文志〉，頁449~450。

55 《彰化縣志》，卷12，〈藝文志〉，頁448。

二。凡治樂之器：金之屬十有九，石之屬十有八，絲之屬二，竹之屬一，匏之屬十有二，土之屬二，革之屬五，木之屬二。」[56] 從文中八音樂器的編制來看，[57] 此次所制的文廟樂器，較像是補制而非全套的編制，金之屬以編鐘、鏞鐘爲主，石之屬則以編磬爲主，絲之屬則爲琴、瑟，竹之屬爲笛或篴，匏之屬爲笙，土之屬爲塤，革之屬爲鼓類樂器，木之屬爲柷、敔等樂器，由此看來此樂器的編制人員約在二十七人至三十人之間，且管樂器的笙較爲偏重，從樂器全奏的音響來聽，和諧度可能較不平衡。此史料在「叢刊」中的《臺灣教育碑記》、《臺灣中部碑文集成》等均有重複記載，[58] 此不贅述。

《臺灣縣志》有記載明神宗萬曆四十一年（1613）文廟釋奠樂的樂生與舞生的編制：「大合樂麾一、柷一、敔一、琴六、瑟二、鐘磬各十有六、塤二、篪二、簫四、鳳簫四、笙六、笛四、搏拊鼓二、應鼓如之。樂生三十六人、工歌六人，旌二、籥三十六，翟如之；舞生三十六人，泊皇朝定鼎，樂章儀注悉因舊制。」[59] 樂隊編制三十六人可能係取佾生三十六人相等而設。在陳文達的《鳳山縣志》也有記載康熙二十六年（1687）時，曾下詔天下郡縣選舉文廟釋奠的樂生與舞生，「大合樂以祀先聖。」[60] 佾舞用六佾，樂生與舞生的編制爲：「大合樂，麾一、柷一、敔一、琴六、瑟二、鐘磬各十有六、塤二、篪二、簫四、鳳簫四、笙六、笛

---

56 《彰化縣志》，卷 12，〈藝文志〉，頁 449~450。

57 「八音」是周代時期按製作材質不同而做的樂器分類，計分爲金、石、絲、竹、匏、土、革、木等八種，中國古代咸認這八種材質的樂器一起演奏，將能達到最高的和諧。

58 《臺灣教育碑記》「叢刊」種號 54（臺北：臺灣銀行經濟研究室，1959 年），頁 31。《臺灣中部碑文集成》「叢刊」種號 151（臺北：臺灣銀行經濟研究室，1962 年），頁 18。

59 《臺灣縣志》，〈典禮志六〉，頁 155~156。

60 清·陳文達，《鳳山縣志》「叢刊」種號 124（臺北：臺灣銀行經濟研究室，1961 年 10 月），卷 3，〈祀典制〉，頁 36。

四、搏拊鼓二、應鼓如之；樂生三十八人，工歌六人。旌二、籥三十六，翟如之；舞生二十六人。」[61] 此處所記載的樂生有三十八人，然計算其各樂器演奏人員，應為三十六人，比對《臺灣縣志》之樂隊編制，兩者編制皆同，未知《鳳山縣志》多出二人是如何計算，再者，舞生持舞器籥與翟皆三十六，然文中所記舞生只有二十六人，可能是書寫錯誤，因此，按文中之義，樂生與舞生的編制應該都是三十六人。在《諸羅縣志》中也有相同的記載，樂生書寫為三十八人，舞生的部分則書寫為三十六人，已將前揭書的「二」十六人改之。[62]

連橫的《臺灣通史》有記載臺南文廟的釋奠樂有專門的機構：「臺南樂局：在臺南府治奎樓內，由紳士辦之，以司文廟祀典，歲收租穀數千石。」[63] 臺南文廟所設立的樂局在臺灣其他文廟當中也是非常特別的模式，「樂局」有類似學田的經濟模式，能自給自足。連橫在《雅言》中另有一段描述這種特殊現象：

> 臺灣無祀神之曲，唯文廟釋菜，須歌「四平之詩」；其譜頒自禮部，各省皆同。文廟之樂，謂之古樂；八音協奏，溫厚和平，饒有肅雍之象。臺南文廟舊為全臺首學，故設樂局以教樂生。而士人之習樂者，別設樂社，以時演奏，謂之「十三腔」。十三腔者，以小鉦十三面調節音律；其樂器與古樂略同，唯無鐘、鼓、柷、敔，而多絲、竹之屬。其譜傳自中華；若《殿前吹》、《折桂令》、《紫花兒序》則臺南自製，與各地不同。[64]

61　《鳳山縣志》，卷3，〈祀典制〉，頁36。

62　清‧周鍾瑄，《諸羅縣志》「叢刊」種號141（臺北：臺灣銀行經濟研究室，1962年12月），卷4，〈祀典志〉，頁54。

63　《臺灣通史》，卷16，〈城池志〉，頁479。

64　清‧連橫，《雅言》，頁30。

　　臺南文廟「樂局」設立的原由，在「叢刊」中也有相關記載，姚瑩
（1785~1853）在〈臺灣府學聖廟祭品碑〉中提到：「道光十八年中秋釋
奠，瑩蒞事，有戚焉。先是三年冬，中丞劉公觀察臺灣，與郡人士修府、
縣學宮，設局舉蔡生植南教習樂舞，頗備聲容矣。」[65] 此處所設的局即指
「樂局」。另外在道光十五年（1835），福建分巡臺澎等處兵備道兼提督
學政劉鴻翱與員外郎吳尚新、生員劉衣紹、六品職員蔡植楠，重修文廟、
祭器、樂器：「修鐘、鏞、匏、鼓、琴、瑟、簫、管、敔、磬、祝、敔皆
具。舞六佾六六三十六人，聘海內樂工，以時教童子習。」[66] 此在《福建
通志列傳選》與《臺灣關係文獻集零》也有提及，[67] 因此，「樂局」約設
於道光十五年（1835），至光緒十七年（1891）時任職於工部郎中的職
員陳鳴鏘（生卒年不詳），有鑑於古雅之樂的淪亡，希望重振「樂局」，
因而出資禮聘王縣令少君（生卒年不詳），通稱王老五為樂師，同時以
林二舍（生卒年不詳）為顧問，邀集地方文士，開局研練，並推許南英
（1856~1917）進士為社長，成立「以成社」[68]。現已易名為「以成書院」，
附屬於孔廟的民間社團，有獨立的管理及運作系統，今日仍是釋奠禮樂的
主角，臺南文廟的釋奠樂至今仍與其他文廟不同。

　　姚瑩在〈臺灣府學聖廟祭品碑〉中也提到樂器使用的編制，其內容
為：「殿外兩階，金鎛鐘一、編鐘十有六在東，玉特磬一、編磬十有六在
西，皆懸以簨業。東應鼓一、柷一、麾一，西敔一。東西分列琴六、瑟

65　清・姚瑩，《中復堂選集》「叢刊」種號 83（臺北：臺灣銀行經濟研究室，1960 年 9
　　月），東溟文後集，卷 13，〈臺灣府學聖廟祭品碑〉，頁 175。

66　《臺灣南部碑文集成》，〈臺灣府學重修夫子廟並祭器樂器記〉，頁 257。

67　《福建通志列傳選》，卷 6，頁 319。諸家，《臺灣關係文獻集零》「叢刊」種號 309（臺
　　北：臺灣銀行經濟研究室，1972 年 12 月），〈臺灣府學重修夫子廟並祭器樂器記〉，
　　頁 76~77。

68　林開登，《大成至聖先師孔子二五三四週年誕辰釋奠暨以成書院一五週年特刊》（臺
　　南：臺南市文廟管理委員會編印，1984 年 9 月），頁 4。

四、簫六、篴六、箎四、排簫二、塤二、笛六、搏拊二、笙二、翟籥三十
有六。此樂器之數也。」[69] 由此樂隊編制來看，大約爲四十八人，佾舞生
仍爲三十六人，樂生可謂盛大。

　　文稿約成書於嘉慶十二年（1807）的《續修臺灣縣志》中，提到
文廟的祭器與樂器，其記載：「樂器：銅鐘一，銅編鐘十六，鐵編磬
十六。」[70] 這裡有提到文廟的釋奠樂器中有鐵編磬，此在「叢刊」中也僅
此一條紀錄，所有提及文廟樂器者皆無此樂器，此爲本文獻特別之處。這
裡的鐵編磬其可能性有二：一是作者誤筆；一是指方響之樂器。方響是中
國古代傳統樂器之一，其來源最遲在南朝的梁代（502~557）：「梁有銅
磬，蓋今方響之類。方響，以鐵爲之，修八寸，廣二寸，圓上方下。架如
磬而不設業，倚於架上以代鐘磬。」[71] 方響是用厚薄不同的金屬片製成，
通常爲十六枚分上下兩層懸掛於木架上，從唐代詩人對於方響的描述詩
作，約可見方響的聲音特性，[72] 例如唐代李沇（生卒年不詳）的〈方響歌〉：

　　　敲金扣石聲相凌，遙空冷靜天正澄。寶缾下井轆轤急，小娃弄索
　　　傷清冰。

69　《中復堂選集》，東溟文後集，卷 13，〈臺灣府學聖廟祭品碑〉，頁 175。

70　清・謝金鑾，《續修臺灣縣志》「叢刊」種號 140（臺北：臺灣銀行經濟研究室，1962
　　年），卷 3，〈學志〉，頁 164~165。

71　後晉・劉昫等撰，《舊唐書》（北京：中華書局，2002 年 12 月），卷 29，〈音樂志
　　二〉，頁 1078。

72　唐代詩人有儲光羲，〈題應聖觀〉，冊 4，卷 136，頁 1383。錢起，〈夜泊鸚鵡洲〉，
　　冊 8，卷 239，頁 2688。白居易，〈偶飲〉，冊 13，卷 447，頁 5024。雍陶，〈夜聞
　　方響〉，15 冊，卷 518，頁 5928。杜牧，〈方響〉，16 冊，卷 524，頁 6000。陸龜
　　蒙，〈方響〉，18 冊，卷 629，頁 7223。司空圖，〈江行二首〉，19 冊，卷 632，
　　頁 7247。方干，〈新安殷明府家樂方響〉，19 冊，卷 653，頁 7502。牛殳，〈方響
　　歌〉，22 冊，卷 776，頁 8794。盧中，〈哭悼朝賢〉，24 冊，卷 848，頁 9606 等。參
　　見《全唐詩》（北京：中華書局，1960 年 4 月）。

穿絲透管音未歇，迴風繞指驚泉咽。季倫怒擊珊瑚摧，靈芸整鬟

步搖折。

十六葉中侵素光，寒玲震月雜珮璫。雲和不覺罷餘怨，蓮峰一夜

啼琴姜。

急節寫商商恨促，秦愁越調逡巡足。夢入仙樓戛殘曲，飛霜稜稜

上秋玉。[73]

從方響有時作為「以代鐘磬」來看，這裡是否指文廟或有此情形，但是此條史料亦記載使用了銅編鐘，因此，「以代鐘磬」較難符合實際，且文廟多強調八音齊鳴，編磬為石類樂器之代表，缺少此樂器對於文廟釋奠樂顯然是倍感缺憾。

另外方響在「叢刊」中的《噶瑪蘭廳志》也有提及：「作樂：『會典』：凡鄉國之樂，府、州、縣鄉飲酒，設雲璈一、方響一、琴二、瑟一、簫四、笛四、笙四、手鼓一、拍板一。正月以太簇為宮，十月以應鐘為宮。」[74]這是清代在地方舉行鄉飲酒禮的樂器陳設編制，[75]其中即有使用方響，此雖記載於《噶瑪蘭廳志》，但是此樂隊編制的書寫是引自《大清會典》一書，表示在鄉飲酒禮樂儀注上應有的狀態，從文義來看的話，並不代表是噶瑪蘭（宜蘭縣）這個地方所擁有並使用的樂器。從上述之論來看，筆者較偏向書寫者誤筆之情形。

其他記載有關文廟釋奠樂器的史料，多簡略提及「重修」、「修」或「製」等，例如光緒八年（1882）周家楣（生年不詳~1887）任順天府

---

73 《全唐詩》，冊20，卷688，頁7909。

74 清·陳淑均，《噶瑪蘭廳志》「叢刊」種號160（臺北：臺灣銀行經濟研究室，1963年），卷3下，〈風教〉，頁125。

75 「京府及直省、府、州、縣歲以孟春望日、孟冬朔日，舉行於儒學。」參見《噶瑪蘭廳志》，卷3下，〈風教〉，頁121。

府尹時，[76] 曾「製孔廟祭器、樂器。」[77] 其餘文廟事項未有記載，此從《清史稿》輯出。類似此片言隻字此不贅述。

結語

「叢刊」中關於文廟的記載相當多，為研究臺灣文廟發展的歷史提供了重要的文獻紀錄，文本中對於「孔廟」與「文廟」的稱呼仍以後者為主，然今日臺灣管理文廟的部門多以「孔廟」為名，此倒形成古今之別。對於先師釋奠儀注的記載，幾乎多書寫於方志類的書籍，但並非所有「叢刊」中的方志書均有記載文廟釋奠一事。對於釋奠儀注的細節書寫，多有後刊印之書抄寫或承襲前書，因此，常出現重複的現象，也因「叢刊」所收書籍達三百零九種之多，對於類似事件的文獻紀錄常有不同的書籍記載，從比對研究上也常發現有傳寫上的錯誤，雖有此闕漏，然仍不減「叢刊」對於臺灣文廟研究的重要性。從釋奠儀注來看，臺灣在清朝統治期間，釋奠樂章的使用似與朝廷不同調，形成臺灣在文廟釋奠樂上的特殊性。在釋奠樂器的記載中，提供了我們了解當時文廟樂生的樂隊編制，以及樂器的保存與使用情形。「叢刊」所記載的文廟相關史料相當豐富，本文的研究只是一個開端，希望能拋磚引玉，期待有更多的精采研究深入剖析。

76　明清兩朝時期以北京為都城，當時行政區劃為順天府，府尹即相當於今日之首都市長。

77　《清史稿臺灣資料集輯》「叢刊」種號 243（臺北：臺灣銀行經濟研究室，1968 年 3 月），頁 860。

第八章

臺南孔廟釋奠樂
的「雙雅傳統」

　　臺灣首座孔廟爲臺南孔廟，肇建於明代永曆十九年（1665），素有「全臺首學」之稱。早期臺灣各地孔廟在釋奠樂的使用上，多以清代的樂章爲主，一九六八年至一九七○年間特別成立了「祭孔禮樂工作委員會」，[1] 在釋奠樂的部分，主要由莊師本立先生（1924~2001）著手研考，採用明代洪武六年（1373）間定祀先師孔子廟的樂章，[2] 意即洪武二十六年（1393）的大成樂章，[3] 並參照明代《頖宮禮樂疏》所載樂譜，譯成一字一音，每字一小節四拍的形式，一句四字四小節，搭配鐘、磬、鼓樂，使各樂句分明，其中尚研製並改進了許多釋奠樂器，這份明制的釋奠樂，乃成爲今日臺灣大多數孔廟釋奠樂最主要的版本。

　　臺灣多數大型孔廟多由公部門管理，臺南孔廟不全然屬於公部門所管理，其行政職員亦非由公務體系支薪，目前爲「財團法人臺南市孔廟文化基金會」的組織方式來管理，這在臺灣孔廟的管理制度上是很特殊的，其釋奠樂至今仍沿襲清代制度，成爲全臺最特殊的釋奠樂形式。這裡也可看出臺灣各地孔廟的釋奠儀節文化，並無制式化的規定，完全由各地縣市政府自行選擇其使用的釋奠儀節。臺南孔廟釋奠樂除了以傳統「八音」雅樂

1　祭孔禮樂工作委員會編印，《祭孔禮樂之改進》（臺北：祭孔禮樂工作委員會，1970年）。

2　明太祖洪武六年（1373）曾命詹同（生卒年不詳）、樂韶鳳（生年不詳~1380）等重新製作釋奠樂章，詹同與樂韶鳳兩人，直接從宋代大晟府擬撰釋奠樂章歌詞中，挑選出六首樂章，其中或有一、二字之差異，然大抵相同或類似，同時將樂章名改換，「迎神」演奏《咸和》之曲，樂章取自宋代《凝安》；「奠帛」演奏《寧和》之曲，樂章取自宋代奠幣《明安》；「初獻」演奏《安和》之曲，樂章取自宋代文宣王位酌獻《成安》；「亞獻」、「終獻」演奏《景和》之曲，樂章取自宋代《文安》；「徹饌」演奏《咸和》之曲，樂章取自宋代徹豆《娛安》；「送神」演奏《咸和》之曲，樂章取自宋代《凝安》。參見清 · 張廷玉等撰，《明史》，卷 61，〈樂志一〉（北京：中華書局，2003年），頁 1502。

3　「頒《大成樂》於天下。」參見《明史》，卷 50，〈禮志四〉，頁 1297。

爲主外，[4]還加上臺灣傳統音樂的「十三音」，使用在祭孔上的也稱爲「雅樂十三音」，並由清代延續至今的「以成書院」負責釋奠樂的禮生與樂生及相關事務。從歷史傳統的角度來看，臺南孔廟是臺灣第一座孔廟，其釋奠樂的形式也是臺灣孔廟當中保存最久遠也是最獨特的，特別是其用樂的「雙雅傳統」，本文從文獻研考與田野調研著手，從中探究其「雙雅傳統」的意義。

第一節
「雅樂傳統」釋奠樂的淵源與流變

　　臺南孔廟初興時稱爲「聖廟」，此名稱在清代時期官方對孔廟的稱呼多以此名，其興建緣起，目前以清代康熙年間江日昇的《臺灣外記》（1704）所記，爲較早的見聞：

> 康熙四年乙巳（附永曆十九年）正月，鄭經率文武朝賀永曆於安
> 平鎮。……八月，以諮議參軍陳永華爲勇衛。……（陳永）華見諸
> 凡頗定，啓（鄭）經曰：「開闢業已就緒，屯墾略有成法，當速
> 建聖廟、立學校」。（鄭）經曰：「荒服新創，不但地方侷促，
> 而且人民稀少，姑暫待之將來」。（陳）永華曰：「非此之謂

4　此處的「八音」雅樂是指以金、石、絲、竹、匏、土、革、木等八類製作材質的樂器，所構成的大合樂系統。臺灣民間音樂另外有「八音」之類，有時也稱「八音」樂團，出現在喜慶與喪葬的活動場合，在客家語系地區有客家八音，閩南語系地區亦稱爲鼓吹樂，其曲目一小部分與「十三音」相同，一小部分與北管相同。林清財曾蒐集「十三音」、「八音」、「北管」曲目 1,050 首進行比較，認爲三者應是各自獨立的樂種。林清財，〈南部地區的八音與十三音〉，《高雄文化研究》（2004 年），頁 57~99。

也。昔成湯以百里而王、文王以七十里而興，豈關地方廣闊？實
在國君好賢，能求人材以相佐理耳。今臺灣沃野數千里，遠濱海
外，且其俗醇；使國君能舉賢以助理，則十年生長、十年教養、
十年成聚，三十年眞可與中原相甲乙。何愁侷促稀少哉？今既足
食，則當教之。使逸居無教，何異禽獸？須擇地建立聖廟、設學
校，以收人材。庶國有賢士，邦本自固；而世運日昌矣」。（鄭）
經大悅，允陳永華所請。令擇地興建聖廟，設學校。於承天府鬼
仔埔上，鳩工築豎基址，大興土木起蓋。[5]

鄭經（1642~1681）接受當時任諮議參軍陳永華（1634~1680）的建議，
在承天府鬼仔埔上建立聖廟，其地點即今日臺南孔廟的位址。「康熙五年
丙午（附永曆二十年）正月，建立先師聖廟成（今臺灣府府學是也），旁
置明倫堂。」[6]臺南孔廟在一六六六年興建完成，成為臺灣第一座孔廟。

　　臺南孔廟竣工後於每年春秋二仲上丁之日是否舉行釋奠禮樂，史冊
所載多斷簡殘編，因此多不詳其舊，然就筆者所閱史料，清代時期的鳳
山縣、諸羅縣、彰化邑、澎湖縣等均有記載該地區曾於孔廟舉行釋菜之
禮。[7]釋菜與釋奠均是古代祭祀孔子的禮，釋菜禮較釋奠禮簡，釋菜禮不用

5　清・江日昇，《臺灣外記》，卷6（臺北：臺灣銀行經濟研究室，1960年），頁
　　233~236。

6　《臺灣外記》，卷6，頁236。

7　清康熙四十三年「（山東）萊陽宋公永清以平川令移宰於斯。行釋菜禮，愴然念之曰：
　　『鳳山自有君天下以來，版圖未入，文教不施。今聲名人物，得與中土媲美，稱為盛
　　事。苟廟宇依然卑陋，無以體聖天子尊師崇儒至意，其誰之責哉』？於是請諸上憲、集
　　諸紳衿，捐俸樂輸，鳩工興建。高大則制，增兩廡、欞星門，因地制宜，靡不周備；棟
　　梁得大木，垣牆固磚礫，雲錦丹漆，塗飾以法，誠壯麗巨觀也。侯之用心，可謂至矣。
　　而侯猶慮無以廣聖澤，爰設義學、置學田，其為厥廟籌更深也。」參見清・周元文，
　　《重修臺灣府志》，卷10，〈藝文志〉（臺北：臺灣銀行經濟研究室，1960年），頁
　　366~367。另外「考《閩書》：明萬曆四十年，提學副使馮斑下教各州、府、縣儒學，

樂，釋奠禮則樂舞齊備。蔣毓英（生卒年不詳）的《臺灣府志》（1685）記載了當時臺灣府（即今臺南）的釋菜禮：「凡歲以春、秋仲月上丁日，郡守行釋菜禮。……臺、鳳、諸三縣官從祭府學畢，迺詣各縣本學先師廟行釋菜禮，儀文與府學同。」[8] 蔣毓英於康熙二十三年（1684）擔任臺灣府首任知府，這裡所記的府學即今之臺南孔廟，當時舉行釋菜禮時，臺灣縣、鳳山縣、諸羅縣三縣官從祭於府學。由此看來，早期臺南孔廟是確定有舉行釋菜禮，但未見釋奠禮的記載。連橫（1878~1936）曾於《臺灣通史》（初刊 1920~1921）中追記一段描述：

> 永曆二十年春，文廟成，延平郡王經親行釋菜之禮。歸清以後，康熙二十四年，巡道周昌、知府蔣毓英重建，是爲府學。三十九年，巡道王之麟建明倫堂。自是以後，各府、縣皆建文廟，尊先師也。每歲春秋二仲上丁之日，恭行釋菜之禮。先期三日，地方官齋沐停刑。將祭之前一日，習儀於明倫堂，省牲治器。四鼓齊集，執事者各司其事。[9]

連橫所記倒也符合蔣毓英等的記述，甚至描述了永曆二十年（1666）鄭經釋菜時的情景：「（永曆）二十年春正月，聖廟成，（鄭）經率文武行釋菜之禮，環泮宮而觀者數千人，雍雍穆穆，皆有禮讓之風焉。」[10] 連

以二月十八日先師忌辰、八月二十一日先師誕辰，行釋菜禮；學官主其祭。」參見清．陳文達，《臺灣縣志》，〈典禮志六〉（臺北：臺灣銀行經濟研究室，1961 年），頁 160。「雖無山川、社稷、風雲雷雨諸壇與夫文廟春秋釋菜之禮，而奉文致祭，載在國典者，歲時肇舉，斯亦守土者之所有事也。」參見清．胡建偉，《澎湖紀略》，卷 2，〈地理紀〉（臺北：臺灣銀行經濟研究室，1961 年），頁 37。

8　清．蔣毓英，《臺灣府志》，卷 7，〈祀典〉（北京：中華書局，1985 年），頁 185~186。

9　清．連橫，《臺灣通史》，卷 10，〈典禮志〉（臺北：臺灣銀行經濟研究室，1962 年），頁 244。

10　《臺灣通史》，卷 2，〈建國紀〉，頁 39。

横這裡的文詞是使用「聖廟」，看來其援引的材料可能是較早期的史料，然連横在上段文字則使用「文廟」，這是明清以來對孔廟的慣用稱呼，可見其參考的史料有不同的年代批次，只是不詳連横的史料來源為何？

釋菜禮較釋奠禮簡，清康熙年間陳文達在《臺灣縣志》（1720）中提到孔廟的祭祀為：「釋奠，祭先師也。廟在縣治之南。歲二祭，以春秋二仲上丁之日。」[11] 這裡所指的也就是臺南孔廟，蔣毓英於康熙二十四年（1685）所記載臺灣府學行釋菜禮，當時「樂舞未備，權以鼓吹侑食迎送。」[12] 高拱乾《臺灣府志》（1695）所載即稱為釋奠儀注，並有釋奠樂舞的使用，[13] 由此看來，臺南孔廟至少在進入清領時期即開始有釋奠樂的使用。

明代（1368~1644）與清代的釋奠樂章名稱有較大的差異，明代的釋奠樂章皆以「和」來命名，清代則以「平」來命名，清代改為「平」的時間約在順治元年（1644），其用意如下：

> 順治元年，攝政睿親王多爾袞既定燕都，將於十月告祭天地宗廟社稷，大學士馮銓、洪承疇等言：「郊廟及社稷樂章，前代各取嘉名，以昭一代之制，梁用『雅』，北齊及隋用『夏』，唐用『和』，宋用『安』，金用『寧』，元宗廟用『寧』、郊社用『咸』，前明用『和』，我朝削平寇亂，以有天下，宜改用『平』。」[14]

11　清・陳文達，《臺灣縣志》，〈典禮志六〉（臺北：臺灣銀行經濟研究室，1961年），頁 152。

12　清・蔣毓英，《臺灣府志》，卷 7，〈祀典〉，頁 186。

13　清・高拱乾，《臺灣府志》，卷 6，〈典秩志〉（臺北：臺灣銀行經濟研究室，1960年），頁 174。

14　民國・趙爾巽等撰，《清史稿》，卷 94，〈樂志一〉（北京：中華書局，1996年），頁 2733。

　　清代在釋奠用樂上有多次的變化，分別在順治二年（1645）的先師廟樂章、康熙六年（1667）所頒太學的《中和韶樂》、[15]康熙五十五年（1716）又將《中和韶樂》頒給直省文廟、[16]乾隆七年（1742）以順治元年之舊詞重改、乾隆七年重訂直省先師廟樂章等。順治二年（1645）舉行釋奠先師之禮，六個樂章分別為：「迎神奏《咸平》，奠帛、初獻奏《寧平》，亞獻奏《安平》，終獻奏《景平》，徹饌、送神奏《咸平》。」[17]迎神與徹饌、送神雖然皆為《咸平》樂章，但是歌詞不同。[18]順治二年（1645）與康熙六年（1667）所訂的釋奠樂主要是用於京畿所在地，康熙五十五年（1716）頒給直省只是擴大使用範圍，乾隆七年（1742）重改舊詞以及重訂直省先師廟樂章，這些釋奠樂的異動對於當時臺灣只是臺灣府的行政層級並無直接的影響。清代地方行政區劃的官員等級主要以總督、巡撫為主，總督常統領一省或數省，巡撫則統領一省，其下才設知府統領一府，府以下為廳、州、縣，[19]康熙二十三年（1684）收復臺灣後設臺灣府，將臺灣劃歸為福建巡撫管轄，其下有臺灣道，再下一層級則為臺灣府，臺灣於光緒十一年（1885）始設為行省，然而在此之前臺南孔廟作為府學孔廟釋奠樂的使用是如何呢？這是我們接著要探究的問題。

　　康熙二十三年（1684）臺灣設府後，康熙二十六年（1687）曾頒定文廟釋奠禮樂舞的規定：「頒行『天下聖道，正際昌隆』等事。內開：奉旨：丁祭國子監十籩、十豆，舞用六佾；各府、州、縣八籩、八豆，舞亦六佾。并樂器各項，俱照《會典》原定遵行。」[20]此事記載於高拱乾（生

15　「頒太學《中和韶樂》。」參見《清史稿》，卷84，〈禮志三〉，頁2534。

16　「頒《中和韶樂》於直省文廟。」參見《清史稿》，卷94，〈樂志一〉，頁2748。

17　《清史稿》，卷94，〈樂志一〉，頁2735。

18　《清史稿》，卷96，〈樂志三〉，頁2825。有樂章歌詞的記載。

19　清・崑岡等纂，《欽定大清會典（光緒朝）》，卷13，〈戶部・尚書侍郎職掌一〉（臺北：新文豐出版公司，1976年），頁3。

20　清・高拱乾，《臺灣府志》，卷6，〈典秩志〉，頁174。

卒年不詳）的《臺灣府志》，高拱乾當時任臺廈兵備道，亦即臺灣知府的長官，主要管理臺灣，此史料之後即記載了當時文廟釋奠的儀注，所載釋奠樂章爲：迎神奏《咸和》與《寧和》之曲、初獻奏《安和》之曲、亞獻奏《景和》之曲、終獻奏《景和》之曲、徹饌奏《咸和》之曲、送神奏《咸和》之曲，此樂章名同於明代的樂章名，在歌詞上亦只有幾字之差。清代從順治到康熙年間，雖有重訂釋奠樂並頒行，然施行範圍僅在京畿與各省文廟，其下的地方文廟則較無規範，至少臺南孔廟在康熙年間所使用的釋奠樂章，是採用明代洪武六年定祀先師孔子的樂章，屬於明制釋奠樂。

　　乾隆年間臺南孔廟的釋奠樂又從明制改爲近於清制了。劉良璧在《重修福建臺灣府志》（1741）的釋奠儀注中書寫的釋奠樂章，其六個樂章名分別爲《咸平》、《寧平》、《安平》、《景平》、《咸平》、《咸平》，此爲順治時期的名稱，然其歌詞則爲乾隆時期所製。[21] 此書的原刊年爲乾隆六年（1741），因此，今日臺南孔廟的釋奠樂開始採用清制的時間，最遲應該不會晚於這一年，然而現行之清制釋奠樂章，用《昭平》、《宣平》、《秩平》、《敘平》、《懿平》、《德平》等及其歌詞，[22] 最早見到在釋奠儀注上使用的是陳培桂（生卒年不詳）主修的《淡水廳志》，此書成書於清同治九年（1870），因此，臺南孔廟直至今日仍在使用的清制釋奠樂章，至遲不會晚於同治九年（1870），意即距今至少約一百五十一年以上。據筆者研究，目前臺南孔廟釋奠樂譜，是按照闕里文廟府、州、縣釋奠樂章演奏。[23]

21　清・劉良璧，《重修福建臺灣府志》，卷9，〈典禮〉（臺北：臺灣銀行經濟研究室，1961年），頁 269~274。

22　清・陳培桂主修、楊浚纂輯，《淡水廳志》，卷5，〈學校志〉（臺北：臺灣銀行經濟研究室，1963年），頁 130~133。

23　清・龐鍾璐撰，《文廟祀典考》，卷6，〈昭代樂制〉（臺北：中國禮樂學會出版，1977年），頁 387~388。

　　《昭平之章》的歌詞爲：「大哉孔子，先覺先知。與天地參，萬世之師。祥徵麟紱，韻答金絲。日月既揭，乾坤清夷。」[24] 臺南孔廟印行的釋奠樂章譜是使用律呂譜和工尺譜並呈，其工尺「四」字常與「士」字混用，在《昭平之章》歌詞的「韻」字標爲仲呂，工尺爲「仕」字，此處工尺譜應校訂爲「上」字，筆者與清代《文廟祀典考》校對，爲宮音「上」字。另外歌詞的「夷」字標爲太簇，工尺爲「工」字，此處工尺譜應校訂爲羽音「四」字【譜例 8-1】。

【譜例 8-1】迎神《昭平之章》，蔡秉衡譯譜校訂

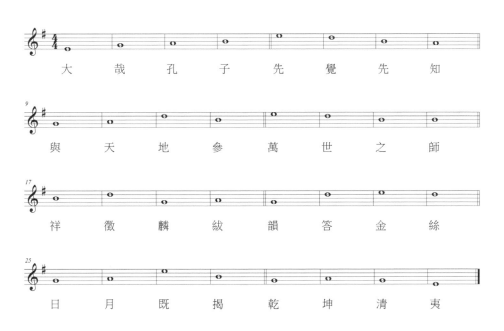

迎神

昭平之章

蔡秉衡 譯譜

大　哉　孔　子　先　覺　先　知

與　天　地　參　萬　世　之　師

祥　徵　麟　紱　韻　答　金　絲

日　月　既　揭　乾　坤　清　夷

24　民國 · 趙爾巽等撰，《清史稿》，卷 96，〈樂志三〉（北京：中華書局，1996 年），頁 2825。

　　《宣平之章》的歌詞爲：「予懷明德，玉振金聲。生民未有，展也大成。俎豆千古，春秋上丁。清酒既載，其香始升。」[25]，臺南孔廟印行的釋奠樂章譜在《宣平之章》歌詞的「振」字標爲仲呂，工尺爲「仕」字，此處工尺譜應校訂爲「上」字。歌詞的「金」字標爲清泰，應統一標爲「清太」，因爲全篇的「清太」只有此處有異，即是指高八度的太簇音【譜例8-2】。

【譜例8-2】初獻《宣平之章》，蔡秉衡譯譜校訂

_____

25　民國・趙爾巽等撰，《清史稿》，卷96，〈樂志三〉（北京：中華書局，1996年），頁2825。

　　《秩平之章》的歌詞爲：「式禮莫愆，升堂再獻。響協鼓鏞，誠孚罍甒。肅肅雍雍，譽髦斯彥。禮陶樂淑，相觀而善。」[26]【譜例 8-3】

【譜例 8-3】亞獻《秩平之章》，蔡秉衡譯譜校訂

亞獻

秩平之章

蔡秉衡 譯譜

　　《敍平之章》的歌詞爲：「自古在昔，先民有作。皮弁祭菜，於論思樂。惟天牖民，惟聖時若。彝倫攸敍，至今木鐸。」[27]【譜例 8-4】

26 《清史稿》，卷 96，〈樂志三〉，頁 2825~2826。

27 《清史稿》，卷 96，〈樂志三〉，頁 2826。

【譜例 8-4】終獻《敘平之章》，蔡秉衡譯譜校訂

終獻

敘平之章

蔡秉衡　譯譜

自　　古　　在　　昔　　先　　民　　有　　作

皮　　弁　　祭　　菜　　於　　論　　斯　　樂

惟　　天　　牖　　民　　惟　　聖　　時　　若

彝　　倫　　攸　　敘　　至　　今　　木　　鐸

　　　《懿平之章》的歌詞爲：「先師有言，祭則受福。四海黌宮，疇敢不肅。禮成告徹，毋疏毋瀆。樂所自生，中原有菽。」[28]歌詞的「受」字標爲清太與黃太並呈，應統一標爲「清太」，工尺字倒是無誤。歌詞的「宮」字標爲清黃與清太並呈，工尺字爲「六」字，此處的「清太」有誤，應校訂爲「清黃」，爲徵音「六」字。歌詞的「有」字爲仲呂，工尺字標爲「工」字，此處工尺譜應校訂爲工音「上」字【譜例 8-5】。

28　《清史稿》，卷 96，〈樂志三〉，頁 2826。

【譜例 8-5】徹饌《懿平之章》，蔡秉衡譯譜校訂

徹饌

懿平之章

蔡秉衡 譯譜

先 師 有 言 祭 則 受 福

四 海 黌 宮 籩 敢 不 肅

禮 成 告 徹 毋 疏 毋 瀆

樂 所 自 生 中 原 有 菽

　　《德平之章》的歌詞為：「鳧繹峨峨，洙泗洋洋。景行行止，流澤無疆。聿昭祀事，祀事孔明。化我蒸民，育我膠庠。」[29] 歌詞的「孔」字標為黃仲與仲呂並呈，應統一標為「仲呂」，工尺字無誤。歌詞的「蒸」字標為太清與清太並呈，應統一標為「清太」【譜例 8-6】。

---

29 《清史稿》，卷 96，〈樂志三〉，頁 2826。

【譜例 8-6】送神《德平之章》，蔡秉衡譯譜校訂

送神

德平之章

蔡秉衡 譯譜

　　釋奠樂的樂器使用主要是以八音樂器的分類為主，即金類、石類、絲類、竹類、匏類、土類、革類、木類等八類，由此八類多種樂器所合奏的音樂，傳統上被認為是釋奠樂最完整的呈現，亦是釋奠樂「大合樂」的象徵，[30]古代宮廷的祭祀音樂亦多採此形式的合奏，只是在樂器的項目或數量上，因不同的祭儀以及不同的地點等多元因素而有增減。從臺南孔廟建

---

30 「大合樂」所指的演奏組合簡言之，乃是指八音樂器按照一定的五聲十二律合奏，再搭配歌舞所組成的綜合表演藝術。詳參拙著，〈論文廟釋奠樂隊編制的演變〉，收錄於《「世界的孔子：孔廟與祀典」國際學術研討會論文集》（臺北：臺北市孔廟管理委員會，2010 年），頁 271~294。

立一直到清同治九年，釋奠樂的使用一直保有傳統的八音合奏，我們可將之視爲「雅樂傳統」的釋奠樂，目前臺南孔廟在釋奠活動上，在大成殿的釋奠樂除了使用上述傳統八音合奏外，業已加入了民間音樂的「雅樂十三音」，並行之百年以上，其中又與「以成書院」有密切關係。

第二節
釋奠樂器的建構與「以成書院」
——

　　臺南孔廟自建立以來，重要的修繕有十九次，對於釋奠樂器的修繕，目前文獻所知至樂局成立時的記載有三次，第一次在清代乾隆十四年（1749），楊開鼎（生卒年不詳）當時奉命巡視臺灣，見府學（臺南孔廟）與縣學日亦傾圮，樂器與祭器也企待修整，於是由當時的士人廩生侯世輝（生卒年不詳）等諸人，捐貲大修，並於乾隆十六年（1751）完成。[31] 第二次由當時的臺灣府知府蔣元樞（1738~1781），於乾隆四十二年（1777）「復遠求吳市，製造彝器」[32]，完成禮樂器修繕。第三次修繕在道光十五年（1835）：「（劉鴻）翱復與府守謀樂器，員外郎吳尙新、生員劉衣紹、六品職員蔡植楠請任修鐘、鏞、匏、鼓、琴、瑟、簫、管、敔、磬、祝、敔皆具。舞六佾六六三十六人，聘海內樂工，以時教童子習。」[33] 當時劉

31　「郡諸生侯世輝等捐貲大修，於是改六德齋爲典籍庫，改六行齋爲禮器庫、樂器庫，崇聖殿下統爲廊，達於東西廡。又新建泮宮坊，鑄祭器、樂器。」參見清・陳壽棋總纂，《福建通志臺灣府》，〈學校〉（臺北：臺灣大通書局，2000 年），頁 239。

32　何培夫主編，《臺灣地區現存碑碣圖誌》，臺南市（上）篇，〈重脩臺灣府孔子廟學碑記〉（臺北：中央圖書館臺灣分館，1992 年），頁 24。

33　《臺灣地區現存碑碣圖誌》，臺南市（上）篇，〈臺灣府學重修夫子廟並祭器樂器記〉，頁 39。

鴻翱（1779~1849）擔任福建分巡臺澎等處兵備道兼提督學政，此次重整祭孔樂器，主要是八音釋奠樂器。傳統的八音釋奠樂器有塤無管，臺南孔廟目前兩者皆有使用。

臺南孔廟樂局的設置時間，大致可從姚瑩（1785~1853）的描述推知，姚瑩於道光十七年（1837）任臺灣道，翌年曾參加了臺南孔廟的釋奠禮，其在〈臺灣府學聖廟祭品碑〉碑文中提到：「先是三年冬，中丞劉公觀察臺灣，與郡人士修府、縣學宮，設局舉蔡生植楠教習樂舞，頗備聲容矣。」[34]文中所述中丞劉公即是劉鴻翱，所設的「局」指的就是樂局，蔡植楠（生卒年不詳）是當時釋奠樂舞的教習，所述早先三年冬，應是指道光十五年（1835）劉鴻翱整修釋奠樂器之時，因此，臺南孔廟的樂局設立，應在道光十五年（1835），劉鴻翱與吳尚新等人則是重要的推手。

參加樂局者是一項榮譽，同時也有一些特殊待遇，這種樂局的設立由臺南開始擴散出去，例如光緒年間擔任臺灣道兼按察使的唐贊袞（生卒年不詳）曾記載到，同治十年（1871）有彰化學訓導劉鳳翔（生卒年不詳）等人：「於彰邑修造樂器，遴選佾生，開局教演；并稟准每學遵例舞用六佾，即照樂府之數額，設三十六名，外加四名，以備疫病事故更替之用。由縣會同教官考選本籍俊秀通曉音律、嫻習禮儀者補充。每逢府、縣兩試，免其應考。由局赴學造報送院收考在案。邇來各縣亦多樂局。惟每有竄名佾生，混圖跨考者。」[35]由此來看，參與樂局者是一項榮譽，且多為士人，享有特殊待遇，其地位則勝於一般庶民。

樂局有固定的經濟來源，連橫記載臺南樂局時提到：「在臺南府治奎

---

34 清·姚瑩，《中復堂選集》，東溟文後集，卷十三，〈臺灣府學聖廟祭品碑〉（臺北：臺灣銀行經濟研究室，1960年），頁175。

35 清·唐贊袞，《臺陽見聞錄》，卷下，〈文教〉（臺北：臺灣銀行經濟研究室，1958年），頁87。

樓內，由紳士辦之，以司文廟祀典，歲收租穀數千石。」[36] 樂局在光緒年間有一次重大的改制，此次並改名爲「以成書院」，此在清代的相關文獻中均未見，據載光緒十七年（1891），工部郎中職員陳鳴鏘發起重整文廟禮樂，「聘王縣令少君（通稱王老五）者爲樂師，林協台公子二舍爲顧問，邀集地方文士研練禮樂，名曰：以成書院，……禮樂生仍以秀才或書生爲之。」[37] 當時的樂師王老五甚有名氣，連橫記載到有一次聽好友郭壽青（生卒年不詳）演奏琵琶，認爲甚得精妙，郭壽青便說其琵琶是學自王老五（生卒年不詳），而王老五的技藝又來自於妻子，[38] 此當爲「以成書院」改名以來的第一位導師。

　　從音樂的樂風來看，「以成書院」所承傳的「雅樂十三音」音樂，其院生皆認爲具有雅樂之風，「其吹奏音律，金聲玉振，雅韻悠揚，聽者精神爲之一爽，是爲文教之雅樂，亦則文人之韻事，實爲雅頌昇平之一美風，不可與俗樂同日而語也。」[39] 從其自我認知來看，民間俗樂與「雅樂十三音」音樂不可相提並論，其院生過去皆有一定的社會地位，其音樂又與民間的北管音樂有所不同，且多用於文廟、武廟等祀典，然此「雅樂」又與文廟釋奠樂結合，釋奠樂的傳統雅樂形象有其清晰的歷史傳承及脈絡，因此，兩者相較來看，「雅樂十三音」音樂可視爲一種民間雅樂傳

36　清・連橫，《臺灣通史》，卷 16，〈城池志〉（臺北：臺灣銀行經濟研究室，1962年），頁 479。

37　林開登，《大成至聖先師孔子二五三四週年誕辰釋奠暨以成書院一五十週年特刊》（臺南：臺南市文廟管理委員會編印，1984 年），頁 4。

38　「亡友郭壽青彈琵琶絕佳，金石絲竹之屬，莫不通其神妙，而外此碌碌也。壽青之學，學於王老五，老五又學於其妻者。風清月白之夜，燈紅酒綠之時，聞壽青琵琶者，皆神氣飛越，感興上下。四絃之中，千變萬狀。烏乎！何其奇耶！」收錄於清・連橫，《雅堂文集》，卷 2，〈郭壽青傳〉（臺北：臺灣銀行經濟研究室，1964 年），頁 66。

39　林海籌編，《同聲集》，〈雅樂十三音之由緒〉（臺南：臺南樂局以成書院，1933年），頁 1~2。

統，此傳統延續至今已一百八十五年，雖然今日的「以成書院」院生已不
再是秀才的專利，但是其賡續臺南孔廟釋奠樂的傳統至今不變。

第三節
「雅樂十三音」的傳統

　　臺南孔廟釋奠樂的傳統特色除了八音分類的祭孔樂器以外，也兼用民
間「雅樂十三音」的音樂。「十三音」的名稱又稱為「十三腔」，目前在
清代的文獻中並未見此樂種的名稱，其出現記載當有兩處，其一是日人片
岡巖的《臺灣風俗誌》與連橫（1878~1936）的《雅言》；其二是林海籌
編的《同聲集》。片岡巖的《臺灣風俗誌》提到：「所謂十三腔，就是不
屬於南、北管的音樂而言。」[40] 連橫《雅言》對於臺南文廟音樂的描述時
提到：[41]

> 臺灣無祀神之曲，唯文廟釋菜，須歌「四平之詩」；其譜頒自禮
> 部，各省皆同。文廟之樂，謂之古樂；八音協奏，溫厚和平，饒
> 有肅雍之象。臺南文廟舊為全臺首學，故設樂局以教樂生。而士
> 人之習樂者，別設樂社，以時演奏，謂之「十三腔」。十三腔

---

40 〔日〕片岡巖著，陳金田、馮作民合譯，《臺灣風俗誌》，第四集，第一章，〈臺灣音
　　樂・十三腔樂〉（臺北：大立出版社，1981 年），頁 5。

41 《雅言》主要是 1933 年為當地的《三六九小報》寫作專欄，總計 247 則，全書收錄計
　　304 則，後再加上未刊稿集結成書，包含了里諺、民謳、童話、兒歌、彈詞、燈謎、隱
　　語、對聯、乩詩、籤詞、祀曲、戲劇、音樂、技藝、歌舞、吟社、詩鐘、書畫、金石、
　　雕刻、圖繪、建築、珍藏、碑碣、勝蹟、考古、泉布、服飾、工藝、染織、物產、風俗
　　以及掌故等，相當豐富。

者，以小鉦十三面調節音律；其樂器與古樂略同，唯無鐘、鼓、枳、敔，而多絲、竹之屬。其譜傳自中華；若《殿前吹》、《折桂令》、《紫花兒序》則臺南自製，與各地不同。[42]

　　這裡提到臺南文廟設有樂局，另設有樂社，所演奏的樂種稱為「十三腔」，少數的樂曲是臺南當地自創，演奏者多為士人。另外林海籌所編的《同聲集》中的〈雅樂十三音之由緒〉一文提到：

至於十三音之設，以十三種樂器編成之故，稱曰「十三音」。專集庠序秀才為之，流傳寖盛各界人士之長音律者，亦別樹一幟，各立社名。蓋前清之時，每十二年一回恭送聖蹟（字紙灰），敬請孔子神輿巡繞府城內外，及節孝旌表恭迎晉祠。於是時，「十三音」編隊隨神輿前，或聖旨亭前奏樂燦行，或逢武聖及祀典廟宇祭祀，舉行神輿繞境時，亦酌用之。[43]

　　這裡提及了「十三音」的用途，在當時民間的迎神賽會中進行演出活動。「十三腔」使用的樂器有不同的記載，然大體上是大同小異，上述書籍有記載樂器名稱者有《臺灣風俗誌》與《同聲集》，前者所記的樂器有：鼉鐸、叫鑼、雙音、三音、餅鼓、檀板、三絃、鳳笙、洞簫、管、霜清、笛、提絃、鶴絃、四絃、鐘絃、鼓絃，提壺、豹絃、琵琶、篪等二十一種；[44] 後者所記有叫鑼、鼉鐸、三音、餅鼓、檀板、双音、笛、簫、笙、管、琵琶、三弦、雙清、秦箏等十四種，外加擦弦的胡琴類包含了提弦、和弦、四弦、鐘弦、鼓弦、提胡、貓弦等七種擦絃樂器，總數加起來計有二十一個樂器。從樂器的音響性質來看，主要的樂器群在胡琴類

---

42 《雅言》，頁30。

43 《同聲集》，〈雅樂十三音之由緒〉，頁1。

44 《臺灣風俗誌》，第四集，第一章，〈臺灣音樂・十三腔樂〉，頁6。

與小件的敲擊樂器，吹管樂器則有四件，彈撥類有四件，總體來說是以絲竹樂器組合為主，在音量上不算響度很強的音樂組合。

臺灣傳統的音樂品種主要有南管與北管兩大系統，南管音樂多婉約，北管音樂多高亢，北管音樂的大吹大擂主要有多隻嗩吶的組合，其敲擊樂器的響度亦較大，然北管音樂也有較纖細的絲竹樂形式，多表現在其崑腔演唱、弦仔譜當中，「十三腔」所使用的樂器大多同於北管音樂的樂器組合，但是又不屬於北管音樂的體系，因此，從過去至今，有許多人認為在臺灣的南管音樂與北管音樂系統當中，應當再加入「十三腔」系統。[45]「十三腔」在民間有時也稱「聖樂」，主要是常使用在廟宇的祭典中，音樂的性質趨向雅緻，可為民間音樂的類「雅樂」品種。

日人片岡嚴在一九二〇年代對臺灣的「聖樂」有如此的描述：「所謂聖樂，也可以稱為『孔子遺樂』，也就是臺南孔子廟祭典時所演奏的音樂，樂器、樂調、樂譜都跟普通音樂不同，具有清雅的古風。以前在孔子廟設有『樂局』，並且應用廟產的田園收入，作為購買或修理樂器的經費。」[46] 這裡將臺南孔子廟的「樂局」設置與祭孔音樂的情形做了連結，至少可見到臺灣在日治時期，臺南孔廟與「樂局」的關係。如今在臺灣所稱的聖樂團多半為國樂團化的樂隊形式，且多與宗教廟宇結合，除演奏祭典儀式音樂也可以演奏一般國樂團編制的國樂樂曲。

臺南孔廟的「十三腔」向來認為與「雅樂」最為契合，此可表現在兩方面，一為其組成成員，從清代以降，多以士人為主；二為音樂上多以絲竹樂的形式呈現，且長期配合祭孔釋奠樂演奏。一九二一年出版的《臺灣風俗誌》記載當時十三腔音樂的演奏組成及分布：「由許多人用二十多

---

45 賴錫中，《高市文獻》，第 17 卷，第 4 期，〈臺灣第三樂系「十三腔」探微〉（2004年），頁 72~85。

46 《臺灣風俗誌》，第四集，第一章，〈臺灣音樂 · 聖樂〉，頁 1。

種樂器合奏，這種音樂多半是讀書人、縉紳之士和富商等，以『社』或『會』的名稱組成樂隊，經常聚集在一起演奏自娛。這種樂隊很普遍，在基隆、臺北、士林、板橋、新竹、彰化、臺南等各地都有。」[47]可見其成員的社會階層並非一般庶民，而是以士人階層爲主。

　　臺南孔廟釋奠目前舉行春秋兩季，春季時崇聖祠爲清晨五時二十分開始祭祀，六時整大成殿正祭；秋季時崇聖祠爲清晨四時二十分開始祭祀，五時整大成殿正祭，春秋二祭除了時差爲一小時，其餘釋奠儀節皆同。崇聖祠的祭祀只用「雅樂十三音」，首先演奏《攀桂曲》，次爲《折桂令》，據早期的院生石榮峰描述，當時有時是先演奏《折桂令》，次爲《攀桂曲》，通常是迎神時演奏，祭文誦讀後演奏《殿前吹》，崇聖祠的祭祀時間約二十至三十分鐘左右，祭畢即移駕至前方大成殿舉行釋奠禮。《攀桂曲》原曲在《同聲集》以工尺譜記爲四十六板，[48]早期院生方省曾譯成簡譜成爲四十八板，目前從演奏一拍20的速度來看，彷彿成爲了九十六板【譜例8-7】。樂曲以骨幹音爲主，所有樂器採齊奏各自加花的方式演奏，起奏時先由三音鑼敲奏起拍，接著笛子慢起漸快吹奏曲調第一、二拍，其餘樂器則陸續加入，演奏長度配合儀節進行，可以一直反覆演奏。《折桂令》原曲在《同聲集》以工尺譜記爲六十板，方省曾所譯的簡譜也是六十板【譜例8-8】，在儀節上的演奏方式與《攀桂曲》相同。

47　〔日〕片岡巖著，陳金田、馮作民合譯，《臺灣風俗誌》，第四集，第一章，〈臺灣音樂·十三腔樂〉（臺北：大立出版社，1981年），頁5。

48　林海籌編，《同聲集》（臺南：臺南樂局以成書院，1933年），頁32。

【譜例 8-7】《攀桂曲》，方省曾譯譜、蔡秉衡採譜

攀桂曲

方省曾 譯　譜
蔡秉衡 採譜製譜

【譜例 8-8】《折桂令》，方省曾譯譜、蔡秉衡採譜

折桂令

方省曾 譯　　譜
蔡秉衡 採譜製譜

　　崇聖祠儀節在恭讀完祝文後即準備結束，此時最後演奏《殿前吹》，此曲在《同聲集》以工尺譜記為七十板，方省曾所譯的簡譜也是七十板【譜例8-9】，此曲前十二板在院生局內人稱為「帽子」，在儀節演奏中是「不戴帽子」，也就是演奏直接從第十三板開始，此處也是反覆的地方，樂曲演奏長度亦是配合儀節進行，起奏的方式同前所述。此樂曲在後續大成殿釋奠禮的眎燎時仍是演奏此曲，在臺南孔廟的釋奠中占有重要角色。

　　三首樂曲從筆者採譜上來看，現行演奏常使用附點音符來變化節拍，部分使用三十二音符是屬於民間音樂的加花手法，大致上仍與早期的曲調骨幹一致。從目前演奏速度來看，幾乎半拍速度為40，曲速甚緩，如以此為板數來計算的話，幾乎都與《同聲集》原工尺譜的板數多了一倍，這也是目前「雅樂十三音」的演奏特色。

結語

　　臺南孔廟初期的釋菜禮不用樂舞僅用鼓吹音樂，傳統八音「大合樂」的「雅樂傳統」釋奠樂使用，至少在清康熙年間多使用明制的釋奠樂，至遲也在乾隆六年（1741）轉而使用清制的釋奠樂，今日仍然使用的釋奠樂至遲也在同治九年（1870）已開始使用。道光十五年（1835）臺南孔廟開始出現禮樂局的設置，而後於光緒十七年（1891）成立「以成書院」，繼承了原先的樂局。「以成書院」在音樂上的演習及傳承，主要以民間音樂「雅樂十三音」為傳統。其後釋奠樂的使用除了「雅樂傳統」的釋奠樂以外，另外又加上了「雅樂十三音」的民間雅樂傳統。其釋奠樂上「雙雅傳統」的合流，也已一百八十餘年。目前臺南孔廟的釋奠樂仍由「以成書院」來擔綱，其中含括了禮生與樂生，其能代代相傳並維持釋奠禮樂的進行，主要還是依賴「雅樂十三音」傳統（「以成書院」）的組織化延續，

【譜例 8-9】《殿前吹》，方省曾譯譜、蔡秉衡採譜

以及「雅樂傳統」（釋奠禮樂）的中心思想為支柱，兩者相依相成，構成今日臺南孔廟釋奠樂的特殊面貌。

　　「雙雅傳統」並非只出現在臺南孔廟，彰化孔廟也曾存在這種現象，其「民間雅音傳統」則為北管的絲竹樂。淵源流長的「雅樂傳統」，目前在孔廟釋奠樂中略可一窺堂奧，在傳承及延續的過程中，或許各地有不同樂社與樂種，也經年地存在此「雙雅傳統」的情形，只是未被彰顯。

第九章

彰化孔廟釋奠樂的
建構與遞嬗

　　臺灣早期的孔廟建築約莫肇始於清代，[1]最早為臺南孔廟（1665）；其次為高雄市左營舊城孔廟（約 1684），然今僅存崇聖祠；[2]接著有嘉義孔廟（1686），後毀於大火，今廟為一九六一年重建；再次為彰化孔廟（1726）[3]，其規模在臺灣的孔廟中算是較完備的，可惜在日治時期（1895~1945）被拆毀了將近三分之一。雖如此，今廟仍保有主體建築群，在臺灣的孔廟中與臺南孔廟皆屬於一級古蹟（現為國定古蹟）。

　　彰化孔廟與臺南孔廟在清代行政區化等級上是有所區隔的，臺南孔廟為「府」級，彰化孔廟為「縣」級，其差別可從彰化孔廟非四合院建築觀之，以大成殿為中心，東廡與西廡皆為獨立屋，既不連接戟門亦無連接後殿，戟門前面為欞星門，門外原有禮門、義路、泮池、萬仞宮牆等建築體，可惜於日治時期被拆毀，在其前面建了道路。

　　過去探討臺灣孔廟釋奠樂大多以臺北孔廟與臺南孔廟為主，臺南孔廟為清代臺灣府城孔廟，歷史最悠久，行政級別最高，日治時期起臺北孔廟逐漸取得首府的地位，爾後臺灣孔廟的釋奠變革即由此濫觴，因此，臺北與臺南被研究的較多。[4]相較前兩者，彰化孔廟則研究較少，主要有許常惠

1　臺灣關於「孔廟」或「文廟」的稱呼，兩者皆有，明清以來的書寫主要是以「文廟」之名為主，然今日臺灣的孔廟在官方的稱名上皆以「孔廟」稱之，因此本文在書寫上以孔廟稱之，在官方之孔廟名稱則以官方之名為之，如臺南孔廟、彰化孔廟等。關於「孔廟」或「文廟」之論述參見氏著，〈「臺灣文獻叢刊」有關孔廟釋奠樂的論述〉，《中國歷史學會史學集刊》，第 43 期（臺北，2011 年 10 月），頁 49~84。

2　所遺存的崇聖祠目前位於左營舊城國小校園內，學校對面即是左營蓮池潭，1976 年在蓮池潭畔另建了一座左營孔廟。

3　今日彰化孔廟所在位置為：彰化縣彰化市永福里孔門路六號。

4　相關研究主要有山田孝史，《臺南聖廟考》（臺南市：高昌怡三郎，1918 年）。黑澤隆潮，〈臺南孔子廟的樂舞〉（1943 年），收錄於《東洋音樂學會創立 30 週年紀念論文集》。蘇麗玉，《臺灣祭孔音樂的沿革研究》（臺北：臺灣師範大學碩士論文，1984 年）。杜美芬，《祀孔人文暨禮儀空間之研究——以臺北孔廟為例》（中壢：中原大學碩士論文，2003 年）。孫瑞金，《祭孔音樂的回顧與前瞻》（臺北：臺灣師範大學碩士論文，2006 年）。

總編纂的《彰化縣音樂發展史論述稿》有部分調查及論述。[5]彰化孔廟在清代、日治時期以至光復後，釋奠樂所使用的樂生主要是由北管館閣擔任，而後才逐漸變革爲與臺北孔廟部分相同的釋奠樂形式，其釋奠樂的遞嬗，在臺灣孔廟釋奠樂發展中，屬於很特別的案例，本文將以彰化孔廟釋奠樂的傳承、演變爲主體，略論地方釋奠樂的特性。

第一節
彰化孔廟的建立
——

臺灣入清版圖始於康熙二十二年（1683），開始設府縣時爲一府三縣，一府爲臺灣府，統轄臺灣縣、鳳山縣、諸羅縣等三縣，[6]雍正元年（1723）巡察吳達禮（生卒年不詳）、黃叔璥（1666~1742）建議將諸羅縣北邊另設彰化縣，這是彰化設縣之始。[7]首任知縣爲談經正（生卒年不詳），「湖廣遠安人，庚午舉人，雍正二年任；三年離任。」[8]主政期間在

5　許常惠總編纂，《彰化縣音樂發展史論述稿》（彰化縣：彰化縣立文化中心，1997 年 5月）。

6　「至康熙二十二年歸我國朝，建置始詳。設府一、縣三：府曰臺灣（統三縣）。邑曰臺灣，是爲附郭（轄十五里、四坊）；曰鳳山（轄七里、二莊、十二社、一鎮、一保）、曰諸羅（轄四里、三十四社），地分南北焉。」參見清・高拱乾，《臺灣府志》（臺北：臺灣銀行經濟研究室，1960 年 2 月），卷 1，〈封域志〉，頁 5~6。

7　「雍正元年，巡察吳達禮、黃叔璥摺奏：割諸羅虎尾溪以北增設縣一；奉旨俞允，賜名曰彰化。」參見清・劉良璧，《重修福建臺灣府志》（臺北：臺灣銀行經濟研究室，1961 年 3 月），卷 2，〈建置沿革〉，頁 40。

8　清・范咸，《重修臺灣府志》（臺北：臺灣銀行經濟研究室，1961 年 11 月），卷 3，〈職官〉，頁 129。

彰化縣建了觀音亭，今名爲開化寺，屬彰化縣最古之寺廟。第二任知縣爲
張縞（生卒年不詳），[9]「正黃旗人，廩生。雍正四年任；六年離任。」[10]張
縞主要的政績即是在雍正四年（1726）建彰化縣儒學，即今之彰化孔廟，
爾後陸續修葺，約莫在乾隆年間的規模，據余文儀（生年不詳～1782）的
描述如下：

> 彰化縣儒學：在縣治東北。中爲大成殿，東西兩廡；前爲甬道、
> 爲戟門，又前門爲櫺星門、爲泮池，砌以圍墻；東爲義路、西爲
> 禮門，後爲崇聖祠；右爲明倫堂，堂後爲學廨。雍正四年，知縣
> 張鎬（按：張縞）建。乾隆十六年知縣程運青、十八年同知署縣
> 事王鶚、二十四年知縣張世珍、二十七年知縣胡邦翰相繼修。[11]

從上述的記載來看，彰化孔廟在乾隆中期已頗具規模。從文物史料
來看，今日可見的碑文記載在清代的主要有乾隆二十五年（1760）〈重
修邑學碑記〉、嘉慶十六年（1811）〈制聖廟禮樂器碑記〉、嘉慶十七年
（1812）〈建明倫堂碑記〉、道光十一年（1831）〈重修邑學碑記〉、[12]道

9　彰化縣第二任知縣究竟爲「張縞」或「張鎬」，據筆者的研究應以「張縞」爲是。在清
　　代文獻記載上，《雍正硃批奏摺選輯》、范咸約在康熙末的《重修臺灣府志》、劉良璧
　　在乾隆6年的《重修福建臺灣府志》上均書寫爲「張縞」，然有「張鎬」之名的出現，
　　目前所見較早的是余文儀於乾隆25年始修的《續修臺灣府志》，該書在卷3〈職官〉
　　處書寫爲：「張縞：正黃旗人，廩生。雍正四年任；六年離任。」然而在卷8〈學校〉
　　處書寫彰化縣儒學爲：「雍正四年，知縣張鎬建。」此後在有關重修彰化邑學、縣學等
　　諸碑文上，均撰刻爲「張鎬」，後人以碑文爲主要的文獻史料，因此，以記載彰化縣爲
　　主的方志，約道光年間周璽的《彰化縣誌》皆以「張鎬」之名書寫，以至今日「張縞」
　　與「張鎬」兩名的混淆，其主要的分歧點即從余文儀的《續修臺灣府志》開始。

10　清·范咸，《重修臺灣府志》（臺北：臺灣銀行經濟研究室，1961年11月），卷3，
　　〈職官〉，頁129。

11　清·余文儀，《續修臺灣府志》（臺北：臺灣銀行經濟研究室，1962年4月），卷8，
　　〈學校〉，頁342。

12　此碑名另有記爲〈重修彰化縣學碑記〉，參見，《臺灣教育碑記》（臺北：臺灣銀行經

光二十年（1840）〈重修彰化縣學碑記〉、光緒六年（1880）〈重修邑學
碑記〉等。

今日從乾隆二十五年（1760）〈重修邑學碑記〉內文來看，彰化孔廟
從雍正四年（1726）創建至乾隆二十五年（1760）三十餘年中，規模是
漸進擴大，並逐步完善，初期最大的成果是在知縣張世珍（生卒年不詳）
任內，張氏：「陝西臨潼人，壬戌進士。乾隆二十三年三月任。」[13] 張世
珍於乾隆二十六年（1761）離任彰化縣，張氏到任時所見的彰化孔廟，
其描述爲：「泮宮之荒陋，不揣綿力，以爲己任。工未及舉而風雨爲災，
坍者、損者以時聞，明倫堂複全圮焉。」[14] 在張世珍以及邑人的好義急公
下，彰化孔廟得有重修之機會，其修葺完成後的規模如下：

於是涓吉命匠，欞星門易舊爲新，覆以屋，防風雨也。其外爲泮
池；池開有泉湧出，題于石曰「芹泉」，取「泮水采芹」之義也。
又外爲照牆，旁列短垣，塗以丹。移禮門、義路于泮池左右，符
體制也。殿前後築甬道各三，砌以磚，以便趨蹌。他若坍者補
之、損者完之，俾各煥然改觀，昭誠敬也。明倫堂仍故址而增高
二尺餘，堂及頭、儀門皆三楹，規模巨集敞，視昔有加。其後訓
導署、後左教諭署，悉更新焉。左爲白沙書院，列宮牆之側；絳
帳青燈，書聲徹夜，又其相附而成者也。[15]

彰化孔廟在此次修葺後，堂屋完備，規模宏大，雖如此，但是對於當時是
否有釋奠禮的舉行，目前未見文獻或碑刻的記載。

濟研究室，1959 年），頁 43。

13　清・范咸，《重修臺灣府志》（臺北：臺灣銀行經濟研究室，1961 年 11 月），卷 3，
〈職官〉，頁 169。

14　清・張世珍撰，〈重修邑學碑記〉，收錄於《臺灣中部碑文集成》（臺北：臺灣銀行
經濟研究室，1962 年），頁 3。

15　清・張世珍撰，〈重修邑學碑記〉，收錄於《臺灣中部碑文集成》，頁 3。

第二節
彰化孔廟早期的釋奠樂

———

　　彰化孔廟有關釋奠禮樂的記載，主要來自於嘉慶十六年（1811）楊桂森（生卒年不詳）所撰寫的〈制聖廟禮樂器碑記〉，楊桂森字蓉初，爲：「雲南石屛州人，己未進士，十五年任。」[16] 楊氏是由翰林授知縣，嘉慶十五年（1810）時補彰化知縣，在任時對彰化縣的貢獻頗受縣民懷念：「彰化故竹城，（楊）桂森集紳民，捐資十四萬，易以磚城，東八卦山，俯闞城中。複建寨其上，其名日『定軍』。自義倉書院，春秋釋奠，禮樂之器，莫不以次修舉。去後民思其德，入祀本邑名宦祠。」[17] 此代表鄉里對其政績的肯定，其中即包含了「春秋釋奠」。

　　楊桂森在〈制聖廟禮樂器碑記〉中詳述當時所置備的禮樂器情形：

> 禮儀、樂舞之遺，唯存其意於孔廟；禮、樂不能不依乎器，而彰
> 邑之禮、樂器皆缺焉。予下車始，即念及之。辛未夏，商之諸生
> 王有慶、洪鏞、劉開基、楊奎等，倡捐以樂其成。凡治禮器，籩
> 之器百、豆之器百、簠簋之器四十、鉶之器十、爵之器二十有
> 七、篚之器十有四、罇之器二；凡治樂之器，金之屬十有九、
> 石之屬十有八、絲之屬二、竹之屬一、匏之屬十有二、土之屬
> 二、革之屬五、木之屬二。凡鳩金者共二百有餘人，凡鳩金共

16　清·孫爾準等修，陳壽祺纂，《福建通志臺灣府》（臺北：臺灣銀行經濟研究室，1960 年），卷 117，〈職官〉，頁 629。

17　不著撰人，《臺灣通志》（臺北：臺灣銀行經濟研究室，1960 年），頁 451。

二千五百有奇。[18]

楊桂森在碑記中有言：「晚近之廢禮、樂久矣，怨爭所由積也。」[19]上文又提及：「彰邑之禮、樂器皆缺焉。」[20]可確定至少在嘉慶十六年（1811）以前，彰化孔廟的禮樂器是相當不完備的，甚或是完全闕如，此不周全不知上推多少年，從張世珍修葺完後乾隆二十五年（1760）至嘉慶十六年（1811），五十一年的時間未見彰化孔廟釋奠禮樂的記載，從碑記來看，樂器總共有八個分類，包含有金、石、絲、竹、匏、土、革、木等八種，稱爲「八音」，是周代時期按製作材質不同而做的樂器分類，古代咸認這八種材質的樂器一起演奏，將能達到最高的和諧，即「大合樂」。這裡從八音樂器的編制來看，此次所製作的孔廟樂器，其所涵蓋的項目可能如下，金之屬以編鐘、鏞鐘爲主，石之屬則以編磬爲主，絲之屬則爲琴、瑟，竹之屬爲笛或籥，匏之屬爲笙，土之屬爲塤，革之屬爲鞉鼓、晉鼓、搏拊，木之屬爲柷、敔等樂器，從樂器的編制來看，演奏人員大約在二十七人至三十人之間，且管樂器的笙較爲偏重，從樂器全奏的音響來聽，和諧度可能較不平衡，另外在《彰化縣誌》中有記載一些祭典樂器的項目與數量，或可與此有對照。[21]

　　楊桂森重修完彰化孔廟的禮樂器後，同時於該年舉行秋季的釋奠禮，其盛況空前，「自辛未秋祀以後，拜獻歌舞之盛，圜橋而觀聽者將

18　清‧楊桂森撰，〈制聖廟禮樂器碑記〉，收錄於《臺灣中部碑文集成》，頁18。

19　〈制聖廟禮樂器碑記〉，收錄於《臺灣中部碑文集成》，頁18。

20　〈制聖廟禮樂器碑記〉，收錄於《臺灣中部碑文集成》，頁18。

21　「樂器：大銅鐘一，銅春鏄鐘一，銅秋鏄鐘一，銅編鐘十六，石春特磬一，石秋特磬一，石編磬十六，大鼓一，足鼓一，搏拊二，韶一，柷十，敔一，琴六，瑟四，鳳簫二，洞簫六，龍笛四，笙八，塤二，篪四，笛六，麾四，節二，籥翟三十六。」參見清‧周璽，《彰化縣誌》（臺北：臺灣銀行經濟研究室，1962年11月），卷4，〈學校志〉，頁140-141。

數千人，殆雖鄒、魯亦無以過之。籲！其盛矣。」[22] 辛未年即嘉慶十六年
（1811），至少可確定彰化孔廟自創建以來，歷經近八十五年，至此有了
確切記載的孔廟釋奠禮的情形，然而這八十五年當中，爲何皆未出現釋奠
的記載，此仍有待進一步考察。

　　楊桂森對於禮樂的態度相當重視，他認爲：「禮至則不爭，樂至則不
怨；不怨、不爭，而天下治矣。怨爭之中于人心最深，禮樂能治斯人怨爭
之心亦最神。古者十三學樂、二十而冠學禮，禮、樂殆自少已習之。」[23]
此思想脈絡大體上是承襲儒家禮樂思想而來，在此他認爲士子要能體認禮
樂之眞意，還需從身體實踐開始，因此，「予維習禮、樂，當能體禮、
樂之眞意。」[24] 他在整修完孔廟後，於是「制禮樂器、招佾生。教之歌舞
之節。自是春秋丁祭，禮樂蓋彬彬焉。」[25] 這是彰化孔廟目前所見最早的
佾生教習情形，可惜此處並未記載當時佾生的來源背景如何？嘉慶十七年
（1812）楊桂森又完成明倫堂的整修，在其所撰〈建明倫堂碑記〉中，提
到置備這些禮樂器的花費，時人曾提及：「置禮樂器又以數千金計。」[26]
楊桂森任內做了許多建設，當時有人質疑如此建設的工程所費不貲，是否
勞民而非愛民，此質疑中就包括置備禮樂器一事，楊氏如此回應：

> 茲正所以愛民也。建城而彰民得以永安，禮樂器備而彰民怨爭之
> 心得以永息，主靜書院改修而士民之有志禮樂者得以事其事，豐
> 盈倉改建城內而民之偏災小患皆可有備，明倫堂建而民皆知有
> 倫、而民皆得以完其爲人。教之養之，有司責也；是何一非爲愛

22　〈制聖廟禮樂器碑記〉，收錄於《臺灣中部碑文集成》，頁18。

23　〈制聖廟禮樂器碑記〉，收錄於《臺灣中部碑文集成》，頁18。

24　〈制聖廟禮樂器碑記〉，收錄於《臺灣中部碑文集成》，頁18。

25　《彰化縣誌》，卷4，〈學校志〉，頁114。

26　清・楊桂森撰，〈建明倫堂碑記〉，收錄於《臺灣中部碑文集成》，頁19。

民然耶。[27]

楊桂森重視孔廟禮樂之事，主要的具體作爲即是消弭彰化百姓的怨爭之心，與其禮樂思想是一致的，也是楊氏在知縣任上對孔子廟堂與學說的具體實踐。

繼楊桂森之後，道光十一年（1831）彰化孔廟又重修一次，主要是因爲原基地地勢較低，容易積水，因此將主基地墊高五尺，同時再加上圍牆，同時也增高圍牆，當時的〈重修邑學碑記〉僅錄上述之事。[28]道光二十年（1840）黃開基（生卒年不詳）所撰的〈重修彰化縣學碑記〉則追記道光十一年（1831）重修之事，另外又寫到：「祠旁增建名宦、鄉賢二祠，留以待良司牧之有功德於民及鄉先生之足爲後學矜式者，則祀之也。又旁爲禮樂器庫，謹守藏也。」[29]左爲禮器庫，右爲樂器庫，黃開基爲四川永川舉人，道光十八年（1838）擔任彰化知縣，[30]到任時拜謁孔廟，「見巍煥一新而碑記尚闕。」[31]因而立碑記之，至此，彰化孔廟的規模大致底定【圖9-1】。光緒六年（1880）知縣傅端銓（生卒年不詳）又在原規模上整修一次，[32]此事記於該年的〈重修邑學碑記〉。[33]

27　〈建明倫堂碑記〉，收錄於《臺灣中部碑文集成》，頁 20。

28　「原基地勢卑低，易聚水；地培高五尺，牆亦增高五尺。五王祠後圍牆外，再加圍牆；左右高築火牆。規模巨集敞，整齊嚴肅，煥然一新。」參見清・吳春蘭撰，〈重修邑學碑記〉，收錄於《臺灣中部碑文集成》，頁 39。

29　清・黃開基撰，〈重修彰化縣學碑記〉，收錄於《臺灣中部碑文集成》，頁 49。

30　清・孫爾准等修、陳壽祺纂，《福建通志臺灣府》，卷 117，〈職官〉，頁 629。

31　〈重修彰化縣學碑記〉，收錄於《臺灣中部碑文集成》，頁 49。

32　傅端銓爲浙江山陰人，原爲淡水廳艋舺縣丞，後由此升補彰化縣知縣。參見《清季申報臺灣紀事輯錄》（臺北：臺灣銀行經濟研究室，1968 年），輯錄七，〈閩浙督何（璟）奏揀員升補知縣摺〉，頁 791~792。

33　清・傅端銓撰，〈重修邑學碑記〉，收錄於《臺灣中部碑文集成》，頁 57~59。

【圖 9-1】　彰化孔廟原貌模型（有顏色者為今廟樣貌）

　　彰化孔廟自雍正四年（1726）創建以來，在歷次的修葺過程中，規模逐漸完備，較明確的置備禮樂器以及教導佾生並舉辦釋奠禮則在嘉慶十六年（1811），楊桂森擔任知縣的時候，這也是今日彰化孔廟能追記到的釋奠禮之開端，道光十一年（1831）的重修，則增建了禮器庫與樂器庫，使禮樂器皆有所藏。

<h2 style="text-align:center">第三節
彰化孔廟釋奠樂與民間樂社的傳統</h2>

　　彰化孔廟自嘉慶十六年（1811）楊桂森所舉行的祭孔已降，是否每年皆舉行釋奠禮，史籍文獻皆不載，惟彰化有關釋奠的祭祀記載為鹿港鎮的

文開書院。文開書院由鄧傳安（生卒年不詳）籌建於道光四年（1824），翌年書院建成，道光八年（1828）曾舉行釋奠祭先賢的活動。[34] 彰化縣在清代主要有白沙書院、主靜書院、文開書院等三間書院，白沙書院在孔廟左側，於乾隆十年（1745）由曾日瑛（生卒年不詳）創建；[35] 主靜書院在南門外，於嘉慶十六年（1811）楊桂森所倡建；[36] 文開書院在鹿港新興街外，主祀朱子文公。[37] 從這三間書院來看，白沙書院的活動與孔廟較有關係，然有關白沙書院的祭祀活動亦未見記載。

　　周璽在《彰化縣誌》記載孔廟的定例提到：「春秋二仲上丁致祭。八月二十七日聖誕，惟國學有釋菜之禮。彰邑自嘉慶十六年間，楊太令桂森會同儒學，率諸生入廟行禮。今帥初。」[38] 周璽撰寫《彰化縣誌》的時間約在道光九年（1829）至道光十年（1830）間，這裡提到嘉慶十六年（1811）楊桂森每到孔廟致祭之日，即率諸生入孔廟行禮，至撰寫《彰化縣誌》時大抵皆如此，然此處的「行禮」，尚不知其內容。在道光年間，《彰化縣誌》記載到有關書院的學租時提到：「在吳厝莊東畔，水田一處、三段，共五甲七分。……道光十四年，童生徐鵬摶同姪佾生徐孔珠等奉充聖廟以

34　《彰化縣誌》，卷 12，〈藝文志〉，頁 432~433。

35　「白沙書院，在邑治內聖廟左，乾隆十年淡水同知攝縣事曾日瑛建。二十四年，知縣張世珍重修。五十一年，被亂焚燬，知縣宋學顯改建于文祠之西。嘉慶二十一年，署縣吳性誠釀貲重新。局制較爲恢大焉。」參見《彰化縣誌》，卷 4，〈學校志〉，頁 143。

36　「主靜書院，在南門外演武廳後，即舊倉廠也。嘉慶十六年，知縣楊桂森以倉廠易建在縣署後，欲將此地改立爲義學，置租延師，令貧士課讀其中，以終養去中輟。」參見《彰化縣誌》，卷 4，〈學校志〉，頁 143。

37　「文開書院，在鹿港新興街外左畔，與文武廟毗連。道光四年，同知鄧傳安倡建，中祀徽國朱子文公。兩旁以海外寓賢八人配享。講堂書室，前後門庭，規模甚爲巨集敞。」參見《彰化縣誌》，卷 4，〈學校志〉，頁 143。

38　《彰化縣誌》，卷 5，〈祀典志〉，頁 152。

爲香燈之費。」[39] 這裡有佾生徐孔珠（生卒年不詳）的稱呼出現，「童生」即爲清代時期尚未考取生員者之稱呼，其年齡是不分老少，「佾生」即專指釋奠的舞生，另外在同書的〈規制志〉亦有提到一名佾生程燦三（生卒年不詳）。[40] 從上述的記載來看，道光年間彰化孔廟或有可能仍有釋奠禮的進行，而擔任佾生是有一定的條件者，雖無功名亦是一榮譽象徵，因此，在史冊書寫上會特別標明。

清光緒二十一年（1895）臺灣從清人手中易主，進入日本統治時期，此時關於彰化孔廟釋奠樂的記載較爲明朗，釋奠樂的樂生主要是由北管音樂團體「梨春園」來擔任。「梨春園」算是臺灣北管音樂歷史最悠久的曲館之一，位於彰化市華山路一帶，館內原有一方嘉慶年間的牌匾，可惜在一九八二年，「整修曲館的時候，不慎將匾額給摔壞了。當時，未加思索就將那張匾額扔掉了。」[41] 雖如此，從老館員的描述中，以及在北管樂界的歷史名聲，「梨春園」仍是公認歷史傳承最悠久曲館之一。「梨春園」的開館時間約在清嘉慶十六年（1811），此時間恰與楊桂森在嘉慶十六年舉行盛大祭孔釋奠禮同時，「梨春園」擔任釋奠樂樂生的歷史，從老館員描述中皆認爲是從清代就開始，日治時期仍承續，及至臺灣光復後仍持續擔任，直到一九七八年彰化孔廟整修完成後，翌年的祭孔釋奠樂則不再由「梨春園」擔任，因此，至少可確認「梨春園」從清代至一九七八年，一直是彰化孔廟釋奠樂的主要負責團體。

彰化孔廟釋奠樂的傳統與北管館閣有著密切的聯繫，北管屬於臺灣傳統音樂之一，分有器樂、歌樂與戲曲等，戲曲上主要是以亂彈戲與四平戲

---

39 《彰化縣誌》，卷 4，〈學校志〉，頁 146。

40 《彰化縣誌》，卷 2，〈規制志〉，頁 51。

41 參見葉阿木、陳助麟、林曉英撰文，〈彰化「梨春園」記事——阿木師與身長先的記憶故事〉，《彰化縣口述歷史》（彰化：彰化縣文化中心，1999 年 6 月），第四、五合集，頁 48。

爲主，北管音樂也是臺灣民間信仰的廟宇常客，許多廟宇也多有附屬或合作的北管子弟團，[42] 例如彰化「梨春園」在臺灣光復（1945）之前，「曾經同時擔任天后宮內媽祖以及南瑤宮南門媽的駕前樂團。」[43] 彰化的北管館閣非常活躍，在彰化市以位置來區分主要有南門「梨春園」、北門「繹如齋」、西門「月華閣」、東門「集樂軒」等，號稱「彰化四大館」，在彰化北管音樂的發展史上，此四館占據重要的影響力。在孔廟的釋奠樂中，除「梨春園」外，「繹如齋」與「集樂軒」也曾與「梨春園」一同擔任釋奠樂的樂生。

彰化孔廟祭孔時其釋奠樂的傳統是將樂生分列東、西兩班，西樂樂班由「梨春園」擔任，東樂樂班由「繹如齋」擔任，此傳統成爲彰化孔廟釋奠樂的特色傳統，然「繹如齋」後來因人手不夠，又邀集了「集樂軒」一起協助東樂樂班，爾後才逐漸由「集樂軒」取代了「繹如齋」的釋奠工作，「梨春園」的身長先[44] 陳助麟（1933-2011）曾如此回憶此情形：「負責東樂的繹如齋，並沒有足夠的人可以擔任樂團，因而常常找東門集樂軒的人去支援他們，但是負責西樂的我們梨春園，可都是自己館裡的人哩！」[45] 由此可見，「梨春園」在釋奠樂中的重要地位。

一八九五年日治時期彰化孔廟並非每年皆有釋奠禮，期間曾有中斷，明治三十三年（1900）當時的《臺灣日日新報》有一則關於彰化孔廟的報導：

42　「子弟團」一般多指業餘性質的音樂團體組織，以示與職業班不同。

43　〈彰化「梨春園」記事──阿木師與身長先的記憶故事〉，《彰化縣口述歷史》，第四、五合集，頁 19。

44　北管的曲館中對於技藝與地位崇高的子弟先生，習慣尊稱爲「某先」，此處的「身長先」即是陳助麟先生的尊稱。

45　〈彰化「梨春園」記事──阿木師與身長先的記憶故事〉，《彰化縣口述歷史》，第四、五合集，頁 21。

茲聞臺中縣彰化城內孔子廟春秋祭祀闕如數年。而該鄉貢舉秀士
各紳士不忍坐視而亡本原。遽起協議銳行。本年秋季由各捐題集
腋。準備樂器以行祭典。現蒙兒玉總督捐廉五十圓以助祭儀。業
於本月一日舉行參會。主祭者自知事代理小林警部長、士人紳秀
不下數百名。蹐蹌大成。頗形熱鬧。從此廟貌馨香。春秋永垂。[46]

因此，至少日治初期已開始恢復祭孔，此時釋奠的樂生可能已由「梨春
園」擔任，據陳助麟的描述，他說：「在我二十四、五歲時，梨春園擔
任祭孔典禮的樂團，聽說至少已經有三十多年的歷史。」[47]陳助麟生於
一九三三年，其二十四、五歲約在一九五六年左右，因此，其所描述梨春
園擔任祭孔典禮樂團的時間約為一九二〇年代左右，此時即是日治時期，
一九〇六年也有報導彰化孔廟的祭孔新聞：

去二十日值舊曆八月初三丁日。彰化至聖孔子廟。如年例即於本
晨七點鐘官紳俱禮服肅集。恭行祭典。本島紳士行三獻禮。樂生
佾生作樂舞佾如儀。禮畢廳長始以下各課長及各官衙長及內地紳
商順次參拜。後則公小學校生整列參拜。及本島紳商保正公眾參
拜各畢。退出時已鐘鳴九點矣。[48]

當時的祭孔典禮從早上七點開始至九點左右結束，樂生與佾生皆備，上述
的描述，可見此時的祭孔大典，各方官紳皆相當重視。

　　日治時期的祭孔除了「梨春園」的館員描述外，同樣曾擔任過釋奠
樂的「集樂軒」館員李子聯亦提及，此時期「梨春園」與「繹如齋」連袂

46　〈彰城廟祭〉，《臺灣日日新報》（臺灣，1900 年 9 月 11 日），710 號，版三。

47　〈彰化「梨春園」記事──阿木師與身長先的記憶故事〉，《彰化縣口述歷史》，第四、
　　五合集，頁 21。

48　〈秋季祭聖〉，《漢文臺灣日日新報》（臺灣，1906 年 9 月 23 日），版四。

擔任釋奠樂生，後來「繹如齋」人手不夠，逐漸由「集樂軒」所取代，在一九七八年彰化孔廟整修前，他說：「大概參加過十多次。」[49] 由此看來其參與的時間大約在光復之後，此回憶大致符合這些館閣在祭孔釋奠樂的先後情形。據李子聯的回憶，當時的演奏情形如下：

> 祭典時梨春園站在正殿右方，集樂軒站左方，前各置一四角形木板，上書工尺譜，由吳鵬峰及陳江河分別立於板前拿棒指木板，統一音樂之進行，所奏非北管曲目，編制有倒品、豎品、簫、編鐘、編磬等，並未用絃樂器，約十一、二人演奏。[50]

另外我們可再對照一下「梨春園」陳助麟對於當時釋奠樂演奏情形的描述：

> （1978 年）前陳江河擔任司儀，吳鵬峰與陳江河同任指揮，拿棒子指出寫在六塊牌子上的工尺譜字，讓立于東西二邊各十二位的樂生齊奏，樂生著長袍馬褂、戴碗帽，但未拿彩傘；樂隊的編制方面，後殿有一吹（或笛）、一鼓、弦仔等，為另一「八音吹」的團體擔任，而正殿則是龍頭品、蘇品、篪、立笛各一對，加上一支開三孔、一支二根館子連在一起不知名的樂器，及一支洞簫、一柷（打拍與撩）共十二件樂器，由梨春園擔任。[51]

　　筆者造訪彰化孔廟時，曾在樂器庫房找到類似上述這種樂譜木牌，只是亦無法確認為何時製作的，但從樂譜不是用工尺譜而是用簡譜以及曲調為明代版本來看，推測可能為一九七九年之後的木牌【圖 9-2】。「梨

49　許常惠、林韻、蔡郁琳、李毓芳等採訪，《彰化縣音樂發展史──田野日誌》（彰化：彰化縣文化中心，1997 年 5 月），第一冊，頁 141。

50　《彰化縣音樂發展史──田野日誌》，第一冊，頁 141~142。

51　《彰化縣音樂發展史──田野日誌》，第一冊，頁 175~176。

春園」與「集樂軒」雖同爲北管團體，然在祭孔釋奠樂上，皆不演奏北管樂曲，[52] 從此處的描述，可看出兩個不同的北管團體，分立西樂樂班與東樂樂班，在樂器的編制上是不同的，且既有傳統的古代八音樂器，又有傳統的北管樂器。在釋奠精神上遵循了古代八音「雅樂傳統」的一部分，但是在樂器使用上仍摻雜有民間傳統音樂的樂器，類似北管音樂的「弦譜」，亦即絲類樂器與竹類樂器編制的小合奏，相較於北管音樂「牌子」的大吹大擂，「弦譜」便顯得嫻雅。民間樂社用自己對樂器特性與樂隊組合的思考，認爲如此編制較能符合祭孔音樂雅樂的莊嚴性與雅致性，形成了釋奠樂的「雙雅傳統」，此情形在臺南孔廟亦可見到。臺南孔廟的釋奠樂是由「以成書院」的「雅樂十三音」傳統民間音樂，搭配傳統八音大合樂演奏。「以成書院」的院生認爲其承傳的「雅樂十三音」具有雅樂之風，「其吹奏音律，金聲玉振，雅韻悠揚，聽者精神爲之一爽，是爲文教之雅樂，亦則文人之韻事，實爲雅頌升平之一美風，不可與俗樂同日而語也。」[53] 古代八音的「雅樂傳統」加上民間樂社的文教雅樂，構成釋奠樂的「雙雅傳統」，彰化孔廟的北管館閣所體現的亦是如此。

「梨春園」於一九七九年彰化孔廟整修完成後即不再擔任樂生，此變化主要是孔廟的行政管轄機關改變了，孔廟整修前由彰化市公所管理，整修後改由彰化縣政府民政局禮俗課管理。此年由於當時的臺灣省政府希望在彰化孔廟舉行祭孔大典，因此派員赴臺北孔廟學習，將臺北孔廟的釋奠樂譜帶回彰化，此樂譜即是莊師本立（1924~2001）所譯的明代大成樂章。因此，一九七九年至一九八九年，十一年間的祭孔釋奠樂，是使用明代版本，但是樂隊的訓練仍商請陳江河（1914~1994）與吳鵬峰之弟吳鵬

52　梨春園的葉阿木曾談及：「祭孔的字是一定的，但樂則不是北管。北管平常不演奏這種祭孔的音樂。」參見《彰化縣音樂發展史——田野日誌》，第一冊，頁 123。

53　林海籌編，《同聲集》，〈雅樂十三音之由緒〉（臺南：臺南樂局以成書院，1933年），頁 1~2。

【圖 9-2】　彰化孔廟釋奠時指揮者所用樂譜木牌

灰（1995 已故）組織並訓練，[54] 一九九〇年時改由陳國雄的平安線文教基金會所組的國樂團擔任釋奠樂生，其成員多為學生，總計擔任了兩年。一九九二年至一九九三年由彰化師範大學學生擔任；一九九四年由彰化高商學生擔任，當時樂生有三十六名學生，[55] 截至二〇二〇年仍由彰化高商擔任釋奠樂生，演奏樂器主要為笛子，搭配部分的傳統祭孔樂器，仍然由古代八音「雅樂傳統」加上國樂的傳統樂器。

結語

　　彰化孔廟自清雍正四年（1726）肇建以來，歷經多次重修，規制逐

54　《彰化縣音樂發展史——田野日誌》，第一冊，頁 175~176。

55　當時所記錄之樂器編制有笛、簫、排簫與箏，其中笛子的人數最多，簫次之，排簫與箏各一人，此紀錄恐有不周全之處，其後的儀式進行中，仍可看見其他八音樂器的演奏。參見《彰化縣音樂發展史——田野日誌》，第一冊，頁 176~187。

漸完善，至嘉慶十六年（1811）楊桂森知縣整修後，並將禮樂器充實，招聘佾生習歌舞，舉行盛大的祭孔釋奠禮，此爲彰化孔廟肇建以來較清晰記載釋奠禮樂的一次。民間北管團體「梨春園」至少也在此時建立館閣，過去的耆老均論及清代時已參與祭孔典禮，此一論述與回憶已在其樂社歷史中形成，然日治時期已有較確實的記載留下來，同時有許多參與者口述。從歷史回顧中，可見到北管團體熱心地參與釋奠樂並形成早期的釋奠樂傳統，筆者咸認此現象是結合古代八音「雅樂傳統」與北管音樂弦譜祭孔音樂的嫻雅傳統，共構形成「雙雅傳統」並呈的現象，此種現象不僅出現在彰化孔廟，在有府學等級的臺南孔廟也有此現象。如今彰化孔廟已不再有北管音樂團體參與釋奠樂了，改由學校國樂的社團來配合，釋奠樂爲明代版本，從傳統祭孔樂器與北管的組合改爲傳統祭孔樂器與國樂的組合方式。釋奠樂在各地的執行情況，或許可能有許多類似的現象產生，其依託的樂社或樂人，爲了能讓釋奠樂具有古代儀節莊嚴典雅的樣貌，多半會適當地使用孔廟所存的釋奠樂器，同時也運用自己擅長的樂種樂器，兩者共同支撐起孔廟釋奠樂的傳承於不墜。

第十章

南投縣祭孔釋奠樂

的變遷與發展

　　南投縣位於臺灣中部地區，屬於臺灣唯一的內陸縣份，行政區劃有一市四鎮八鄉，[1] 人口數以南投市、埔里鎮、草屯鎮為最多。目前記載最早的行政區劃為南明鄭氏時期的天興縣，[2] 歷經清代統治領有臺灣時期、日治時期到臺灣光復後，於民國四十六年（1957）臺灣省政府設置於南投市的中興新村，南投縣成為省會所在地。

　　全臺官方所管轄的孔廟總計約有十一所，[3] 南投縣境內並無官方管轄的孔廟，全部皆由民間組織所管理，雖如此，每年縣內仍舉辦祭孔釋奠典禮，主要辦理的宮廟有埔里鎮昭平宮育化堂（亦稱「埔里孔子廟」）、魚池鄉日月潭畔的文武廟、草屯鎮的惠德宮等三間，從民國七十一年（1982）開始，每年由這三間宮廟輪流辦理縣祭釋奠。因此，各宮廟有自己的祭典儀式，這也是南投縣釋奠的特色，臺灣各縣市中唯一的特色。一般所言的「南投孔廟」多指南投市的藍田書院，然該書院三十多年來並不主辦縣內祭孔釋奠典禮，近年多舉辦祈福式的三獻禮。除此之外，位於埔里鎮的普台中小學，近來每年教師節均會在校內舉辦隆重的祭孔釋奠典禮，成為南投縣內別具特色的校園祭孔活動，其規模應是臺灣校園中最具規模的校園釋奠禮。「埔里孔子廟」屬於民間組織的宮廟，且設置有鸞

1　包括有南投市、埔里鎮、草屯鎮、竹山鎮、集集鎮、名間鄉、鹿谷鄉、信義鄉、仁愛鄉、中寮鄉、魚池鄉、水里鄉、國姓鄉等。

2　「荷蘭知勢不敵，爰棄城歸。成功就臺灣土城居之，改臺灣為安平鎮、赤嵌為承天府，總名東都：設府曰承天府，設縣曰天興縣、萬年縣。」天興縣於鄭經時期改為天興州。參見清・高拱乾，《臺灣府志》，卷一，〈封域志〉（臺灣銀行經濟研究室，1960年），頁4。

3　按初建的年代順序有高雄市左營舊城孔廟（1684）後建為左營孔廟（1976）、嘉義市孔廟（1706）、彰化市孔廟（1726）、澎湖縣孔廟（1766）、新竹市孔廟（1817）、宜蘭市孔廟（1865）、臺北市孔廟（1881）、臺中市孔廟（1889）、屏東市孔廟（1895）、高雄縣旗山孔廟（1985）、桃園縣孔廟（1985）等11所，早期舊廟或有毀損、整建、改建、重建等因素，成為今廟之主體，另外臺灣最早興建的臺南市孔廟（1665）並非完全由官方管轄。

堂，並維持有扶鸞的活動，宗教色彩與官方管理的孔廟不同；日月潭文武
廟有全臺最特殊的釋奠文武佾舞；草屯惠德宮則以宮廟誦經團為釋奠樂主
角；普台敬師釋奠禮的活動為私立國民學校，為中台禪寺開山方丈惟覺大
和尚創辦，上述四個單位在宗教上皆不同於儒家，但是對於孔子及其思想
的尊崇是一致的。從釋奠文化傳統來看，其對於釋奠禮的態度與學習，似
乎正體現了南投縣人文素養的某種現代意義。

　　南投縣的祭孔釋奠活動，每年由縣政府補助些微經費，主要的經費仍
由宮廟自行籌措，各宮廟對此活動的挹注均相當熱心，此也是全臺祭孔活
動當中的一項特色，活動當天多由縣長親臨輪值宮廟主祭，顯見對於祭孔
活動的重視。由於每年輪流舉辦，三年會輪值一次，各宮廟在此活動中除
了有許多共性之外，尚表現了自己獨特的個性。本文從文獻探研與田野調
查著手，希冀對南投縣的祭孔活動進行歷史流變的梳理，同時對於現行祭
孔活動探討其特殊性。

第一節

「埔里孔子廟」的釋奠文化

——

　　埔里鎮位於埔里盆地內，較早的記載為清代乾隆年間水沙連山內，屬
於歸化生番聚居的「埔裏社」[4]，即為水沙連二十四社之一，[5]算是水沙連中較

4　今名的「埔里」，在清代較早的記載皆以「埔裏」為名較多，而後逐漸也開始有以「埔
　　里」之名來書寫。

5　清・劉良璧，《重修福建臺灣府志》，卷五，〈城池〉（臺灣銀行經濟研究室，1961
　　年），頁82。

強大的社，當時的行政區屬於彰化縣管轄。嘉慶二十年（1815）「埔裏社」
發生「郭百年事件」，因漢人入墾與原住民所發生的衝突事件，翌年，臺
灣鎮總兵武隆阿（生卒年不詳）詳查郭百年之惡，予以懲戒，漢人撤墾，
此事件已造成水沙連二十四社的衰敗。[6] 王梓聖（1913-1997）所撰寫的「埔
里孔子廟沿革碑」，描述道光三年（1823）以後，「漳泉兩粵之民始徙入
與番雜居，地雖險要防護殊周，民番相依樂處，雞犬相聞，守望相助，罕
有生事。」[7] 事實上此番描述，更確切的時間可能與鄭勒先（生卒年不詳）
在咸豐年間入墾「埔裏」有關，同時也與原住民有了信任關係，漢人入居
也從此奠定良好基礎，光緒十一年（1885）臺灣被清廷設為行省，「埔裏
社」亦建為「埔裏社廳」，[8] 逐漸走向近代埔里的樣貌。

埔里設廳之後，更為蓬勃發展，當此之時，「人煙漸密，行旅漸
通，生番浴化，官政敷施，教育兼振，商賈並興，道路創關成規而四通八
達。然咸感無建聖廟不足以昭誠敬，民尚不便祈報。」[9] 因此，有識之士開
始興起建廟立祀的想法，地方人士集資捐地，於民國一年（1912）孟春之
季，從大墩市「奉來武聖關公金像及爐，遂取號為『修化堂』。」[10] 這是
埔里孔子廟原始設廟的起源。

爾後因香火日盛，行香士女漸多，原廟堂狹窄難行，曾於民國五年
（1916）遷祀於童阿里家正堂，日後仕紳又議擴建武廟，時人街長林其

6　清‧姚瑩，《東槎紀略》，卷一，〈埔裏社紀略〉（臺灣銀行經濟研究室，1957
　　年），頁34。

7　黃冠雲主編，《埔里孔子廟志》，「沿革‧埔里孔子廟沿革」（財團法人昭平宮育化
　　堂董事會，2011年），頁44。

8　清‧劉銘傳，《劉壯肅公奏議》，卷六，〈建省略〉（臺灣銀行經濟研究室，1958
　　年），頁301。

9　《埔里孔子廟志》，「沿革‧埔里孔子廟沿革」，頁44。

10　《埔里孔子廟志》，「沿革‧埔里孔子廟沿革」，頁44。

祥、謝仕開、徐雲騰等提議，「謂衛國維武，治國宜文，文兼武備，聖人所重，鄒魯休風，山城未沐，宣尼化雨，何時沾及？不若創建文廟兼祀武聖，豈不爲宜，理正義確，衆意贊同。」[11] 於是在民國十五年（1926）廟成，取名爲「育化堂」，堂名延續至今，奉祀大成至聖先師孔子爲主座，武聖關聖帝君爲陪坐。而後又幾經修繕擴建，民國三十九年（1950）又名爲「昭平宮」，因此，「昭平宮育化堂」成爲今日所稱之廟名，民國四十九年（1960）起，開始成立了埔里孔子廟管理委員會，「昭平宮育化堂」亦稱爲「埔里孔子廟」。

　　從上述建廟過程了解，「埔里孔子廟」與正式規制的孔廟建築並不相同，雖然其主殿爲大成殿，奉祀孔子與四配，[12] 然其他殿尚有奉祀其他神祇，「昭平宮」的奉祀原則其描述如下：「本宮雖名爲儒教，但對於儒釋道三教聖神仙佛及天地日月自然神等無不崇拜，亦蓋列爲祝壽對象。」[13]「昭平宮育化堂」也是鸞堂，立有鸞規，設有鸞務，平時常有扶鸞的活動，鸞堂創立的目的，「在於濟世救人，導人向善，係以乩筆沙盤現字，著作善書、經文及詩、詞、歌、賦等勸世，必有六部生始克完成其事。」[14] 從廟的規制與功能活動來看，與一般常見的孔廟存在著許多差異，這也是「埔里孔子廟」特別的地方。

　　「埔里孔子廟」的祭孔活動大抵始於民國十五年（1926）從「修化堂」易名爲「育化堂」之時，當時的鎭座大典，「有郡守街長蒞臨主持，而文武公教官員學生均各參祭，盛極一時。由斯以來，年年儷例，春秋二祭，

---

11 《埔里孔子廟志》，「沿革・埔里孔子廟沿革」，頁45。

12 「四配」是指大成殿內與孔子配享的顏子、子思、曾子、孟子等。

13 《埔里孔子廟志》，「祀典・諸神祀典」，頁176。

14 扶鸞的六部生包含有正乩生、副乩生、掃砂生、唱生（記錄）、司鐘鼓生、接駕生等。《埔里孔子廟志》，「闡教・鍛乩」，頁109。

益見熾昌。」[15] 這是目前僅見自「育化堂」開始後，這裡所舉行祭孔活動的記載，但是關於當時祭孔活動的詳細內容，目前因為史料缺載，並無法進一步了解，對於釋奠樂記載也闕如。

三年輪值縣祭是南投縣祭孔釋奠活動的一大特色，近三十餘年來，「埔里孔子廟」在首次輪值縣祭之初，為了完備好更符合古禮的釋奠典禮，「由委員會派員至彰化孔廟取經，荷蒙彰化孔廟諸賢士蒞臨指導釋奠典禮儀式。」[16] 這裡倒是提供我們研究「埔里孔子廟」釋奠禮的取材來源──「彰化孔廟」。

彰化孔廟可算是臺灣繼臺南孔廟（1665）、高雄市左營舊城孔廟（約1684，今僅存崇聖祠）、毀於大火前的嘉義孔廟（1686）後，排行第四的孔廟，舊廟的規模在臺灣的孔廟中算是較完備的，日治時期因為交通建設，被拆毀了將近三分之一，目前其主體建築群，仍被評定為一級古蹟（現為國定古蹟），與臺南孔廟並列，兩者等級的差異在於彰化孔廟屬於縣級孔廟，臺南孔廟屬於府級孔廟。雍正元年（1723）彰化設縣，[17] 雍正四年（1726）第二任知縣張縞（生卒年不詳），[18] 建彰化縣儒學，成為彰

---

15 《埔里孔子廟志》，「沿革 · 埔里孔子廟沿革」，頁 45~46。

16 《埔里孔子廟志》，「祀典 · 祭孔大典」，頁 164。

17 「雍正元年，巡察吳達禮、黃叔璥摺奏：割諸羅虎尾溪以北增設縣一：奉旨俞允，賜名曰彰化。」參見清 · 劉良璧，《重修福建臺灣府志》，卷二，〈建置沿革〉，頁 40。

18 彰化縣第二任知縣究竟為「張縞」或「張鎬」，據筆者的研究應以「張縞」為是。在清代文獻記載上，《雍正硃批奏摺選輯》、范咸約在康熙末的《重修臺灣府志》、劉良璧在乾隆六年的《重修福建臺灣府志》上均書寫為「張縞」，然有「張鎬」之名的出現，目前所見較早的是余文儀於乾隆二十五年始修的《續修臺灣府志》，該書在卷 3〈職官〉處書寫為：「張縞：正黃旗人，廕生。雍正四年任；六年離任。」然而在卷 8〈學校〉處書寫彰化縣儒學為：「雍正四年，知縣張鎬建。」此後在有關重修彰化邑學、縣學等諸碑文上，均撰刻為「張鎬」，後人以碑文為主要的文獻史料，因此，以記載彰化縣為主的方志，約道光年間周璽的《彰化縣志》皆以「張鎬」之名書寫，以至今日「張縞」與「張鎬」兩名的混淆，其主要的分歧點即從余文儀的《續修臺灣府志》開始。

化孔廟的前身，爾後陸續修葺，大約在乾隆年間已初具規模。[19] 目前所知彰化孔廟關於釋奠禮樂的記載，主要有嘉慶十六年（1811）的〈制聖廟禮樂器碑記〉，為時任知縣的楊桂森（生卒年不詳）所撰，同年舉辦了秋祭釋奠禮，盛況空前，「自辛未秋祀以後，拜獻歌舞之盛，圍橋而觀聽者將數千人，殆雖鄒、魯亦無以過之。吁！其盛矣。」[20]

　　光緒二十一年（1895）日本統治殖民臺灣時，彰化孔廟釋奠樂的樂生，主要是由北管音樂團體「梨春園」來擔任。「梨春園」的開館時間大約在清嘉慶十六年（1811），此年恰與楊桂森舉行盛大釋奠禮同時，「梨春園」的耆老回憶，擔任釋奠樂樂生的歷史，大約從清代就開始，歷經日治時期至臺灣光復後仍持續擔任此工作，當時同是北管音樂的「繹如齋」與「集樂軒」也曾與「梨春園」合作擔任過樂生的工作，[21] 直到民國六十七年（1978）彰化孔廟整修完成後，民國六十八年（1979）的祭孔釋奠樂則派員赴臺北孔廟學習，臺北孔廟的釋奠樂譜即是莊本立師（1924~2001）所譯的明代大成樂章，爾後彰化孔廟釋奠樂大抵是使用明代版本。

　　「埔里孔子廟」開始輪值縣祭時，大約在民國七十一年（1982）前後，因此，從彰化孔廟所取材學習的應是同於臺北孔廟的釋奠禮樂。近年從其釋奠儀節來看，「埔里孔子廟」所使用的樂，包含迎神奏《咸和之曲》、上香奏《咸和之曲》、行初獻禮奏《寧和之曲》、行亞獻禮奏《安和之曲》、行終獻禮奏《景和之曲》、主祀官陪祭官等行上香禮奏《寧和

19　「乾隆十六年知縣程運青、十八年同知署縣事王鶚、二十四年知縣張世珍、二十七年知縣胡邦翰相繼修。」參見清・余文儀，《續修臺灣府志》，卷八，〈學校〉（臺灣銀行經濟研究室，1962 年），頁 342。

20　清・楊桂森撰，〈制聖廟禮樂器碑記〉，載《臺灣中部碑文集成》（臺灣銀行經濟研究室，1962 年），頁 18。

21　許常惠、林韻、蔡郁琳、李毓芳等採訪，《彰化縣音樂發展史──田野日誌》，第一冊（彰化縣文化中心，1997 年），頁 141。

之曲》、飲福受胙奏《咸和之曲》、送神奏《咸和之曲》、望燎奏《咸和之曲》。近年分別在二〇〇九年、二〇一二年、二〇一五年、二〇一八年舉辦縣祭釋奠活動。

從民國一〇一年（2012）「埔里孔子廟」擔任縣祭釋奠典禮來看，擔任釋奠樂的樂生所著服裝爲該樂團之衣服，並非樂生的紅色絲綢長袍，皆爲成人擔任。樂隊編制包括二胡、古箏、笛子、揚琴、柳琴、琵琶、大提琴等樂器，皆屬於現代國樂團所使用的國樂器【圖 10-1】，與釋奠禮樂中所使用的八音樂器不同。擔任歌生者則著傳統紅色絲綢長袍，皆由小朋友擔任【圖 10-2】。樂生無法按照一定位置來排列，大多受限於廟的空間，至於使用國樂器演奏，亦是受限於八音樂器未能齊備，其他地方孔廟亦有相同情形。

【圖 10-1】 2020 年昭平宮縣祭釋奠樂團一景（蔡秉衡 攝）

【圖 10-2】　2012 年昭平宮縣祭釋奠左側著紅色長袍的歌生（昭平宮提供）

　　在實際釋奠典禮中，樂長雖然唱：「樂奏咸和之曲」、「樂奏寧和之曲」或「樂奏景和之曲」，然實際演奏的樂曲旋律，多按照莊本立教授所譯明代釋奠樂譜變奏而來，歌生則演唱單音四拍，兩者搭配起來的和聲效果，有許多不和諧處，在儀節進行中，如樂曲已演奏至曲末，則不斷反覆至樂長唱「樂止」時，樂團才停止演奏，這些是目前「埔里孔子廟」祭孔活動所呈現的情形，民國一〇四年（2015）九月的釋奠活動，在樂隊奏樂的部分有做了一些改變，主要是將古禮的八音樂器使用在樂隊上。

　　「埔里孔子廟」興建之初以推動儒學為要務，爾後崇祀孔子並建大成殿，在變遷的過程中，雖然逐漸有鸞堂的設置與扶鸞的活動，但是仍持續推動儒學的教育，每年的釋奠活動即是保持儒風的一項印證，配合南投縣三年輪流舉辦縣祭釋奠活動，縣祭時由縣長擔任正獻官的傳統一直保存，在非縣祭的時候，其釋奠儀節仍與縣祭規模一致，只是正獻官改由鎮長擔任，屬於民間團體經營的廟宇，同時又與官方保持一定程度的聯繫與配合，這是南投縣的傳統。

第二節
日月潭文武廟的祭孔活動
——

　　魚池鄉的日月潭是著名的觀光勝地，較早以日月潭之名記載於文獻者，以清代鄧傳安（生卒年不詳）的《蠡測彙鈔》為代表：「《東征集》所謂水沙連者，山在水中者也。其水不知何來，瀦而為潭，長幾十里，闊三之一。水分丹、碧二色，故名日月潭。」[22] 今之文武廟位於日月潭北面松伯崙的山腰上，坐北朝南，為三進三殿，兩廂兩廊的建築格局，第一進為拜殿，第二進為武聖殿，第三進為大成殿。目前主要奉祀神祇有文昌帝君、孚佑帝君、司命真君、關聖帝君、岳武穆王、天下都城隍、福德正神、關平太子、周倉將軍、文財神范蠡等，大成殿奉祀有孔子、顏子、孟子、曾子、子思子與七十二賢等。[23]

　　文武廟的前身為日月潭邊第八堡的「益化堂」與第九堡的「龍鳳宮」，日治時期於一九三四年開發水力發電工程，引濁水溪注入潭內，水位上升十八公尺餘，除了遷移居民外，兩廟亦被迫遷移，後於一九三八年兩廟合建竣工，「奉祀孔子、文昌帝君、關聖帝君及從祀諸神，故統稱『文武廟』。」[24] 爾後，廟方的管理委員會改制並於民國五十八年（1969）推動重建，於民國六十五年（1976）正式落成，重建期間，蔣

22　清‧鄧傳安，《蠡測彙鈔》，〈遊水裏社記〉（臺灣銀行經濟研究室，1958 年），頁33。

23　據文武廟的廟史記載，早期奉祀的神祇近 30 尊，1970 年後，除了現在所保留的神祇外，其他神祇則由民間與其他廟宇擲筊請回奉祀。參見黃盛雄編纂，《財團法人臺灣省日月潭文武廟廟誌》，〈日月潭文武廟〉（2014 年），頁 44。

24　《財團法人臺灣省日月潭文武廟廟誌》，頁 22。

介石（1887~1975）曾七次親臨，並諭示：「氣魄要大，廟埕宜寬，並以『前、中、後三殿式』中國北朝式宮殿建築興建。武殿奉祀關聖帝君與岳武穆王，文殿奉祀至聖先師孔子。」[25] 當時的省政府主席、省議會議長、臺北市長、南投縣長等均相當鼓勵與支持，以臺灣的民間廟宇建築，如此獲得政府當局高度的支持與關心，算是鮮少的例子，也可見文武廟特殊的地位。文武廟曾於民國八十八年（1999）九月二十一日遭到芮氏 7.3 級大地震而嚴重毀損，在廟方與各界奔走協助之下，於民國九十二年（2003）九月二十一日正式竣工，[26] 歷時四年重建工程後，成為今日文武廟的規模。

　　文武廟的祭孔活動，主要源於有大成殿的規制，並奉祀孔子與四配。文武廟的第三進為大成殿，其名稱是按照民國六十一年（1972）四月十二日蔣介石蒞臨該廟，垂詢興建進度時的諭示：「後殿定名大成殿、中殿定名武聖殿」[27] 而來。目前殿內供奉著青年形象的孔子坐像，持笏端坐，青銅雕鑄【圖 10-3】。這是民國六十八年（1979）從日本埼玉縣所澤市狹山山不動寺內複製而來，原坐像原本存於北京文廟，據考為明代永樂元年（1403）前後所製，晚清八國聯軍時被掠，流落日本。[28] 一般孔廟大成殿主要以奉祀孔子的木主牌位為主，文武廟亦有木主牌位另置他處擺放，在釋奠典禮時會放置於廟埕的祭臺，便於正獻官和與祭者行禮。

25　《財團法人臺灣省日月潭文武廟廟誌》，頁 25。

26　〈文武廟震後整建紀念碑文〉，碑刻日期：2005 年元月六日吉時。

27　《財團法人臺灣省日月潭文武廟廟誌》，頁 20。

28　當時北京文廟內被掠的聖像有孔子像、子思像、孟子像等三聖像，目前皆從日本複製安座於文武廟大成殿內，為青銅雕鑄。參見《財團法人臺灣省日月潭文武廟廟誌》，頁 36。

【圖10-3】　日月潭文武廟孔子聖像（蔡秉衡　攝）

　　文武廟於民國九十二年（2003）重建完成後，每年的九月二十八日均舉辦釋奠典禮的活動，典禮隆重盛大。南投縣每三年輪值縣祭釋奠典禮一次，文武廟仍於每年九月二十八日舉辦釋奠典禮，如不是縣祭時，則變成魚池鄉的鄉祭，活動和典禮儀式與縣祭規模皆相同。

　　文武廟的釋奠典禮具有一項特色，除了祀典「至聖先師孔子」，同時也祀典「關聖帝君」與「岳武穆王」，其宗旨主要是爲了弘揚三聖，因此，釋奠典禮便一同舉行。從佾舞人員的列隊可見其釋奠的盛大，典禮進行中的佾舞人員總計爲一百零八人，包含文舞三十六人、武舞七十二人，立於廟埕，面向大殿，左側的方陣行列各六，爲釋奠「岳武穆王」的佾生，右側的方陣行列各六，爲釋奠「關聖帝君」的佾生，左右方鎮佾生皆著綠色長袍。兩方陣前沿爲釋奠「至聖先師孔子」的佾生，著黃色長袍持翟籥，以行十二列三的隊形立於前面【圖10-4】。從民國九十五年（2006）所見的釋奠團隊，文舞的部分由魚池國中擔任，武舞由新城國小

和魚池國小擔任，唱生（即歌生）亦由魚池國小擔任，引贊禮生由魚池鄉婦女志工團擔任。

【圖10-4】　2020年文武廟釋奠三聖典禮文武佾生行列（蔡秉衡 攝）

　　文武廟曾從大陸添購釋奠使用的八音樂器，包含編鐘、編磬等樂器，釋奠時，於廟埕架起高臺，佾生面向大殿而立，樂團在臺上面像佾生。典禮的儀式爲三獻禮，包含有迎神、撤饌、送神等儀節。典禮進行時間，在民國六十五年（1976）以前大約爲八十五至九十分鐘，民國八十五年（1976）開始修訂爲六十分鐘。樂團除了搭配八音樂器，主要的旋律仍由國樂團來演奏，並非純粹的八音樂器組合。典禮進行中，樂長仍然按照儀節唱：「樂奏咸和之曲」、「樂奏寧和之曲」或「樂奏景和之曲」，從儀節形式來看，大抵承襲民國五十七年（1968）「祭孔禮樂工作委員會」對釋奠儀式的改革，樂譜應是由莊本立師所譯的明代樂譜，然文武廟釋奠實際演奏的樂曲並非所謂的明代釋奠樂曲，而是由莊本立師所譯的明代釋奠樂譜變奏而來【圖10-5】，這種現象與上述埔里昭平宮的釋奠樂類似。

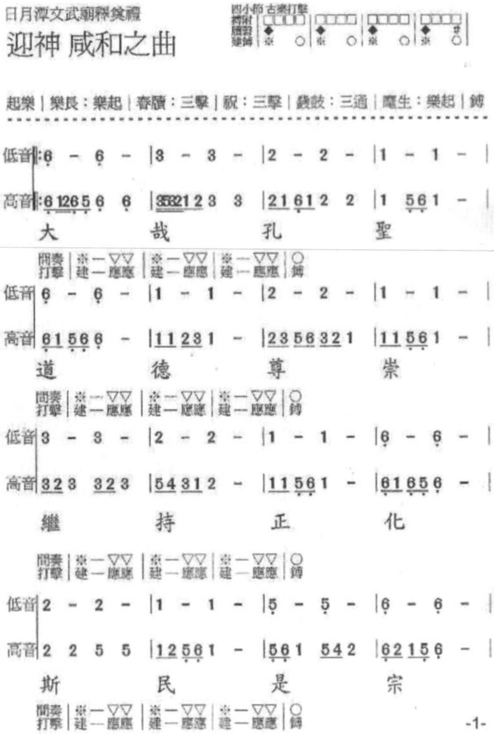

【圖10-5】 日月潭文武廟釋奠樂譜

　　從樂譜來看，其低音聲部寫於上，爲第一聲部，明代所譯釋奠樂譜爲
單音四拍，這裡則劃分爲二拍加二拍的方式，第二聲部爲高音聲部，在演
奏過程中，此旋律現最爲突顯，並成了樂曲的主體。第二聲部的旋律線，
大抵以第一聲部爲骨幹音變化而來，爲配合釋奠儀節不同的時間長度，曲
末均有反覆記號，全曲演奏至曲末再反覆演奏，直至「樂止」。埔里昭平
宮與日月潭文武廟兩者所使用的樂譜，大抵相同，但演奏的方式與樂曲長
度等均不太相同，後者所搭配的佾舞，採用文舞與武舞同時合樂起舞，是
其一大特色。

第三節
草屯鎮惠德宮的祭孔活動
——

　　草屯舊名為草鞋墩，連橫在〈臺灣史跡志〉中記為：「草鞋墩在烏溪之南。林爽文既敗，欲解其兵，眾脫草鞋於此，積之似墩，因稱草鞋墩。」[29]草鞋墩地名來源還有鄭成功征番說、鄭經說、挑夫商旅說等總計四種說法，此說僅為其一，目前並無確切的說法，惟挑夫商旅說被認為可能性較多一些，[30]鎮公所的官網以昔日此地盛產草鞋著稱，[31]似乎也為此舊名下了一個註腳。草屯鎮位於南投縣的西側略偏北，較接近臺中市，屬於舊時南投進入臺中的重要城鎮，今名為民國三十四年（1945）臺灣光復之後所改。

　　草屯鎮惠德宮初創於民國三十六年（1947），源自霧峰讚生堂，奉祀關聖帝君、孚佑帝君、玄天上帝、司命真君等四恩主，初名為讚生分堂。民國三十七年（1948）受賜堂號為「惠德堂」，翌年鳩工建廟，民國三十九年（1950）春舉行入火安座大典，此時始崇奉至聖先師孔子，並加祀文昌帝君於主神位，與先前四恩主併祀為五恩主。民國五十二年（1963）成立草屯孔子廟惠德堂建築籌備委員會再覓地重建廟宇，民國五十四年（1965）動土興建，民國五十八年（1969）竣工，正式名為

29　連橫，《雅堂文集》，卷3，〈筆記・臺灣史跡志〉（臺灣銀行經濟研究室，1964年），頁211。

30　南投縣草屯鎮公所（http://www.tsaotun.gov.tw/content/index.asp?tb=1&Ly=48&Lz=464，檢索日期：2015年11月20日）。

31　南投縣草屯鎮公所（http://www.tsaotun.gov.tw/content/index.asp?tb=1&Ly=48&Lz=399，檢索日期：2015年11月20日）。

「惠德宮」，即目前現址。二樓為大成殿，奉祀孔子牌位，民國八十八年
（1999）九二一大地震曾部分毀損，今貌為重修，[32] 每年國曆九月二十八
日均舉行釋奠禮，並與前述的埔里昭平宮、日月潭文武廟輪流舉行縣祭活
動。

　　惠德宮祭孔釋奠禮的起源，據筆者訪查的廟方耆老所言，已數十年歷
史，大約二樓大成殿建好後即開始舉行，按此，惠德宮大成殿竣工於民國
五十八年（1969），並於十一月十二日入火安座，因此，最早舉行祭孔釋
奠禮的可能時間，也需在民國五十九年（1970）九月二十八日。惠德宮現
行的祭孔釋奠禮有佾生與樂生，輪值到縣祭時使用太牢的牛、羊、豬，均
為實體動物，可能因經費的關係，牛都用租的，如果不是縣祭而屬於鎮祭
時，則無牛，豬為實體，羊則是用麵粉製成的麵粉羊，較經濟一些。

　　惠德宮的祭孔釋奠儀節據廟方表示，是從宜蘭孔廟習得，此儀節自建
廟以來即使用到現在，祭孔釋奠禮的樂生皆為婦女，屬於這裡的女鸞生，
樂長亦由女鸞生擔任，使用的樂器以笛子為主，並非古禮祭孔的八音樂
器，另外有特鐘與鼓、木魚各一，同時據廟方人員表示，釋奠樂鐘尚使用
電子鍵盤樂器來襯底，可能是用來增加樂隊音量的厚度【圖 10-6】。從
樂譜使用來看，會於「瘞毛血」與「受胙禮」時演奏《萬壽無疆》，此為
古禮釋奠樂所無，釋奠樂使用莊本立師所譯的明代樂譜，迎神奏《咸和之
曲》【圖 10-7】，上香奏《寧和之曲》，初獻奏《安和之曲》，亞獻與終
獻奏《景和之曲》，撤饌奏《咸和之曲》，送神與望燎奏《咸和之曲》，
樂曲皆單音旋律，並無另增和聲聲部。歌生的部分是由草屯國中來擔任，
所使用的樂譜與樂隊相同，佾舞則由草屯國小來擔任，也是惠德宮常年配
合的學校。

---

32 董事會編，《財團法人草屯惠德宮宮誌》（內部刊物未出版，2014 年元月），頁 2~9。

【圖 10-6】　惠德宮釋奠禮的樂生（蔡秉衡　攝）

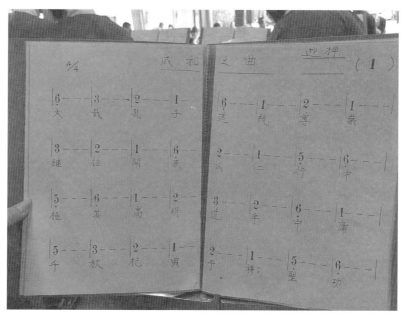

【圖 10-7】　惠德宮釋奠樂樂譜之一（蔡秉衡　攝）

第四節
普台國小國中高中聯合的祭孔文化[33]
—

　　普台國小與普台高中位於南投縣埔里鎮中台路，由惟覺大和尚於民國八十七年（1998）開始籌備，民國九十三年（2004）八月正式開學啓用。惟覺大和尚是埔里中台禪寺的開山方丈，三十餘歲時依從基隆十方大覺禪寺的開山祖師靈源老和尚剃度出家，後於新北市萬里區山居閉關潛修，爾後信眾日增，於民國九十年（2001）九月完成中台禪寺落成啓用。爲了落實「三學一貫」的教育理念，發揚佛陀「覺的教育」，培養未來人才，分別於民國九十三年（2004）開辦普台國小、民國九十五年（2006）開辦普台國中、民國九十八年（2009）開辦普台高中，完成中小學一貫的教育學園，其「三學一貫」的校訓爲「對上以敬、對下以慈、對人以和、對事以眞」，相當具有人文理念的辦學精神。[34]

　　民國一〇一年（2012）九月二十九日星期六上午，普台國小國中高中聯合於校園中舉行建校以來首次的釋奠禮，紀念大成至聖先師孔子二五六二週年誕辰敬師釋奠活動【圖 10-8】，至民國一〇四年（2015）九月已舉辦了四次釋奠禮活動，藉由對孔子的釋奠過程，陶冶教育學子尊師重道的人文精神，體現於教育，更具有現代意義。其活動內容雖與一般官方孔廟以及民間宮廟的釋奠活動略有不同，但在主體的釋奠儀節上，大抵按照古禮的精神進行。

33　感謝普台小學提供本文相關照片並同意刊載，同時也很感謝蔡俊和校長對本文提供撰寫的相關協助。

34　http://www.putai.org/TC2/about.php?i=2、http://www.ctworld.org/chan/master.htm（檢索日期：2015 年 10 月 11 日）。

【圖 10-8】　普台 2012 年 9 月 29 日首次於校園內舉行釋奠禮（摘自：《普台之光》，2013 年第 16 期）

　　普台國小於校園中設有大成殿【圖 10-9】，這樣的設置在臺灣的中小學校園中是少見的。[35] 普台國小大成殿內陳設的聖賢木造雕像是全臺唯一僅有的，這是非常特別的。木造雕像皆以樟木雕成，有孔子的坐像與七十二弟子的立像【圖 10-10】、【圖 10-11】，皆為民間團體贈予，待普台國小設立後，便將所有聖像移撥到小學，因此在校園內建置了大成殿，分東廡與西廡安置聖像，並在每尊聖像前皆有其生平介紹，讓學生能藉由親近聖像而優入聖域，學習聖賢的精神與風範，典型在夙昔，這也是人文孺慕的教育一環。

35　校園中設有孔子祭祀空間的建築尚有高雄市左營區舊城國小，其校園內設有崇聖祠，這是臺灣於清代時期所設的左營孔廟的舊址，具有古蹟價值。另外花蓮縣鳳林國小校園內葫蘆池畔，有 1949 年校友所獻建的小型孔廟、屏東縣東港鎮的海濱國小校園內有孔子祠。

【圖 10-9】 普台國小校園內的大成殿（蔡秉衡 攝）

【圖 10-10】普台國小大成殿內的孔子坐像（蔡秉衡 攝）

【圖 10-11】　普台國小 72 聖賢立像一隅（蔡秉衡　攝）

　　普台的敬師釋奠儀節，主要是參酌臺北孔廟的釋奠儀節修訂而成【表 10-1】，修訂儀節的用意是為了符合學校辦學的本意，古禮儀節的「瘞毛血」在此即省略，因為校園的教育本意是不殺生，祭品中也不會有牛、羊、豬的「太牢」，既然沒有殺生的祭品，在古禮「飲福受胙」的項目上便改為「飲福受飴」，以糖果的「飴」來代替祭肉的「胙」，同時也將此糖果稱為狀元糖，分贈與會來賓。另外這裡的「飲福」是用飲福茗的方式替代古禮中飲福酒。這種不殺生的觀念近年在臺灣有普遍的現象，例如臺北孔廟釋奠禮所使用的是「素太牢」，動物的形象仍在，然而普台的敬師釋奠儀節則連「素太牢」皆取消，大概也是希望連具體的形象也去除聯想，這滿符合學校的辦學宗旨。

【表 10-1】 普台中小學敬師釋奠禮流程表[36]

程序	內容項目	程序	內容項目
一	釋奠典禮開始	十三	上香
二	鼓初嚴	十四	行獻禮
三	鼓再嚴	十五	恭讀祝文
四	鼓三嚴	十六	全體行三鞠躬禮
五	執事者各司其事	十七	飲福受胙
六	糾儀者就位	十八	撤饌
七	陪祭者就位	十九	闔扉
八	陪獻者就位	二十	撤班
九	正獻者就位	二十一	禮成
十	啓扉	二十二	行敬師禮
十一	全禮行三鞠躬禮	二十三	恭誦論語篇章、禮運大同篇
十二	進饌	二十四	圓滿開示

　　再從普台的敬師釋奠儀節來看，將古禮的「迎神」與「送神」也取消，將古時的「糾儀官」、「陪祭官」、「陪獻官」、「正獻官」等皆改稱爲「糾儀者」、「陪祭者」、「陪獻者」、「正獻者」，在古禮的初獻、亞獻、終獻等三獻禮中，普台將之併爲「行獻禮」，同時將正獻與分獻包含在內。最後的儀節還有「行敬師禮」、「恭誦論語篇章、禮運大同篇」、「圓滿開示」等，尤其是朗誦齊唱《禮運大同篇》，深具人文教養意義，在釋奠禮中展現的禮樂活動，別具現代教育意義。

　　普台的敬師釋奠樂舞方面採用明代儀式的版本，即民國五十七年（1968）「祭孔禮樂工作委員會」所修訂的釋奠禮儀節，其中釋奠樂的部分主要由莊本立師（1924~2001）按照明代釋奠樂譜修訂，當年由臺北孔

36　王月秋，《釋奠禮的意義、內容》，《普台之光》（2013 年），第 16 期，頁 8~9。據程文字製表。

廟試行，而後在其他各地孔廟逐漸推行，普台國小是從臺北孔廟習得。釋奠樂的部分在民國一〇一年（2012）舉辦時，主要邀請臺北孔廟的樂長孫瑞金老師教習，將釋奠樂所使用的八音樂器，一一教導給負責樂生培訓的種子教師，而後再培訓校內學生，現在已陸續在校園內傳承，釋奠典禮中「佾生」由國小學生擔任，「樂生」、「禮生」則由國、高中學生擔任，學校挑選樂生是參照學生於校內音樂中心的學習表現，除了音樂素養外更注重品格態度，寓教於樂。普台國小的佾舞採用八佾，六十四位佾生組成一個方陣，完整的三獻禮活動須有九十六個動作，佾生的培訓也相當辛苦。筆者曾拜訪普台國小，校長蔡俊和表示：「所以我常鼓勵我們的佾生，訓練過程中當然很辛苦，但是你在這段訓練裡面可以學習到這麼好的專注力、恭敬心還有團結力，其實對你一輩子來說都是很好的知識跟力量。」[37] 參與釋奠禮活動除了以普台國小為主以外，尚有部分國中部與高中部學生共同參與，使活動的參與面擴大，更見教育意義。由此可見，該校在此釋奠活動中所蘊含的人文教育意義。

學校在釋奠禮中所使用的禮器、樂器、祭器、舞器等，學校在訂製器物時皆經考究，顯得相當謹慎且用心，平時皆保存於展示廳，擺設井然有序，同時也有標示牌簡介，學生平時能透過觀看展廳的器物，認識古代禮樂器與祭器，極富教育意義【圖 10-12】。

結語

南投縣年度的主要祭典有六，其中屬於四大祭的分別為祭孔、關聖帝君、鄭成功、霧社事件紀念活動等，其餘則為忠烈祠的春秋二祭。祭孔釋奠禮主要由埔里昭平宮、日月潭文武廟與草屯惠德宮等三間宮廟輪流舉行

37　2015 年 1 月 24 日下午，拜訪普台國小蔡俊和校長訪談稿。

【圖 10-12】 普台釋奠禮樂麾的升龍與降龍（蔡秉衡 攝）

縣祭典禮，其中草屯惠德宮也是屬於每年關聖帝君縣祭的宮廟，其祭孔與祭關公均使用佾舞。

從三間宮廟的祭孔釋奠樂來看，其樂譜主要均來自於民國五十七年（1968）「祭孔禮樂工作委員會」中，莊本立教授按照明代洪武年間的大成樂章譯制而來，但三間宮廟在樂譜演繹上均已和莊本立教授有所不同，埔里昭平宮與日月潭文武廟均將一小節一音四拍改為一音分割為兩拍，總計四拍呈現。三間宮廟在樂生的編制上亦不相同，然多有趨近國樂化的現象，日月潭文武廟使用有國樂團，同時也備有較齊全的八音樂器，釋奠時排場甚為壯觀，八音樂器齊出並配與國樂團演奏，佾舞有文舞與武舞同時

呈現為其特色。埔里昭平宮釋奠樂則以國樂團演奏為主，然民國一○四年（2015）的釋奠樂團則有改變，據廟方表示，釋奠樂更趨近於古禮。草屯惠德宮在釋奠樂上，樂生人數應是較少的，其特色是以女鸞生為主，且全用笛子演奏主旋律，同時也用一電子鍵盤樂器來襯底。

埔里昭平宮的釋奠儀節早期是習自彰化孔廟，草屯惠德宮的釋奠儀節是習自宜蘭孔廟，日月潭文武廟的釋奠儀節可能與臺北孔廟有相關，但其各自在釋奠樂上均有自己的特色，且三間宮廟還各自不同，然大抵上多呈現人員與識者不足的情形，由此略可窺見臺灣地方信仰中心，在舉行祭孔釋奠禮樂上的概況。

普台國小與同在鎮內的「埔里孔子廟」又完全不同，具有佛教義理的辦學風格，在教育層面，引入儒家的教育理念教化學子，透過敬師釋奠禮的舉辦，使學生契入倫理道德的體認，從優入聖域的情懷中，逐步漸進其「覺的教育」，學生參與釋奠禮的身體力行，如同該校蔡校長的表示：「佾生也好，禮生也好，樂生也好，學生參與這個培訓，我個人覺得最大的收穫是他們培養了很好的專注能力；第二個他們非常懂得如何敬長尊上；第三個他們懂得跟別人合作。」[38] 這樣的人文理念，契合釋奠禮聖賢教化的核心思想，放在教育場域中，更顯難能可貴。在釋奠禮的場域中，當所有參與者，無分性別長幼，向聖賢行禮時，已然升起向聖賢學習的心境，一言以蔽之，此正是現代教育所重視的教化。

38　2015 年 1 月 24 日下午，拜訪普台國小蔡俊和校長訪談稿。

參考文獻

一、古籍

漢・司馬遷，《史記》，北京：中華書局，2003 年 7 月。（另參百衲本、仁壽本、殿本等。）

漢・班固，《漢書》，北京：中華書局，2002 年 11 月。（另參百衲本、仁壽本、殿本等。）

漢・許慎撰、清・段玉裁注，《說文解字注》，臺北：蘭臺書局，1983 年 10 月。

魏・王肅注，《孔子家語》，上海：會文堂書局，1918 年。

晉・陳壽，《三國志》，北京：中華書局，2002 年 2 月。（另參百衲本、仁壽本、殿本等。）

劉宋・范曄，《後漢書》，北京：中華書局，2003 年 8 月。（另參百衲本、仁壽本、殿本等。）

梁・蕭子顯，《南齊書》，北京：中華書局，1997 年 3 月。（另參百衲本、仁壽本、殿本等。）

梁・沈約，《宋書》，北京：中華書局，2000 年 11 月。（另參百衲本、仁壽本、殿本等。）

北齊・魏收，《魏書》，北京：中華書局，1997 年 3 月。（另參百衲本、仁壽本、殿本等。）

唐・杜佑，《通典》，長沙：岳麓書社，1995 年 11 月。

唐・房玄齡等撰，《晉書》，北京：中華書局，1998 年 3 月。（另參百衲本、仁壽本、殿本等。）

唐・姚思廉，《梁書》，北京：中華書局，1997 年 3 月。（另參百衲本、仁壽本、殿本等。）

唐・姚思廉，《陳書》，北京：中華書局，2002 年 10 月。（另參百衲本、仁壽本、殿本等。）

唐・令狐德棻等撰，《周書》，北京：中華書局，1971 年 11 月。（另參百衲本、仁壽本、殿本等。）

唐・李百藥，《北齊書》，北京：中華書局，2003 年 7 月。（另參百衲本、仁壽本、殿本等。）

唐・李延壽，《南史》，北京：中華書局，1975 年 6 月。（另參百衲本、仁壽本、殿本等。）

唐・李延壽，《北史》，北京：中華書局，1997 年 3 月。（另參百衲本、仁壽本、殿本等。）

唐・魏徵等撰，《隋書》，北京：中華書局，2002 年 12 月。（另參百衲本、仁壽本、殿本等。）

唐・蕭嵩，《大唐開元禮》，洪氏公善堂刊本，北京：民族出版社，2000 年 5 月。

後晉・劉昫等撰，《舊唐書》，北京：中華書局，2002 年 12 月。（另參百衲本、仁壽本、殿本等。）

北宋・聶崇義撰，《三禮圖》，收錄於〈摛藻堂四庫全書薈要〉，臺北：世界書局，2012 年 5 月。

北宋・李昉等撰，《太平御覽》，臺北：新興書局，1959 年 1 月。

北宋・司馬光撰，胡三省注，《資治通鑑》，臺北：洪氏出版社，1980 年 10 月。

北宋・歐陽修、宋祁撰，《新唐書》，臺北：鼎文書局，1981 年元月。（另參百衲本、仁壽本、殿本等。）

宋・孔傳，《東家雜記》，愛日精廬影宋刻本，收錄於郭齊、李文澤主編，《儒藏》，〈史部・孔孟史志〉，第一冊，成都：四川大學出版社，2005 年 5 月。

金・孔元措，《孔氏祖庭廣記》，影印元刻本，收錄於郭齊、李文澤主編，《儒藏》，〈史部・孔孟史志〉，第一冊，成都：四川大學出版社，2005 年 5 月。

南宋・朱熹，《紹熙州縣釋奠儀圖》，上海：商務印書館，1939 年。（另參《景印文淵閣四庫全書》本。）

南宋・鄭樵撰、王樹民點校，《通志》，北京：中華書局，1995 年 11 月。

元・不著撰人，《元典章》，元刊本，臺北：國立故宮博物院，1976 年。

元・不著撰人，《廟學典禮》，收錄於《景印文淵閣四庫全書》，第 648 冊，臺北：臺灣商務印書館，1983 年。

元・脫脫等撰，《金史》，北京：中華書局，1975 年 7 月。（另參百衲本、仁壽本、殿本等。）

元・脫脫等撰，《宋史》，北京：中華書局，1985 年 6 月。（另參百衲本、仁壽本、殿本等。）

元・馬端臨，《文獻通考》，北京：中華書局，1999 年 6 月。

明・朱載堉，《樂律全書》，上海：上海古籍出版社，1987 年。

明・朱勤美，《王國典禮》，上海：上海古籍出版社，1994 年。

明・呂元善，《聖門志》，濟南：山東友誼出版社，1990 年。（另參郭齊、李文澤主編，《儒藏》，〈史部・孔孟史志〉，第六冊，成都：四川大學出版社，2005 年 5 月。）

明・呂兆祥，《陋巷志》，明刻清修本，收錄於郭齊、李文澤主編，《儒藏》，〈史部・孔孟史志〉，第八冊，成都：四川大學出版社，2005 年 5 月。

明‧呂兆祥，《宗聖志》，明崇禎刻清康熙增修本，收錄於郭齊、李文澤主編，《儒藏》，〈史部‧孔孟史志〉，第八冊，成都：四川大學出版社，2005 年 5 月。

明‧宋濂等撰，《元史》，北京：中華書局，1976 年 4 月。（另參百衲本、仁壽本、殿本等。）

明‧李之藻，《頖宮禮樂疏》，臺北：國立中央圖書館，1970 年。

明‧倪復，《鐘律通考》，收錄於《景印文淵閣四庫全書》，第 212 冊，臺北：臺灣商務印書館，1983 年。

明‧黃佐，《南雍志》，山東：齊魯書社，1997 年。（臺北：偉文出版社，1976 年。）（1930 年江蘇省立國學圖書館據明本影印本。）

明‧黃儒炳，《續南雍志》（上、中、下），臺北：偉文圖書出版社，1976 年。

明‧陳鎬，《闕里志》，濟南：山東友誼出版社，1989 年。（另參郭齊、李文澤主編，《儒藏》，〈史部‧孔孟史志〉，第一冊，成都：四川大學出版社，2005 年 5 月。）

明‧武位中，《文廟樂書》，明崇禎二年（1629）刻本。

明‧張敬，《雅樂發微》，上海：上海古籍出版社，1994 年。

明‧郭子章，《聖門人物志》，明萬曆二十二年刻本，收錄於郭齊、李文澤主編，《儒藏》，〈史部‧孔孟史志〉，第六冊，成都：四川大學出版社，2005 年 5 月。

明‧劉天和，《仲志》，明刻清修本，收錄於郭齊、李文澤主編，《儒藏》，〈史部‧孔孟史志〉，第八冊，成都：四川大學出版社，2005 年 5 月。

明‧瞿九思，《孔廟禮樂考》，上海：上海古籍出版社，1994 年。

明‧蔡復賞，《孔聖全書》，明萬曆十二年金陵書坊葉貴刻本，收錄於郭齊、李文澤主編，《儒藏》，〈史部‧孔孟史志〉，第三至五冊，成都：四川大學出版社，2005 年 5 月。

清‧孔尚任，《聖門樂志》，濟南：山東友誼出版社，1989 年。（另參郭齊、李文澤主編，《儒藏》，〈史部‧孔孟史志〉，第十一冊，成都：四川大學出版社，2005 年 5 月。）

清‧孔令貽，《聖門禮誌》，收錄於郭齊、李文澤主編，《儒藏》，〈史部‧孔孟史志〉，第十一冊，成都：四川大學出版社，2005 年 5 月。

清‧孔繼汾，《闕里文獻考》，濟南：山東友誼出版社，1989 年。（另參郭齊、李文澤主編，《儒藏》，〈史部‧孔孟史志〉，第二冊、第三冊，成都：四川大學出版社，2005 年 5 月。）

清‧孔貞瑄，《大成樂律全書》，上海：上海古籍出版社，1994 年。

清‧王必昌，《重修臺灣縣志》，臺北：臺灣銀行經濟研究室，1961 年 11 月。（另參《中國方志叢書》，第九號，臺北：成文出版社，1983 年 3 月。）

清・王瑛曾，《重修鳳山縣志》，臺北：臺灣銀行經濟研究室，1962 年 12 月。（另參《中國方志叢書》，第十四號，臺北：成文出版社，1983 年 3 月。）

清・汪烜（汪紱），《樂經律呂通解》，收錄於《叢書集成新編》，第五十三冊，臺北：新文豐出版社，1986 年 1 月。

清・汪烜（汪紱），《樂經或問》，收錄於《叢書集成三編》，第三十二冊，臺北：新文豐出版社，1999 年 2 月。

清・阮元校刻，《十三經注疏》，北京：中華書局，1980 年 9 月。

清・余文儀，《續修臺灣府志》，臺北：臺灣銀行經濟研究室，1962 年 4 月。

清・李天根，《爝火錄》，臺北：臺灣銀行經濟研究室，1963 年 10 月。

清・李周望，《國學禮樂錄》，清康熙五十五年（1716）刻本。

清・宋際、宋慶長，《闕里廣誌》，清康熙刻本，收錄於郭齊、李文澤主編，《儒藏》，〈史部・孔孟史志〉，第二冊，成都：四川大學出版社，2005 年 5 月。

清・沈德昌，《聖門志考略》，清康熙刻本，收錄於郭齊、李文澤主編，《儒藏》，〈史部・孔孟史志〉，第七冊，成都：四川大學出版社，2005 年 5 月。

清・邱之稑，《丁祭禮樂備考》，清道光二十一年（1841）刻本。

清・金之植、宋金弘，《文廟禮樂考》，濟南：山東友誼出版社，1989 年。（另參郭齊、李文澤主編，《儒藏》，〈史部・孔孟史志〉，第十一冊，成都：四川大學出版社，2005 年 5 月。）

清・吳祖昌，《文廟上丁禮樂備考》，清同治九年（1870）刻本。

清・范咸，《重修臺灣府志》，臺北：臺灣銀行經濟研究室，1961 年 11 月。

清・周凱，《廈門志》，臺北：臺灣銀行經濟研究室，1961 年 1 月。

清・周璽，《彰化縣志》，臺北：臺灣銀行經濟研究室，1962 年 11 月。

清・周元文，《重修臺灣府志》，臺北：臺灣銀行經濟研究室，1960 年 7 月。

清・周鍾瑄，《諸羅縣志》，臺北：臺灣銀行經濟研究室，1962 年 12 月。

清・洪若皋，《釋奠考》，收錄於《叢書集成續編》，第六十七冊，臺北：新文豐出版社，1989 年 6 月。

清・姚瑩，《東槎紀略》，臺北：臺灣銀行經濟研究室，1957 年 11 月。

清・姚瑩，《中復堂選集》，臺北：臺灣銀行經濟研究室，1960 年 9 月。

清・徐暢達，《皇朝祭器樂舞錄》，武漢：楚北崇文書局，1871 年刻本。

清・彭其位，《學宮備考》，臺南：莊嚴出版社，1996 年。

清・段仔文、張懋賞，《重訂擬瑟譜》，收錄於《叢書集成續編》，第 102 冊，臺北：新文豐出版社，1991 年 7 月。

清・張廷玉等撰，《明史》，北京：中華書局，1997 年 4 月。（另參百衲本、仁壽本、殿本等。）

清・張安茂，《禮樂全書》，臺南：莊嚴出版社，1996 年，清順治十三年（1656）刻本。

清・張行言，《聖門禮樂統》，清康熙四十一年（1702）刻本。

清・張侯，《文廟賢儒功德錄》，清刻本，收錄於郭齊、李文澤主編，《儒藏》，〈史部・孔孟史志〉，第七冊，成都：四川大學出版社，2005 年 5 月。

清・高拱乾，《臺灣府志》，臺北：臺灣銀行經濟研究室，1960 年 2 月。

清・紀昀等撰，《歷代職官表》，上海：上海古籍出版社，1993 年 10 月。

清・凌廷堪，《燕樂三書》，哈爾濱：黑龍江人民出版社，1986 年 7 月。

清・連橫，《雅堂文集》，臺北：臺灣銀行經濟研究室，1964 年。

清・連橫，《劍花室詩集》，臺北：臺灣銀行經濟研究室，1960 年。

清・連橫，《臺灣通史》，臺北：臺灣銀行經濟研究室，1962 年 2 月。

清・連橫，《雅言》，臺北：臺灣銀行經濟研究室，1963 年 2 月。

清・黃本驥，《聖域述聞》，清道光二十六年刊本，收錄於郭齊、李文澤主編，《儒藏》，〈史部・孔孟史志〉，第五冊、第六冊，成都：四川大學出版社，2005 年 5 月。

清・曾國荃，《宗聖志》，清光緒十六年刻本，收錄於郭齊、李文澤主編，《儒藏》，〈史部・孔孟史志〉，第八冊，成都：四川大學出版社，2005 年 5 月。

清・鄧傳安，《蠡測彙鈔》，臺北：臺灣銀行經濟研究室，1958 年 1 月。

清・諸家，《碑傳選集》，臺北：臺灣銀行經濟研究室，1966 年 3 月。

清・諸家，《清代琉球紀錄集輯》，臺北：臺灣銀行經濟研究室，1971 年。

清・諸家，《臺灣采訪冊》，臺北：臺灣銀行經濟研究室，1959 年。

清・諸家，《臺灣關係文獻集零》，臺北：臺灣銀行經濟研究室，1972 年 12 月。

清・鄭曉如，《闕里述聞》，清同治七年刻本，收錄於郭齊、李文澤主編，《儒藏》，〈史部・孔孟史志〉，第三冊，成都：四川大學出版社，2005 年 5 月。

清・鄭兼才，《六亭文選》，臺北：臺灣銀行經濟研究室，1962 年。

清・陳文達，《臺灣縣志》，臺北：臺灣銀行經濟研究室，1961 年 6 月。

清・陳培桂，《淡水廳志》，臺北：臺灣銀行經濟研究室，1963 年 8 月。

清・陳衍纂輯，《福建通志列傳選》，臺北：臺灣銀行經濟研究室，1964 年。

清・陳文達，《鳳山縣志》，臺北：臺灣銀行經濟研究室，1961 年 10 月。

清・陳淑均，《噶瑪蘭廳志》，臺北：臺灣銀行經濟研究室，1963 年。

清・陳夢雷、蔣廷錫編，《古今圖書集成》，臺北：鼎文書局，1985 年。（武英殿聚珍銅
　　活字本、石印大字本、鉛印扁字本等。）

清・梁國治，《欽定國子監志》，上海：上海古籍出版社，1994 年。

清・劉良璧，《重修福建臺灣府志》，臺北：臺灣銀行經濟研究室，1961 年 3 月。

清・劉銘傳，《劉壯肅公奏議》，臺北：臺灣銀行經濟研究室，1958 年 10 月。

清・嚴可均校輯，《全上古三代秦漢三國六朝文》，中華書局，1995 年 11 月。

清・謝金鑾，《續修臺灣縣志》，臺北：臺灣銀行經濟研究室，1962 年。

清・閻興邦，《文廟禮樂志》，清康熙二十九年（1690）刻本。

清・藍鍾瑞，《文廟丁祭譜》，濟南：山東友誼出版社，1989 年。

清・蔣元樞，《重修臺郡各建築圖說》，臺北：臺灣銀行經濟研究室，1970 年。

清・龐鍾璐撰，《文廟祀典考》，臺北：中國禮樂學會，1977 年。

《清史稿臺灣資料集輯》，臺北：臺灣銀行經濟研究室，1968 年 3 月。

《清高宗實錄選輯》，臺北：臺灣銀行經濟研究室，1964 年 6 月。

《臺灣中部碑文集成》，臺北：臺灣銀行經濟研究室，1962 年。

《臺案彙錄庚集》，臺北：臺灣銀行經濟研究室，1964 年 8 月。

《臺灣南部碑文集成》，臺北：臺灣銀行經濟研究室，1966 年 3 月。

《臺灣教育碑記》，臺北：臺灣銀行經濟研究室，1959 年。

《泉州府志選錄》，臺北：臺灣銀行經濟研究室，1967 年 8 月。

《欽定平定臺灣紀略》，臺北：臺灣銀行經濟研究室，1961 年 6 月。

《東華續錄選集》，臺北：臺灣銀行經濟研究室，1968 年。

清・徐葆光，《中山傳信錄》，臺北：臺灣銀行經濟研究室，1971 年。

《福建通志臺灣府》，臺北：臺灣銀行經濟研究室，1960 年。

二、專著

日・山田孝史，《臺南聖廟考》，臺南市：高昌怡三郎，1918 年。吳三連基金會。

日・片岡嚴著，陳金田、馮作民合譯，《臺灣風俗誌》，臺北：大立出版社，1981 年 1 月。

日・林謙三，《東亞樂器考》，北京：人民音樂出版社，1996 年 1 月。

王秀美，《韓國文廟雅樂之研究》，臺北：臺灣師範大學碩士論文，1985 年。

王國維，《觀堂集林別集》，臺北：世界書局，1975 年 3 月。

王國維，《王國維論學集》，北京：中國社會科學出版社，1997 年 6 月。

王福利，《遼金元三史樂志研究》，上海：上海音樂學院出版社，2005 年 10 月。

王婉娟，《現代音樂中儒道思想的體現──以江文也《孔廟大晟樂章》、尹伊桑《禮樂》、潘皇龍《禮運大同篇》為例》，臺北：臺北藝術大學碩士論文，2011 年。

尹　君，《中國古代祭孔雅樂的發展概況及對近現代音樂的影響》，青島：青島大學碩士論文，2007 年。

田　青，《中國宗教音樂》，北京：宗教文化出版社，1997 年 5 月。

丘瓊蓀，《歷代樂志律志校釋》，北京：人民音樂出版社，1999 年 9 月。

朱文瑋、呂琪昌，《先秦樂鐘之研究》，臺北：南天書局，1994 年 4 月。

江　帆、艾春華，《中國歷代孔廟雅樂》，北京：中國國際廣播出版社，2001 年 10 月。

江文也著，楊儒賓譯，《孔子的樂論》，上海：華東師範大學出版社，2008 年 1 月。

伍國棟，《中國古代音樂》，北京：商務印書館，1991 年 12 月。

吉聯抗，《魏晉南北朝音樂史料》，上海：上海文藝出版社，1982 年 2 月。

李方元，《《宋史‧樂志》研究》，上海：上海音樂學院出版社，2004 年 7 月。

李明明，《中國古代雅樂文化分期研究》，開封：河南大學碩士論文，2008 年。

李詩國，《桃園孔廟釋奠儀禮之研究》，桃園：銘傳大學碩士論文，2006 年。

邱源媛，《唐宋雅樂的對比研究》，成都：四川大學碩士論文，2003 年。

杜潔明，《臺南孔廟樂局──以成書院之研究》，嘉義：南華大學碩士論文，2002 年。

杜美芬，《祀孔人文暨禮儀空間之研究──以臺北孔廟為例》，中壢：中原大學建築學系碩士論文，92 學年度。

林開登，《大成至聖先師孔子二五三四週年誕辰釋奠暨以成書院一五週年特刊》，臺南：臺南市文廟管理委員會編印，1984 年 9 月。

林海籌編，《聖廟釋奠儀節》，臺南：以成書院，1933 年。

林海籌編，《同聲集》，臺南：臺南書局以成書院，1933 年。

林珮瑩，《臺南孔廟的研究》，臺南：國立成功大學碩士論文，2010 年。

林勇成，《臺灣地區孔子廟「釋奠佾舞」之研究》，中國文化大學舞蹈研究所碩士論文，90 學年度。

林素英著，《古代祭禮中之政教觀》，臺北：文津出版社，1997 年。

房　偉，《文廟祀典及其社會功用》，曲阜：曲阜師範大學大學碩士論文，2010 年。

吳露艷，《魏晉南朝雅樂研究》，上海：華東師範大學碩士論文，2009 年。

柳　雯，《中國文廟文化遺產價值及利用研究》，濟南：山東大學博士論文，2008 年。

洪子舒，《九年一貫國小階段之古蹟教學──以大龍峒保安宮及臺北孔廟為例》，臺北：臺

　　　北市立教育大學碩士論文，2006 年。

政事堂禮制館，《中國禮制七種》，1914-1915 年（中央研究院・傅斯年圖書館藏）。

孫瑞金，《祭孔音樂的回顧與前瞻》，臺北：臺灣師範大學碩士論文，2006 年。

孫曉輝，《兩唐書樂志研究》，上海：上海音樂學院出版社，2005 年 8 月。

孫　茜，《祭孔樂舞舞蹈的文化研究》，北京：中國藝術研究院碩士論文，2008 年。

孫　琳，《唐宋宮廷雅樂之比較研究》，武漢：武漢音樂學院碩士論文，2006 年。

陳　垣，《沈刻〈元典章〉校補外三種》，收錄於《陳援菴先生全集》，臺北：新文豐出
　　　版社，1993 年。

黃文陶編，《中國歷代及東南亞各國祀孔儀禮考》，嘉義：嘉藝縣文獻委員會，1965 年。

黃得時，《臺灣的孔廟》，臺中市：臺灣省政府新聞處，1981 年。

黃進興，《優入聖域——權力、信仰與正當性》，臺北：允晨文化出版社，1994 年。

黃冠雲主編，《埔里孔子廟志》，南投：財團法人昭平宮育化堂董事會，2011 年 12 月。

黃盛雄編纂，《財團法人臺灣省日月潭文武廟廟誌》，南投：日月潭文武廟，2014 年 9 月。

章　瑜，《瀏陽祭孔音樂探源》，湖南：湖南師範大學碩士論文，2008 年。

許常惠總編纂，《彰化縣音樂發展史論述稿》，彰化縣：彰化縣立文化中心，1997 年 5 月。

許常惠、林　韻、蔡郁琳、李毓芳等採訪，《彰化縣音樂發展史——田野日誌》，彰化：
　　　彰化縣文化中心，1997 年 5 月。

項　陽，《山西樂戶研究》，北京：文物出版社，2001 年 10 月。

喬　健、劉貫文、李天生，《樂戶——田野調查與歷史追蹤》，南昌：江西人民出版，
　　　2002 年。

溫顯貴，《《清史稿・樂志》研究》，武漢：崇文書局，2008 年 7 月。

楊蔭瀏，《中國音樂史綱》，臺北：學藝出版社，1987 年 10 月。

楊蔭瀏，《中國古代音樂史稿》，臺北：丹青圖書，1987 年 4 月。

楊志剛，《中國禮儀制度研究》，上海：華東師範大學出版社，2001 年 5 月。

楊麗琴，《唐代雅樂研究》，太原：山西大學碩士論文，2011 年。

閻步克，《樂師與史官——傳統政治文化與政治制度論集》，北京：三聯書店，2001 年 7
　　　月。

曹貞華，《西周至唐宮廷雅樂研究》，北京：中國藝術研究院博士論文，2009 年。

賈　楠，《20 世紀以來祭孔樂舞研究的歷史回顧與思考》，河北：河北師範大學碩士論文，
　　　2011 年。

羅　超，《越南國子監文廟研究》，南寧：廣西民族大學碩士論文，2009 年。

路佳琳，《北宋景祐——嘉祐年間的雅樂研究》，杭州：杭州師範大學碩士論文，2012 年。

董事會編製，《財團法人草屯惠德宮宮誌》，內部刊物未出版，2014 年元月。

編輯部，《祭孔禮樂之改進》，臺北：祭孔禮樂工作委員會，1970 年。

劉袖瑕，《甘肅省孔廟遺存狀況研究》，蘭州：蘭州大學碩士論文，2010 年。

劉　倩，《西漢雅樂發展探析》，濟南：山東大學碩士論文，2010 年。

劉　軻，《日本雅樂的形成及對中國唐代燕樂的接納與變遷》，上海：上海音樂學院碩士論文，2008 年。

鄭月平，《從歷史文化學的角度解讀北宋之雅樂》，西安：西北大學碩士論文，2005 年。

葉佳穎，《臺灣的雅樂：傳承與社會評價——以南華雅樂團爲例》，臺北：臺北市立教育大學碩士論文，2007 年。

謝怡君，《傳統祭孔音樂之特色在江文也作品中的實踐——以《孔廟大晟樂章》爲分析對象》，臺北：臺灣大學碩士論文，2008 年。

謝景緣，《杭州師範大學雅樂復興之研究》，嘉義：南華大學碩士論文，2011 年。

劉栩彣，《臺灣孔廟之敘事分析研究》，雲林：雲林科技大學碩士論文，2008 年。

劉娴娜，《儒家雅樂舞之身體思維的藝教反省》，臺北：華梵大學碩士論文，2007 年。

劉德玲，《兩漢雅樂研究——一個以典禮音樂爲主的考察》，臺北：國立臺灣師範大學碩士論文，1998 年。

遲鳳芝，《朝鮮半島對中國雅樂的接受、傳承與變衍》，上海：上海音樂學院碩士論文，2004 年。

遲鳳芝，《朝鮮文廟雅樂的傳承與變遷》，上海：上海音樂學院博士論文，2009 年。

蔡仲德，《中國音樂美學史資料注譯》（上、下），北京：人民音樂出版社，1990 年 12 月。

蔡仲德，《中國音樂美學史》，北京：人民音樂出版社，1995 年 1 月。

蔡相輝，《臺灣的祠祀與宗教》，臺北：臺原出版社，1989 年。

聶叢竹，《中國雅樂在朝鮮半島的傳播與流變研究》，濟南：山東大學碩士論文，2011 年。

蘇晉仁，蕭煉子，《宋書樂志校注》，山東：齊魯書社，1982 年。

蘇麗玉，《臺灣祭孔音樂的沿革研究》，臺北：臺灣師範大學碩士論文，74 學年度。

饒宗頤，《中國史學上之正統論》，上海：遠東出版社，1996 年 8 月。

三、期刊

日・池田蘆洲，〈祭孔子記〉，《臺灣教育會雜誌》，1907 年，第 67 期，頁 14~15。

日・黑澤隆朝，〈臺南孔子廟的樂舞〉，1943 年，收錄於東洋音樂學會編，《三十周年記

念：日本東洋音樂論》（東京：音樂之友社，1969 年），頁 21~60。

日・二階堂善弘，〈關於民間寺廟祭孔的狀況——以ミン台地区為主〉，《東アジア文化交涉研究》，2012 年，別冊 8，頁 61~68。

大　方（方師鐸），〈孔廟與孔林〉，《中國文選》，1967 年，第 5 期，頁 8~14。

孔祥承，〈莊嚴神聖的釋奠　恢弘隆重的慶典——同根一脈　兩岸祭孔〉，《中國地名》，2006 年，第 11 期，頁 22~25。

孔　節、侯賀良，〈祭孔：儒家文化的時代印記〉，《走向世界》，2009 年，第 25 期，頁 28~31。

王宇清，〈臺灣孔廟祭孔服飾的規制及其文史淵源〉，《臺灣文獻》，2002 年，第 53 卷，第 1 期，頁 9~36。

王宇清，〈北市釋奠衣冠〉，收錄於《高雄市紀念孔子誕辰特刊》，1981 年 9 月，頁 74~81。

王建竹，〈臺灣孔子廟的沿革〉，《臺灣文獻》，1978 年，第 29 卷，第 4 期，頁 290~291。

王福銀，〈探究祭孔樂舞中的韶樂蹤跡〉，《時代文學》，2010 年，第 1 期，頁 133~134。

王福銀，〈從祭孔樂舞的記載中覓韶樂蹤跡〉，《北京舞蹈學院學報》，2010 年，第 1 期，頁 29~31。

王福銀，〈齊韶與祭孔樂舞〉，《管子學刊》，2007 年，第 2 期，頁 39~40+62。

王福銀，〈試析《祭孔樂舞》與齊國《韶》樂的承傳關係〉，《舞蹈》，2000 年，第 4 期，頁 54~55。

王霄冰，〈試論非物質文化遺產本真性的衡量標準——以祭孔大典為例〉，《文化遺產》，2010 年，第 4 期，頁 8~17。

王德塤，〈八十年前的祭孔歌〉，《貴陽文史》，2002 年，第 4 期，頁 47。

王藝琳，〈樂舞傳神　古為今用——感受祭孔大典〉，《蘭臺世界》，2006 年，第 24 期，頁 63~64。

文啓明，〈祭孔樂舞的形成和對外傳播〉，《中國音樂學》，2000 年，第 2 期，頁 71~83。

文啓明，〈祭孔樂舞歷史價值的再認識〉，《中國音樂學》，1999 年，第 2 期，頁 33~43。

尹德民，〈祀孔釋奠八音樂器述原〉，《孔孟月刊》，1978 年，第 25 卷，第 4 期，頁 40~61。

石暘睢，〈臺南文廟的樂章〉，《臺灣風物》，1951 年，第 1 卷，第 1 期，頁 23。

邱雪靜，〈國家性祭孔文化的傳承與發展〉，《語文學刊》，2009 年，第 1 期，頁 67~68+102。

李瑞生，〈泉州府文廟及其歷史沿革〉，《泉南文化》，2005 年，第 11 期，頁 102~105。

李光濤，〈記東國朝鮮之文廟〉，《孔孟學報》，1962 年，第 3 期，頁 271~278。

李正富，〈孔廟奉祀考〉，《孔孟月刊》，1964 年，第 2 卷，第 5 期，頁 5~9。

李紹先、袁能先，〈明清時期德陽文廟的祭孔活動與禮樂文化述論〉，《四川工程職業技術學院學報》，2010 年，第 2 期，頁 54~58。

李紅云、陳霖，〈從齊國《韶》樂到《祭孔樂舞》——兼與王明星先生商榷〉，《管子學刊》，2001 年，第 2 期，頁 83~85。

李　洋，〈祭孔音樂在大理地區的傳播與衍變〉，《民族藝術研究》，1999 年，第 6 期，頁 11~18。

余淑玲，〈孔廟建築翦影——兼談彰化孔廟重建問題〉，《孔孟月刊》，1980 年，第 18 卷，第 5 期，頁 30~33。

車延芬，〈在發明中延續傳統——以祭孔樂舞的當代復興為個案〉，《溫州大學學報（社會科學版）》，2010 年，第 1 期，頁 22~27。

汪致敏，〈建水明清祭孔樂舞考略〉，《民族藝術研究》，1996 年，第 5 期，頁 60~65。

沈　暘，〈李氏朝鮮時期都城文廟祭孔考〉，《故宮博物院院刊》，2008 年，第 3 期，頁 79~98+159。

沁　芬，〈臺南文廟與臺南文化〉，《臺南文化》，1953 年，第 3 卷，第 2 期，頁 14~16。

杜負翁，〈重印〈文廟祀典考〉序〉，《中華國學》，1977 年，第 3 期，頁 39。

孟　夢、車延芬，〈山東曲阜祭孔樂舞的動作保存與文化傳承〉，《齊魯藝苑》，2010 年，第 4 期，頁 91~93。

林衡道，〈臺南市的文廟和武廟〉，《臺灣文獻》，1972 年，第 23 卷，第 4 期，頁 24~32。

林衡道，〈臺灣的孔廟〉，《孔孟月刊》，1965 年，第 3 卷，第 9 期，頁 4~6。

林至庸，〈由臺南孔廟廟會學論清代臺灣的儒教化〉，《成大宗教與文化學報》，2009 年，第 12 期，頁 11~26。

林明德，〈臺灣地區孔廟、書院之匾聯文化探索〉，《臺北文獻直字》，1995 年，第 112 期，頁 13~47。

林昭南，〈臺北市孔廟〉，《臺北文獻直字》，1991 年，第 97 期，頁 55~77。

林昭南，〈臺北市孔廟與祭孔釋奠典禮之今昔〉，《史聯雜誌》，1988 年，第 12 期，頁 2~12。

林清財，〈緩而舒、清且揚——祭孔聖樂與雅樂十三音〉，《傳統藝術》，2002 年，第 22 期，頁 31~32。

邵　彬，〈廣辟蹊徑覓《韶》音——對《祭孔樂舞》承傳齊國《韶》樂的探索〉，《管子

學刊》，2005 年，第 4 期，頁 99~101。

金龍福，〈古代釋奠典禮的舞律研究〉，《齊魯文化研究》，2009 年，頁 65~73。

周　暢，〈儒道音樂美學思想在歷史上的分鑣與合流〉，《音樂藝術》，1990 年，第 2 期、第 3 期。

吳靜芳，〈明嘉靖朝孔廟祀典改制考析〉，《成大歷史學報》，2006 年，第 31 期，頁 113~151。

胡巨川，〈舊城文廟舊記兩則〉，《南臺文化》，2003 年 9 月，頁 34~36。

洪士惠，〈傳統文化藝術的薪傳者──臺北市孔廟管理委員會〉，《文訊》，1999 年，第 161 期，頁 49~50。

俞允堯，〈集孔廟、學宮、貢院於一體的南京夫子廟〉，《歷史月刊》，2006 年，第 222 期，頁 8~14。

封從德，〈臺南與臺北祭孔典禮之比較〉，《大陸雜誌》，1998 年，第 97 卷，第 6 期，頁 1~11。

侯賀良、啓洪，〈春天里的祭拜──曲阜春季祭孔大典側記〉，《走向世界》，2008 年，第 9 期，頁 30~33。

亞非拉，〈曲阜文化商品進出口基地成祭孔分會場〉，《民間文化（中國文化產業）》，2007 年，第 9 期，頁 62~64。

姜寶昌，〈韓國的大成殿和祭孔大禮〉，《走向世界》，1995 年，第 2 期，頁 34~36。

徐在斌，〈淺析 1934 年山東祭孔活動〉，《黑龍江史志》，2010 年，第 5 期，頁 34~35。

馬志飛，〈孔子後裔與郯縣文廟〉，《文史知識》，2010 年，第 11 期，頁 136~139。

高明士，〈臺灣孔廟、書院史蹟探訪記〉，《歷史月刊》，1994 年，第 82 期，頁 23~33。

高明士，〈韓國孔廟、學校史蹟探訪記：中國文化普遍性的見證〉，《中華文化復興月刊》，1982 年，第 15 卷，第 5 期，頁 57~66。

高明士，〈韓國的孔廟與孔聖後裔〉，《幼獅月刊》，1982 年，第 352 期，頁 18~21。

高明士，〈日本孔廟・學校史蹟探訪記：中國文化普遍性的見證〉，《中華文化復興月刊》，1982 年，第 15 卷，第 4 期，頁 51~61。

夏　野，〈中國古代音階的變遷和樂律理論的演進〉，《音樂藝術》，1996 年，第 3 期。

唐淑芬，〈臺南與臺北孔廟祀典服制之研究〉，《臺灣文獻》，1991 年，第 42 卷，第 1 期，頁 197~208。

唐小兵，〈祭孔的文化省思〉，《南風窗》，2010 年，第 22 期，頁 94~95。

唐紅炬，〈試論文廟的現代定位〉，《中國文物科學研究》，2009 年，第 2 期，頁 18~19。

涂藻芬，〈訪彰化孔廟記〉，《孔孟月刊》，1980 年，第 18 卷，第 5 期，頁 34~35。

許齊雄，〈我朝眞儒的定義：薛瑄從祀孔廟始末與明代思想史的幾個側面〉，《中國文化研究所學報》，2007 年，第 16 期，總號 47，頁 93~114。

袁寶銀，〈頌先師豐功厚德　揚儒學勵世眞諦——中國曲阜孔子文化節訪古祭孔紀實〉，《走向世界》，1995 年，第 6 期，頁 34~36。

流　馬、張　侃，〈祭孔：文化尋根的不息熱情〉，《世界博覽（看中國）》，2007 年，第 7 期，頁 27~30。

殷　慧，〈朱熹道統觀的形成與釋奠儀的開展〉，《湖南大學學報（社會科學版）》，2010 年，第 3 期，頁 18~24。

恭同禮、袁龍飛、范長國，〈2005，世界文廟同祭孔〉，《走向世界》，2005 年，第 11 期，頁 30~35。

黃子紅，〈泉州文廟側記〉，《福建鄉土》，2008 年，第 6 期，頁 46~47。

黃公偉，〈從尊孔略說祀孔與孔廟建築規格〉，《光復大陸》，1976 年，第 119 期，頁 10~14。

黃進興，〈「聖賢」與「聖徒」：儒教從祀制與基督教封聖制的比較〉，《中央研究院歷史語言研究所集刊》，2000 年，第 71 卷，第 3 期，頁 09~561+727~729。

黃進興，〈毀像與聖師祭〉，《大陸雜誌》，1999 年，第 99 卷，第 5 期，頁 1~8。

黃進興，〈「野叟曝言」與孔廟文化〉，《當代》，1998 年，第 8 期，頁 74~85。

黃進興，〈*The Confucian Temple as a Ritual System: Manifestations of Power, Belief and Legitimacy in Traditional China*〉，《清華學報》，1995 年，第 25 卷，第 2 期，頁 115~136。

黃進興，〈學術與信仰：論孔廟從祀制與儒家道統意識〉，《新史學》，1994 年，第 5 卷，第 2 期，頁 1~82。

黃進興，〈孔廟的解構與重組——轉化傳統文化所衍生的困境〉，《當代》，1993 年，第 86 期，頁 120~133。

黃進興，〈權力與信仰——孔廟祭祀制度的形成〉，《大陸雜誌》，1993 年，第 86 卷，第 5 期，頁 8~34。

黃進興，〈道統與治統之間：從明嘉靖九年（1530）孔廟改制談起〉，《中央研究院歷史語言研究所集刊》，1990 年，第 61 卷，第 4 期，頁 617~641。

黃淑清，〈談臺灣孔廟與清代儒學〉，《臺北文獻直字》，1990 年，第 91 期，頁 95~104。

黃贊鈞，〈臺北聖廟沿革〉，《瀛洲詩集》，1933 年（昭和 8）。

黃清良，〈臺灣區文廟碑記研究〉，《高雄工專學報》，1987 年，第 17 期，頁 371~441。

黃紹祖，〈孔廟木主乎？塑像乎？〉，《孔孟月刊》，1984 年，第 22 卷，第 9 期，總號 261，頁 39~45。

黃得時，〈臺北孔廟與其釋奠儀式〉，《孔孟月刊》，1965 年，第 3 卷，第 9 期，頁 11~14。

黃典權，〈臺南孔廟與孔孟之學〉，《孔孟月刊》，1963 年，第 1 卷，第 9 期，頁 22。

曹天明，〈建水文廟祭孔儀式〉，《民族藝術研究》，1998 年，第 4 期，頁 82~83。

深　雪，〈尊重一個兩千年不朽的華夏傳奇——從祭孔大典看復興傳統文化〉，《閱讀與作文》，2005 年，第 11 期，頁 12~17。

孫　茜，〈祭孔樂舞舞蹈動作特點分析〉，《南京藝術學院學報（音樂與表演版）》，2010 年，第 3 期，頁 167~170+187。

畢黎麗，〈由臺南孔廟之興修認識其歷史真價〉，《臺北文獻直字》，1976 年，第 38 期，頁 199~214。

陸奉初，〈北平孔廟與國子監〉，《孔孟月刊》，1964 年，第 3 卷，第 2 期，頁 7~10。

陳桂蘭，〈南瀛祭孔釋奠禮紀實〉，《南瀛文獻》，2008 年，第 6 期，頁 207~228。

陳漢光，〈臺南孔廟創建與重修〉，《孔孟月刊》，1965 年，第 3 卷，第 9 期，頁 7~10+3。

陳明遠，〈魯迅與「祭孔」〉，《世界博覽（看中國）》，2007 年，第 7 期，頁 31~32。

陳　彤，〈天津文廟祭孔樂舞芻議〉，《天津音樂學院學報》，2002 年，第 1 期，頁 50~54。

陳晟秀，〈當代韓國儒教與釋奠〉，《當代韓國》，2012 年，第 2 期，頁 69~83。

陳　東，〈釋奠制度與孔子崇拜〉，《國際儒學研究》，2007 年，頁 261~278。

范勝雄，〈臺南孔廟先賢先儒奉祀序位之商榷〉，《臺南文化》，1988 年，第 26 期，頁 9~37。

游醒民，〈至聖先師——孔子與府城全臺首學——文廟〉，《臺南文化》，1981 年，第 12 期，頁 176~190。

詹德隆，〈清代臺北文廟與臺北府城、府學關係之探討〉，《史聯雜誌》，1990 年，第 17 期，頁 118~130。

賴子清，〈大龍峒孔廟與保安宮胜談〉，《臺北文獻直字》，1985 年，第 74 期，頁 189~218。

彭珍鳳，〈先賢先儒從祀孔廟東西兩廡之探討：兼正臺灣孔廟東西兩廡奉祀先賢先儒之錯訛〉，《臺灣文獻》，1982 年，第 33 卷，第 3 期，頁 53~116。

彭　林，〈祭祀萬世師表：釋奠禮〉，《文史知識》，2003 年，第 10 期，頁 89~99。

陰法魯，〈古代中外音樂文化交流問題探討〉，《中國音樂學》，1985 年創刊號。

張橋貴、曾黎，〈儀式與文化結構——雲南建水祭孔儀式與地方文化內在關係研究〉，《世界宗教文化》，2010 年，第 4 期，頁 19~24+94。

張分田、劉方玲，〈祭孔與清初帝王道統形象之鏈接〉，《深圳大學學報（人文社會科學版）》，2009 年，第 6 期，頁 127~133。

張詠春，〈寶島臺灣的「樂局」與文廟釋奠禮樂〉，《人民音樂》，2008 年，第 10 期，頁 48~49。

喻意志、章瑜，〈瀏陽祭孔音樂初探〉，《天津音樂學院學報》，2008 年，第 2 期，頁 3~9。

莊本立，〈祭孔樂舞之改進與比較〉，中國傳統音樂學會第九屆年會，1996 年 9 月，頁 1~10。（在山東曲阜師範大學舉行。）

莊本立，〈祭孔樂舞〉，收錄於《高雄市紀念孔子誕辰特刊》，1981 年 9 月，頁 69~73。

莊本立，〈祭孔禮樂及佾舞〉，收錄於《美國祭孔大典專輯：第四屆》，紐約：美國祭孔大典委員會，1985 年，頁 141~142。

漢寶德，〈彰化孔廟的研究與修復〉，《臺灣風物》，1981 年，第 31 卷，第 3 期，頁 92~111。

漢寶德，〈彰化孔廟的修復〉，《漢聲》，1981 年，第 10 期，頁 93~104。

漢寶德，〈臺南孔廟的建築〉，《臺灣文獻》，1976 年，第 26 卷，第 4/27 期，頁 307~313。

楊朝明，〈禮制「損益」與「百世可知」——孔廟釋奠禮儀時代性問題省察〉，《濟南大學學報（社會科學版）》，2009 年，第 5 期，頁 1~6+91。

楊旻瑋，〈臺北孔廟的建築與祭孔大典〉，《國文天地》，1990 年，第 5 卷，第 11 期，總號 59，頁 126~127。

楊曉政，〈杭州孔廟重現祭孔大典〉，《文化交流》，2008 年，第 11 期，頁 39~41。

楊海龍、楚燕潔，〈長春文廟祭孔的文化反思〉，《孔子研究》，2007 年，第 2 期，頁 112~116。

趙維平，〈中國與東亞諸國的雅樂重建〉，《中國音樂》，2011 年，第 2 期。

趙醒民，〈曲阜孔廟的兩大奇蹟〉，《山東文獻》，1975 年，第 1 卷，第 2 期，頁 130~131。

趙吉惠，〈論儒學既是哲學又是道德宗教〉，《哲學與文化》，2002 年，第 29 卷，第 8 期，總號 339，頁 709~721+774。

趙月超，〈日本の第二次青島占領期における祭孔について〉，《関西大学中国文学会紀要》，2011 年，第 32 期，頁 97~122。

趙秉忠，〈論乾隆帝躬詣闕里祭孔〉，《社會科學輯刊》，1991 年，第 6 期，頁 87~92。

葉憲峻，〈清代臺灣儒學與孔廟之設置〉，《社會科教育研究》，2008 年，第 13 期，頁 185~206。

Feuchtwang, Stephan，〈孔廟與城隍廟〉，《中興史學》，2002 年，第 8 期，頁 105~123。

劉寧顏，〈臺北市孔廟簡介〉，《孔孟月刊》，1974 年，第 13 卷，第 1 期，頁 7~12。

劉曉靜，〈音樂生存環境中非音樂要素對音樂形態的影響──祭孔樂舞表演儀式觀想〉，《齊魯藝苑》，1998 年，第 2 期，頁 37~38+41。

劉方玲，〈清初優禮衍聖公與祭孔儀式正當性〉，《北方論叢》，2010 年，第 1 期，頁 79~82。

劉曉峰，〈尊師之「禮釋奠」在日本──儒家思想影響日本的一個側面〉，《文史知識》，2002 年，第 6 期，頁 91~97。

劉愛琴，〈平遙文廟的歷史文化內涵及價值〉，《滄桑》，2009 年，第 6 期，頁 147~148。

種　荷，〈韓國與日本的祭孔活動〉，《世界博覽（看中國）》，2007 年，第 7 期，頁 33。

齊　魯，〈2005，全球聯合祭孔〉，《中國地名》，2005 年，第 6 期，頁 43。

董　兵，〈由祭孔音樂的流變所引發的思考〉，《中國音樂》，2006 年，第 3 期，頁 98~100。

編輯部，〈秋之祭禮躍動儒風──928 桃園縣祭孔大典〉，《桃園縣政府公報》，2010 年，第 99 卷，第 19 期，頁特載 1~2。

編輯部，〈教師節祭孔活動〉，《桃園縣政府公報》，2006 年，第 95 卷，第 19 期，頁特載 1~2。

編輯部，〈孔廟為籌辦大成至聖先師孔子誕辰二五五一週年釋奠典禮〉，《臺中市政府公報》，編輯部，〈釋示有關各界祭孔釋奠典禮中女性擔任正、分獻官，應如何著裝疑義〉，《臺灣省政府公報》，1998 年，第 87 卷，秋，第 14 期，頁 3~6。

編輯部，〈建議依照祭孔禮樂工作委員會編印之「祭孔禮樂之改進」〉，《立法院公報》，1986 年，第 75 卷，第 105 期，頁 66。

編輯部，〈國家行為的祭孔禮制〉，《南方文物》，2002 年，第 4 期，頁 48~55。

蓋金偉，〈論「釋奠禮」與唐代學校教育〉，《新疆師範大學學報（哲學社會科學版）》，2007 年，第 4 期，頁 113~119。

蓋金偉、孫鈺華，〈論「釋奠禮」與唐代文化權威的構建〉，《新疆大學學報（哲學人文社會科學版）》，2007 年，第 1 期，頁 105~111。

蔡家麟，〈孔廟奉祀沿革述略〉，《中華文化復興月刊》，1970 年，第 3 卷，第 10 期，頁 40~43。

鐘　濤，〈魏晉南北朝的釋奠禮與釋奠詩〉，《文史知識》，2009 年，第 4 期，頁 19~23。

國家圖書館出版品預行編目(CIP)資料

孔廟釋奠樂學／蔡秉衡著.--初版.--新北市：
國立臺灣藝術大學；臺北市：五南圖書出版股
份有限公司, 2022.12
　　面；　公分

ISBN 978-626-7141-21-2(平裝)

1.CST: 祭孔 2.CST: 音樂

533.3　　　　　　　　111018254

4Y1G

孔廟釋奠樂學

作　　者 ― 蔡秉衡

發 行 人 ― 陳志誠

出版單位 ― 國立臺灣藝術大學

地　　址：220新北市板橋區大觀路1段59號

電　　話：(02)2272-2181　　傳　　真：(02)8965-9641

總 策 劃 ― 呂允在

執行編輯 ― 蔡秀琴

共同出版 ― 五南圖書出版股份有限公司

責任編輯 ― 唐　筠

文字校對 ― 許馨尹 黃志誠

封面設計 ― 俞筱華

總 經 理 ― 楊士清

總 編 輯 ― 楊秀麗

副總編輯 ― 張毓芬

出版經銷 ― 五南圖書出版股份有限公司

地　　址：106台北市大安區和平東路二段339號4樓

電　　話：(02)2705-5066　　傳　　真：(02)2706-6100

網　　址：https://www.wunan.com.tw

電子郵件：wunan@wunan.com.tw

劃撥帳號：01068953

戶　　名：五南圖書出版股份有限公司

法律顧問　林勝安律師事務所　林勝安律師

出版日期　2022年12月初版一刷

定　　價　新臺幣450元

GPN：1011101752